HYPOMNEMATA 109

V&R

HYPOMNEMATA

UNTERSUCHUNGEN ZUR ANTIKE
UND ZU IHREM NACHLEBEN

Herausgegeben von
Albrecht Dihle / Siegmar Döpp / Christian Habicht
Hugh Lloyd-Jones / Günther Patzig

HEFT 109

VANDENHOECK & RUPRECHT IN GÖTTINGEN

HANS-CHRISTIAN GÜNTHER

Exercitationes Sophocleae

VANDENHOECK & RUPRECHT IN GÖTTINGEN

Verantwortlicher Herausgeber:
Hugh Lloyd-Jones

Die Deutsche Bibliothek – CIP-Einheitsaufnahme

Günther, Hans-Christian:
Exercitationes Sophocleae / Hans-Christian Günther. –
Göttingen : Vandenhoeck und Ruprecht, 1996
(Hypomnemata ; H. 109)
ISBN 3-525-25209-9

NE: GT

Gedruckt mit Unterstützung des Fördervereins- und Beihilfefonds
Wissenschaft der VG Wort

Herstellung: Hubert & Co., Göttingen

HUGH LLOYD-JONES
ET
NIGEL G. WILSON

SOPHOCLIS
ERUDITORUM IN USUM
EDITORIBUS

Inhalt

Vorwort

Eine Untersuchung vorzulegen, die sich zum überwiegenden Teil mit Interpolationen in Sophokles befaßt, mußte noch bis vor einigen Jahren als ein recht waghalsiges Unternehmen erscheinen, und vielleicht ist es das immer noch. Seit jedoch Professor Sir Hugh Lloyd-Jones und Nigel G. Wilson eine neue Ausgabe des Dichters vorgelegt haben, die den weitverbreiteten Glauben, als spiele die Interpolation gerade im Sophoklestext kaum eine Rolle, gründlich erschüttern dürfte[1], mag ein solches Wagnis eher erlaubt sein. Freilich ist die Interpolationsforschung – und das nicht nur zur griechischen Tragödie – in den letzten Jahrzehnten erheblich vorangekommen[2], und die Zeiten des zuweilen exzessiven Konservativismus scheinen vorbei zu sein. Als ein besonders glückliches Zusammentreffen gilt es mir, daß noch während der Endphase meiner Arbeit die Mainzer Akademieabhandlungen von Professor O. Zwierlein zur Plautusinterpolation erschienen sind, die über ihren Gegenstand im engeren Sinne hinaus als ein Muster der Interpolationsforschung überhaupt gelten dürfen und gerade für die Beschäftigung mit der Interpolation der griechischen Tragödie eine Fülle von wichtigen Einsichten bieten[3].

Ich will im folgenden vor allem einen Interpolationstyp behandeln, der mir besonders geeignet scheint, die Hintergründe und die Motive antiker

---

[1] Besonders hinweisen will ich hier auf den neuen Text des Aias. Gerade auch die Ausscheidung einiger Interpolationen von recht bedeutendem Umfang scheint mir manch altes Vorurteil über die Nähe dieses Stücks zu archaisch-aeschyleischem ὄγκοϲ auszuräumen. Die größeren Interpolationen konzentrieren sich bezeichnenderweise auf Aias' Tod (839–42, 854–8 und 1023–39 in Teukros' Bericht). Nach dem Zeugnis der Scholien zu Vers 864 war ein Schauspieler Timotheos aus Zakynthos für seine pathetische Darstellung eben der Todesszene so berühmt, daß er den Beinamen Σφαγεὺϲ erhielt. Einer wie er wird es gewesen sein, der die Todesszene um 839–42 und 854–8 erweiterte, „making the most of the final speech" (Holford-Strevens in: *Sophoclea* 29).

[2] Insbesondere durch die Arbeiten Reeves, Haslams und Dihles, s. unten Anm. 274.

[3] Die Parallelen zwischen der Überlieferung und der Interpolation des Plautus- und des Tragikertextes sind altbekannt (vgl. unten Anm. 277), doch hat eine weitverbreitete Fehleinschätzung des Überlieferungsbefundes bei Plautus zu einer Verkennung der Bedeutung der Plautusinterpolation für die griechische Tragödie geführt. So merkt etwa M. L. West in seinem Standardwerk zur textkritischen Methode (*Textual Criticism and Editorial Technique* [Stuttgart 1973], 16) zu Schauspielerinterpolationen in der griechischen Tragödie an: „... the plays of Plautus may have undergone something of this sort on a smaller scale in the second century, but the evidence is less clear." Es ist das Verdienst Zwierleins die beachtliche urkundliche Evidenz für die Interpolation des Plautustextes mit aller Klarheit herausgestellt zu haben (s. Zwierlein I, 5 ff.). Recht betrachtet ist die urkundliche Evidenz für Interpolation in Plautus bedeutender als in der griechischen Tragödie.

Bearbeitungsstrategien aufzudecken. Die Typisierung von Interpolationen, wie sie Jachmann[4] besonders energisch und kenntnisreich betrieben hat, ist zuweilen als bedenklicher Irrweg betrachtet worden. Jeder Versuch, die Motive eines Bearbeiters zu erraten, wird immer zu einem unbequem hohen Grade spekulativ bleiben, verbirgt sich doch unter dem Begriff des Interpolators eine Vielzahl von ganz verschiedenen Personen, deren Eigenheiten sich nicht wie die eines wohldokumentierten Autors fassen lassen. Insbesondere als heuristische Hilfe im Aufspüren von Interpolationen scheint der Interpolationstyp ein zweifelhafter Ratgegeber zu sein[5]. Dennoch hat die Typisierung von Interpolationen nicht nur ihre unbestreitbare Berechtigung, sie ist sogar von einiger Wichtigkeit für die Textkritik und Textgeschichte der antiken Literatur.

Die Entstellung von Texten im Verlaufe einer langen und wenig geschützten Überlieferung ist viel stärker durch mehr oder weniger bewußte Manipulation – im Gegensatz zu rein mechanischer Korruption – bestimmt, als man sich zuweilen klar macht, und dabei geht es nicht nur um die Entstellung durch Großinterpolation, sondern um den Prozeß der mehr oder minder bewußten Emendation und Variation des Textes überhaupt[6]. Gerade der durch bewußte Manipulation, nicht einfach durch mechanische Ursachen entstandenen Textverderbnis ist besonders schwer beizukommen, ja sie zum Teil überhaupt recht schwer zu diagnostizieren. Dies liegt nicht zuletzt daran, daß uns der historische und kulturelle Hintergrund dieser Vorgänge weitgehend verborgen ist. Der konkrete geschichtliche Hintergrund wird uns aus Mangel an äußerer Evidenz zum allergrößten Teil auch immer verborgen bleiben. Dies entbindet uns aber nicht davon, zumindest bestimmte Fragen an unsere Texte zu stellen, wenn wir über einen wichtigen Aspekt der Textgeschichte und eine beträchtliche Anzahl von konkreten Textproblemen überhaupt ein begründetes Urteil abgeben wollen. Wenn es auch beim Aufdecken von Interpolationen und ihrer Hintergründe in den allermeisten Fällen unmöglich ist, zu der spezifischen geschichtlichen Situation vorzudringen[7], so kann doch versucht werden, die Interpolationspraxis vor

---

[4] S. unten Anm. 273 und 274.

[5] „Günther Jachmann … fa l'errore di prendere come punto di partenza il tipo dell'interpolazione (anche in Properzio): questo e pericoloso. Si può sapere qualcosa dello stile di un autore, ma le vie di un interpolatore (attore intelligente fino à un matto qualunque) sono infinite. È falso metodo partire dallo stile dell'interpolatore", Fraenkel, *Seminari* 62.

[6] Vgl. Jachmann, ‚CP' 348 (= 437) Anm. 22; *Binneninterpolation* I 137 ff., insbesondere 142 (= 542 ff., 547). Grundlegende der unten Anm. 197 genannte Aufsatz Nigel Wilsons.

[7] Vielleicht kann man bei den umfangreicheren und zumindest mit einiger Sicherheit datierbaren Umarbeitungen etwa in den Phoenissen und der Aulischen Iphigenie des Euripides durch nähere Untersuchungen zu Metrik, Sprache und Dramaturgie der Eingriffe zu bestimmten Bearbeiterpersönlichkeiten vordringen. Hier hat wiederum Zwierlein höchst anregende Vorüberlegungen zur Plautusbearbeitung vorgetragen (II, 228 ff.). Auf die Einlösung der Ankündigung in der Einleitung zum *Miles* (II, 5) darf man gespannt sein.

dem Hintergrund des literarischen Zeitgeschmacks einer Epoche zu verstehen, und so zumindest etwas von den kulturellen Voraussetzungen antiken Umgangs mit der literarischen Überlieferung wiederzugewinnen. Zu Recht hat bereits Paul Maas[8] darauf hingewiesen, daß das Interpolatorenunwesen der Antike in engem Zusammenhang mit der literarischen Fälschung überhaupt steht; man könnte hinzufügen, daß Interpolation im Kontext der antiken Einstellung zu und dem antiken Umgang mit Original und Originalität und vor dem Hintergrund der Geschichte des literarischen Geschmacks betrachtet werden sollte.

Ein Interpolationstyp, der uns in besonderem Maße einen Zugang zu den stilistisch-literaturkritischen Anschauungen seines Verfassers vermittelt, ist die Ersatzfassung – häufig unscharf auch ‚Dittographie' genannt –, denn hier können wir das Original und die Version des Interpolators besonders anschaulich miteinander vergleichen. Zudem erlaubt das Auftreten von Parallelversionen in der Überlieferung des Tragikertextes einige interessante Rückschlüsse auf die antike Überlieferungsphase des Textes. Eine bislang recht wenig beachtete Spielart der Ersatzinterpolation ist die verkürzende Ersatzinterpolation. Gerade bei ihr lassen sich, so denke ich, die Motive der Interpolation of besonders präzise nachvollziehen.

Entsprechend der Materiallage und den oben angedeuteten methodischen Schwierigkeiten sind unsere Urteile über Interpolationen außer in einer recht bescheidenen Zahl von Fällen immer mehr oder minder unsicher; jeder, der sich heute mit diesem Problem beschäftigt, wird sich dieser Tatsache gewiß bewußt sein. Ich bin der letzte, der behaupten wollte, daß die im folgenden empfohlenen Tilgungen alle genügend Sicherheit besitzen, um im Text einer Ausgabe zu stehen. Dies ist nur für eine Minderzahl der Fall. Für viele gilt, daß die von mir vorgeschlagene Lösung nur eine unter mehreren Möglichkeiten darstellt; in wievielen Fällen sie die beste ist, müssen andere beurteilen. Wenn das Ergebnis dieser Untersuchung für die Herstellung des sophokleischen Wortlauts im Verhältnis zu ihrem Umfang unbequem gering erscheint, so ist dies jedoch einfach Resultat der Sachlage. Wir müssen uns freilich den Unsicherheiten eines jeden Einzelfalles stellen, wenn wir den Text eines antiken Autors ernsthaft verstehen wollen, und andererseits hängt unser Urteil über den Zustand des Textes im allgemeinen – und somit auch über den Grad an Authentizität, mit dem wir insgesamt rechnen dürfen – von einer Durchforschung aller Einzelfälle ab; ein übergreifendes Urteil ist nur auf der Basis der gesamten Masse der Evidenz möglich, unter Einbeziehung der großen Zahl von Einzelproblemen aus einer Grauzone, in der es viele Lösungsmöglichkeiten gibt, von Problemen, die als solche nur mit mehr oder minder großer Wahrscheinlichkeit gelöst werden können.

---

[8] S. P. Maas, *Textkritik* ([4]Leipzig 1960), 12.

Dabei kann sich in manchen Fragen bei aller Unsicherheit dennoch kumulative Evidenz für bestimmte Formen von Textentstellungen ergeben, gerade auch im Bereich der bewußten Textmanipulation. Ebenso wie bestimmte immer wiederkehrende mechanische Fehlertypen durchaus ein wichtiges Instrument bei der Diagnose eines Fehlers wie auch bei der Abwägung der Wahrscheinlichkeit verschiedener Lösungsmöglichkeiten für eine mechanische Korruptel sind, so kann auch der Interpolationstyp, mit der nötigen Vorsicht angewendet, eine nicht zu verachtende heuristische Hilfe bei der Beschäftigung mit manchem vertrackten Textproblem sein.

Wenn ich im folgenden versuche, einen bestimmten Interpolationstyp nicht nur aus innerer Evidenz am Text zu erschließen, sondern auch den kulturellen Hintergrund in expliziten und impliziten Zeugnissen aus der antiken Literaturkritik und dichterischer Praxis zu erhellen, so wird dabei selbstverständlich ein weiter Kreis von Problemen angesprochen, die in meinem kurzen Überblick nur skizzenhaft angerissen werden können. Ich habe mich bemüht, mich hauptsächlich auf einzelne konkrete Beispiele zu konzentrieren, die ganz spezifische am Sophoklestext erschlossene Vorgänge illustrieren. Weiterreichende literaturgeschichtliche Fragen können nur angedeutet werden; manches wäre weiterer Untersuchung wert. Worauf ich näher eingehe, kann ich nur aus einer ganz auf die betreffende Fragestellung begrenzten Perspektive besprechen, wobei unweigerlich manches vergröbert wird.

Ebenso bin ich mir bewußt, daß mein kurzer Abriß über die Tragikerüberlieferung manche Urteile über Einzelprobleme voraussetzt, die nicht auf allgemeine Zustimmung rechnen dürfen. In einem Bereich, wo die Evidenz so knapp ist, wie in der antiken Überlieferungsphase griechischer Klassikertexte ist es jedoch nötig auch manch Unsicheres mitheranzuziehen, wenn man überhaupt irgendwelche Aussagen machen will. Wenn ich dabei einzelne Probleme in meiner Sicht wiedergebe ohne auf die Gegenposition im einzelnen einzugehen, so ist dies keineswegs Ausdruck überzogener Selbstsicherheit und schon gar nicht von Mißachtung der hervorragenden Gelehrten, die eine andere Ansicht vertreten haben. Im Gegenteil, eine eingehende Beschäftigung mit der Fülle der angeschnittenen Einzelprobleme würde nicht nur den Rahmen dieser Arbeit sprengen, sie scheint mir im gegenwärtigen Stand der Diskussion vor allem deshalb überflüssig, weil die wesentlichen Argumente beider Seiten auf dem Tisch liegen und ohne neue äußere Evidenz in den meisten Fällen kaum ein nennenswerter Erkenntnisfortschritt zu erzielen ist. Wer heute etwa an die Echtheit des Bestattungsmotivs am Ende der *Phoenissen* oder des Prologs der *Aulischen Iphigenie* in seiner überlieferten Form glaubt, der wird sich kaum vom Gegenteil überzeugen lassen und umgekehrt, hängt doch die Beurteilung derartiger Fragen zu einem guten Teil mit bestimmten Grundpositionen über die Zuverlässigkeit unserer Überlieferung und die Möglichkeiten moderner Echtheitskritik zusammen, auch wenn dies nicht immer explizit gemacht wird. Es scheint in dieser Situation legitim, wenn ich meine eigene Position auf breiterer Basis zu entwickeln suche, wobei es nicht mein Ziel sein kann, einen Abriß der wenigen unbezweifelbaren Fakten über die antike Tragikerüberlieferung zu geben, es soll vielmehr die Tragfähigkeit der aus den Einzelbeobachtungen gewonnenen Ergebnisse durch ihre Einordnung in ein umfassenderes Bild der Überlieferung getestet werden.

In einem zweiten Teil bespreche ich einige Textprobleme in den vollständig erhaltenen Stücken, die meinen Aufsatz zum Text der *Antigone* fortsetzen, der in die Indices einbezogen ist. Angaben zu Lesungen der handschriftlichen Überlieferung stammen aus Dawes und Lloyd-Jones/Wilsons Apparaten, wobei die Sigla für Handschriftenfamilien aus dem *OCT* übernommen sind (nur Handschriften der Gruppe **p** werden einzeln zitiert). Daneben habe ich zuweilen Scheltemas[9] Kollationen von Λ konsultiert. Die Apparate zu einzelnen Textstellen in Teil 2 erheben keinen Anspruch auf Vollständigkeit, sondern sind ganz nach den Bedürfnissen der jeweiligen Fragestellung gestaltet.

Die vorliegende Untersuchung ist als ein kleines Nebenprodukt eines Aufenthalts in Oxford entstanden, der mir durch die großzügige Unterstützung der Deutschen Forschungsgemeinschaft ermöglicht wurde. Meine Beschäftigung mit Sophokles war für mich in der Tat eine vorbeugende Maßnahme gegen geistiges Verrosten während langer Perioden des Kollationierens für meine Arbeit an den Euripidesscholien. Angeregt wurde sie durch Tragödienseminare, die Hugh Lloyd-Jones und Nigel Wilson in den akademischen Jahren 1987/8 und 1988/9 gehalten haben. Beiden fühle ich mich zu wärmstem Dank verpflichtet, nicht nur für die vielfältigen Anregungen, die ich in ihren Seminaren und im persönlichen Gespräch empfangen habe, sondern auch für die Durchsicht und Kritik meines Manuskripts. Es ist gewiß keine rhetorische Floskel, wenn ich hier sage, daß ich ohne die beständige Ermutigung durch Professor Lloyd-Jones es wohl kaum gewagt hätte, meine Überlegungen zu publizieren, und ich fürchte, ohne die Förderung durch seine Kritik wären sie dessen auch kaum wert geworden. Wertvollen Rat und manch wichtigen Hinweis verdanke ich auch den Herren Professoren Wolfgang Kullmann und Ekkehart Stärk. Für Hilfe beim Korrekturlesen und bei der Erstellung der Indices danke ich Herrn Alfonso Colomer Prat und Fr. Lorena De Faveri, für einen Druckkostenzuschuß der VG Wort. Das Manuskript wurde im Januar 1992 abgeschlossen.

Freiburg, im Herbst 1995 H.-C. Günther

[9] *Mnemosyne* IV 2 (1949) 132–7.

Ausgaben und Kommentare zu Sophokles

T. Bergk (1858)
F. H. M. Blaydes (1859–1907)
F. H. Bothe (1806, 1826)
L. Campbell (1879)
A. Dain/P. Mazon (1955–61)
M. Davies (*Trachinierinnen*, 1991)
R. D. Dawe (1975–9, 1984–5; *Oedipus Tyrannus* 1982)
W. Dindorf/S. Mekler (1825–67, 1885)
P. Easterling (*Trachinierinnen*, 1982)
C. G. A. Erfurdt (1802–25)
G. Hermann (1830–55)
R. C. Jebb (1883–96)
G. Kaibel (*Elektra* 1896)
J. C. Kamerbeek (1959–82)
J. H. Kells (*Elektra* 1974)
H. Lloyd-Jones/N. G. Wilson (1990)
O. Longo (*Trachinierinnen*, 1968)
S. Musgrave (1800)
F. Neue (1831)
A. C. Pearson (1924)
F. W. Schneidewin/A. Nauck/E. Bruhn/L. Radermacher (1849–54, 1867/86, 1909–14)
W. B. Stanford (*Aias*, 1963)
T. B. L. Webster (*Philoktet*, 1970)
G. Wolff/L. Bellermann (1858–65, 1876–83)
E. Wunder/N. Wecklein (1831, 1875–90)

Verzeichnis der in Abkürzung zitierten Literatur

Enthält nicht gängige Ausgaben und Kommentare anderer Autoren, die in der Regel nur unter dem Namen des Verfassers zitiert werden.

Arnott = W. G. Arnott, ‚Calidorus' Surprise: A Scene of Plautus' Pseudolus, with an Appendix on Ballio's Birthday', *WS* 16 (1982), 131–148.

Blass/Debrunner = F. Blass/A. Debrunner, *Grammatik des neutestamentlichen Griechisch* (Göttingen 1943).

Breitenbach = W. Breitenbach, *Untersuchungen zur Sprache der euripideischen Lyrik, Tübinger Beiträge zur Altertumswissenschaft* 20 (Stuttgart 1934).

Bruhn = E. Bruhn, *Anhang zu Sophokles* (Berlin 1899).

Büchner = K. Büchner, *Das Theater des Terenz* (Heidelberg 1974).

Campbell, *Paralipomena* = L. Campbell, *Paralipomena Sophoclea* (London 1907).

D'Alton = J. F. D'Alton, *Roman Literary Theory and Criticism* (New York 1931).

Dawe, *Studies* = R. D. Dawe, *Studies in the Text of Sophocles* I–III (Cambridge 1973–8).

DÉLG = Chantraine, *Dictionaire étymologique de la langue grécque* (Paris 1968).

Denniston, *GP* = J. D. Denniston, *The Greek Particles* ([2]Oxford 1954).

Diggle, *Studies* = J. Diggle, *Studies on the Text of Euripides* (Cambridge 1981).

Dihle = A. Dihle, *Der Prolog der „Bacchen" und die antike Überlieferungsphase des Euripides-Textes, SHAW* phil.-hist. Kl. 1981, 2.

Dover = K. J. Dover, ‚Ancient Interpolation in Aristophanes', *ICS* 2 (1977), = *The Greeks and their Legacy, Collected Papers* II (Oxford 1988), 223–265.

Ellendt-Genthe = P. Ellendt/H. Genthe, *Lexicon Sophocleum* (Berlin 1872).

Elsperger = W. Elsperger, ‚Reste und Spuren antiker Kritik gegen Euripides', *Philologus Suppl.* XI (1907–10), 1–174.

Ewbank = W. W. Ewbank, *The Poems of Cicero* (London 1933).

Fraenkel, *Phoenissen* = E. Fraenkel, *Zu den Phoenissen des Euripides, SBAW* 1963, Heft 1.

Fraenkel, *Seminari* = *Due seminari romani di Eduard Fraenkel; Aiace e Filotette di Sofocle* (Rom 1970).

Fraenkel 1965 = E. Fraenkel, Rezension Ritchie, *Gnomon* 37 (1965), 228–241.

Friedrich = W.-H. Friedrich, ‚Prolegomena zu den Phoenissen', *Hermes* 74 (1939), 265–300 = *Dauer im Wechsel* (Göttingen 1977), 86–121.

Friis Johansen = H. Friis Johansen, ‚Forschungsbericht Sophokles', *Lustrum* 7 (1962), 94–288.

Goldberg = S. Goldberg, *Understanding Terence* (Princeton 1986).

Grube = G. M. A. Grube, *The Greek and Roman Critics* (London 1965).

Günther 1 = H.-C. Günther, ‚Textprobleme im Prolog der Aulischen Iphigenie des Euripides', *WJbb* 13 (1987), 59–74.

Günther 2 = H.-C. Günther, ‚Zu Euripides' Orest', *WS* 102 (1989), 111–121.

Günther 3 = H.-C. Günther, ‚Textprobleme in Sophokles' Antigone', *Hermes* 118 (1990), 405–420.

Haslam 1 = M. W. Haslam, ‚The Authenticity of Euripides, Phoenissae 1–2 and Sophocles Elektra 1', *GRBS* 16 (1975), 149–174.

Haslam 2 = M. W. Haslam, ‚Interpolation in the Phoenissae: Papyrus Evidence', *CQ* 36 (1976), 4–10.

Haslam 3 = M. W. Haslam, ‚O suitably-attired-in-leather boots. Interpolations in Greek Tragedy', in: *Arktouros, Studies B. M. W. Knox* (Berlin – New York 1979), 98 ff.

Heath = M. Heath, *Unity in Greek Poetics* (Oxford 1989).

Hunter = A. L. Hunter, *The New Comedy of Greece and Rome* (Cambridge 1989).

Itsumi = K. Itsumi, ‚The glyconic in Tragedy', *CQ* 34 (1984), 66–82.

Jachmann, *Binneninterpolation* = G. Jachmann, *Binneninterpolation* I/II, *NGG*, Phil.-hist. Klasse, NF I 7 (1936) 123–144 u. 9 (1936) 185–215 (= *Textgeschichtliche Studien, Beiträge zur klassischen Philologie* 143 [Meisenheim 1982] 528–582).

Jachmann, ‚Caesartext' = G. Jachmann, ‚Caesartext und Caesarinterpolation', *RhM* 89 (1940), 161–188 (= 197–224).

Jachmann, ‚CP' = G. Jachmann, ‚Calabrae Pierides', *Philologus* 44 (1935), 331–351 (= 420–440).

Katsouris = A. G. Katsouris, *Tragic Patterns in Menander* (Athen 1975).

KG = R. Kühner/B. Gerth, *Ausführliche Grammatik der griechischen Sprache*, 2. Teil: *Satzlehre* (³Hannover/Leipzig 1898).

Lefkowitz, Lives = M. Lefkowitz, *The Lives of the Greek Poets* (London 1981).

Lefkowitz 1984 = M. Lefkowitz, ‚Aristophanes and other Historians of the Fifth-Century Theatre', *Hermes* 112 (1984), 143–153.

Leo = F. Leo, *Geschichte der Lateinischen Literatur* (Berlin 1913).

Lesky = A. Lesky, *Die Tragische Dichtung der Hellenen* (³Göttingen 1972).

Leuthold = W. Leuthold, *Die Übersetzung der Phaenomena durch Cicero und Germanicus* (Zürich 1942).

LSJ = R. Liddell/Scott/Jones, *Greek Lexicon* (Oxford 1968).

Mastronarde = D. J. Mastronarde, *Contact and Discontinuity, Univ. of California Publ. Classical Studies* 21 (Berkeley – Los Angeles – London 1972).

Moorhouse = A. C. Moorhouse, *The Syntax of Sophocles, Mnemosyne Suppl.* 75 (1982).

Murray = G. Murray, *The Rise of the Greek Epic* (Oxford ⁴1934).

Nesselrath = H.-G. Nesselrath, *Die attische Mittlere Komödie. Ihre Stellung in der antiken Literaturkritik und Literaturgeschichte, UaLG* 36 (Berlin – New York 1990).

Nickau = K. Nickau, *Untersuchungen zur textkritischen Methode des Zenodotos von Ephesus, UaLG* 16 (Berlin – New York 1977).

Nuchelmans = J. C. F. Nuchelmans, *Die Nomina des sophokleischen Wortschatzes* (Nijmwegen 1949).

Page	=	D. L. Page, *Actors' Interpolation* (Cambridge 1934).
Passow/Crönert	=	*Passow's Wörterbuch der griechischen Sprache*, völlig neu bearbeitet von W. Crönert (Göttingen 1912).
Pfeiffer	=	R. Pfeiffer, *History of Classical Scholarship* (Oxford 1968).
Rau	=	P. Rau, *Paratragodia, Zetemata* 45 (München 1967).
Reeve 1	=	M. D. Reeve, ‚Interpolations in Greek Tragedy I', *GRBS* 13 (1972), 247–265.
Reeve 2	=	M. D. Reeve, ‚Interpolations in Greek Tragedy II', *GRBS* 13 (1972), 451–474.
Reeve 3	=	M. D. Reeve, ‚Interpolations in Greek Tragedy III', *GRBS* 14 (1973), 145–171.
Renehan	=	R. Renehan, *Greek Textual Criticism* (Cambridge Mass. 1969).
Ritchie	=	W. Ritchie, *The Autenticity of the Rhesus of Euripides* (Cambridge 1964).
Schwyzer, *GG*	=	Griechische Grammatik I (München 1939).
Sier	=	K. Sier, *Die lyrischen Partien der Choephoren des Aischylos, Palingenesia* 23 (Wiesbaden 1988).
Sophoclea	=	H. Lloyd-Jones/N. G. Wilson, *Sophoclea* (Oxford 1989).
Steinmann	=	H. Steinmann, *De artis poeticae veteris parte quae est περὶ ἤϑων pars* I (Göttingen 1907).
Stephanopoulos	=	T. Stephanopoulos, ‚Tragica II', *ZPE* 75, (1988), 3–38.
Stinton	=	T. C. W. Stinton, ‚Notes on Greek Tragedy I', *JHS* 96 (1976) 121–145 = *Collected Papers on Greek Tragedy* (Oxford 1990) 197–235.
Taplin	=	O. Taplin, *The Stagecraft of Aeschylus* (Oxford 1977).
Turner	=	E. G. Turner, *Greek Papyri* (Oxford 1988).
Van der Valk	=	M. Van der Valk, *Researches on the Text and Scholia of the Iliad* II (Leiden 1964).
West, *Aeschylus*	=	M. L. West, *Studies in Aeschylus, Beiträge zur Altertumskunde* 1 (Stuttgart 1990).
West, *Metre*	=	M. L. West, *Greek Metre* (Oxford 1982).
West, *Papyri*	=	S. West, *The Ptolemaic Papyri of Homer, Papyrologica Coloniensia* III (Köln - Opladen 1967).
West, ‚Transmission'	=	S. West, ‚The Transmission of the Text', S. 33–48 in: A. Heubeck/S. West/J. B. Hainsworth, *A Commentary on Homer's Odyssey* I (Oxford 1988).
Wilamowitz (T)	=	T. v. Wilamowitz-Möllendorff, *Die dramatische Technik des Sophokles, Philologische Untersuchungen* 1 (Berlin 1917).
Wilamowitz, *VK*	=	U. v. Wilamowitz-Moellendorff, *Griechische Verskunst* (Berlin 1921).
Xanthakis-Karamanos	=	G. Xanthakis-Karamanos, *Studies in Fourth-Century Tragedy* (Athen 1980).
Zuntz	=	G. Zuntz, ‚Is the Heraclidae mutilated?', *CQ* 41 (1947), 46–52 = *Opuscula selecta* (Manchester 1972), 43–53.
Zwierlein I	=	O. Zwierlein, *Zur Kritik und Exegese des Plautus I* (*Poenulus und Curculio*), *Abh. d. geistes- und sozialwiss. Kl. d. Akad. d. Wiss. u. d. Lit. Mainz*, Jahrgang 1990, 4.
Zwierlein II	=	O. Zwierlein, *Zur Kritik und Exegese des Plautus II (Miles gloriosus)*, *Abh. d. geistes- und sozialwiss. Kl. d. Akad. d. Wiss. u. d. Lit. Mainz*, Jahrgang 1991, 3.

1. Kurzfassungen im Sophoklestext

1.1. Dokumentierte Kürzungen im Text des griechischen Dramas des 5. Jahrhunderts

Kürzungen und Striche sind seit eh und je ein vertrauter Bestandteil moderner Theaterpraxis gewesen. Selbst heute im Zeitalter der Urfassung sind sie immer noch ein als mehr oder minder unvermeidlich akzeptierter Eingriff in die Textgestalt eines dramatischen Originals. Vor diesem Hintergrund ist es eigentlich erstaunlich, daß die Frage nach derartigen Entstellungen in antiken Dramen in Untersuchungen zur antiken Theaterpraxis und in der höheren Kritik des attischen Dramas bisher nur eine recht geringe Rolle gespielt hat. Das Paradebeispiel eines antiken Stücks, bei dem die Forschung lange Zeit an eine Textentstellung durch eine kürzende Bühnenbearbeitung geglaubt hat, sind die *Herkaliden.* Seitdem jedoch die vor allem durch Wilamowitz propagierte Bearbeitungstheorie für dieses Stück weitgehend aufgegeben zu sein scheint[10], wird nur selten die Frage gestellt, inwieweit bei Wiederaufführungen antiker Dramen Kürzungen des Originals vorgenommen wurden, und inwieweit eine derartige Praxis Spuren in unserem Text hinterlassen hat[11]. Dabei müßten doch derartige Vorgänge dem modernen Verständnis weit weniger Widerstand entgegensetzen als die Motive, die man im allgemeinen hinter den häufig postulierten expandierenden Bearbeitungen des Textes vermutet.

Einzelne Fälle von Kürzungen im Text griechischer Dramen sind auch abgesehen von dem Sonderfall der *Herakliden* ab und an aufgedeckt worden. Einige Beispiele hat E. Fraenkel zu A. *Ag.* 863 zusammengestellt; einen unten noch zu besprechenden Fall in Sophokles hat G.J. Toomer

---

[10] Seit den grundlegenden Arbeiten von Zuntz (vgl. auch *The Political Plays of Euripides* [Manchester 1963], 97–128) scheint die Bearbeitungstheorie so gut wie tot zu sein. Selbst ein so wenig konservativer Herausgeber wie Diggle hat sich neuerdings kategorisch dagegen ausgesprochen (*OCT* I S. 158). Allerdings hat sich Lesky (356 f.) in einer bei aller Kürze sehr umsichtigen Darstellung der Problemlage m. E. zu Recht zur Bearbeitung bekannt. Die Frage erfordert eine eingehende neue Untersuchung, am besten im Rahmen eines Kommentars. Solange ist es nicht ratsam, die Herakliden als Beleg heranzuziehen, und ich werde dieses Stück in dem folgenden Überblick bewußt beiseite lassen.

[11] Immerhin widmet jedoch A. Thierfelder in seinem Buch zur Plautusinterpolation (*De rationisbus interpolationum Plautinarum* [Leipzig 1929]) der kürzenden Bearbeitung ein eigenes Kapitel (*de compendiis*, S. 107 ff.); zu Kürzungen in Plautus vgl. jetzt Zwierlein (s. Register s. v. Verkürzungen).

vermutet (gebilligt von Fraenkel). Eine ganze Reihe von Kürzungen hatte zuvor bereits W.-H. Friedrich in den *Phoenissen* zu erweisen gesucht[12]. Dem von Fraenkel und Friedrich angesprochenen Typ der verkürzenden Ersatzinterpolation lassen sich eine ganze Reihe von längst erkannten Interpolationen zuweisen, bei denen freilich die Funktion der Interpolation bisher zumeist nicht richtig erklärt wurde. Einige derartige Fälle werden im folgenden diskutiert werden. Vor einiger Zeit habe ich versucht, eine Interpolation in Euripides' *Orestes* zu beleuchten (423–6)[13], die einer der von Fraenkel angeführten Kürzungen recht ähnlich ist (E. *Phoen.* 407 ff.). Die dort vorgetragene Hypothese betrifft jedoch einen recht komplizierten Fall und kann ohne Stütze durch weitere Beispiele keine allzu große Wahrscheinlichkeit beanspruchen[14]. Doch dürfte gerade die Orestpassage zeigen, daß eingehendere Untersuchungen zum Wesen der Ersatzinterpolation u. U. wichtige heuristische Hilfen zur Aufdeckung schwer erkennbarer Interpolationen und mithin zur Lösung manchen vertrackten Textproblems beitragen könnten.

Im folgenden will ich versuchen, einige Kürzungen, insbesondere verkürzende Ersatzinterpolationen im Sophoklestext zusammenzustellen. In diesem Dichter gibt es nicht nur einige recht einfach zu durchschauende Fälle, eine nähere Durchleuchtung der Motive der Bearbeitung wird neben dem Gewinn für die sophokleische Textkritik auch interessante Einblicke in Hintergründe antiker Bearbeitungspraxis und antiken Zeitgeschmack vermitteln. Bevor wir uns jedoch auf Sophokles konzentrieren, wird es nützlich sein, zunächst einmal die wenigen dokumentatorisch belegten Beispiele für verkürzende Bearbeitung im Text der attischen Dramatiker zu sammeln.

Einem besonders klaren dokumentierten Fall von verkürzender Ersatzinterpolation begegnen wir in Euripides' *Phoenissen*:

ὦ φίλτατ', οὔ που ξυμφορὰν ἥκειϲ φέρων
'Ετεοκλέουϲ θανόντοϲ, οὗ παρ' ἀϲπίδα
βέβηκαϲ αἰεὶ πολεμίων εἴργων βέλη;
τί μοί ποθ' ἥκειϲ καινὸν ἀγγελῶν ἔποϲ;
τέθνηκεν ἢ ζῇ παῖϲ ἐμόϲ; ϲήμαινέ μοι.

---

12 Selbstverständlich hat auch Page das Problem angesprochen, und er hat neben den *Herakliden* auch einige wenige andere Beispiele für Kürzungen angeführt (S. 23 f., 27, 97, 220). Die Prologe des *Meleager*, der *Melanippe* und des *Archelaos* (vgl. 92 ff.) werden weiter unten noch näher zu betrachten sein (s. unten S. 86), zu E. *Suppl.* 432–5 (Page 69) s. unten S. 104; einen möglichen Fall in Aeschylus (*ScT* 820 f.) behandelt West, *Aeschylus* 119, doch scheint mir hier die Unechtheit der betreffenden Verse nicht erwiesen (s. Günther 3, 407).

13 Vgl. Günther 2, 115 f.

14 Eine willkommene Bestätigung für die Annahme derartig radikaler Kürzungen ist mir Zwierleins (II, 24 ff.) gelungener Nachweis einer vergleichbaren Kurzfassung in Plautus *Mil.* 199 ff.

Daß 1075 interpoliert ist, hat bereits Valckenaer erkannt, und er hat aller Wahrscheinlichkeit nach zu Recht ein Scholion in B und V (ἐν τοῖϲ πολλοῖϲ οὐ φέρεται οὗτοϲ ὁ ϲτίχοϲ) auf diesen Vers bezogen[15]. Selbstverständlich ist 1075 nicht für diese Stelle verfaßt; der Vers is Ersatz für 1072–4[16].

Ein wesentlich komplizierterer, jedoch noch lehrreicherer Fall in der *Medea* ist erst in jüngster durch das Zeugnis eines neuen Papyrus endgültig geklärt worden:

ἐϲ τοῦτο γάρ δη φροῦδόϲ εἰμι πᾶϲ ἐγώ.
οὕτω δ᾽ ἔχει μοι· ϲοῦ μὲν ἐλθούϲηϲ χθόνα,
πειράϲομαί ϲου προξενεῖν δίκαιοϲ ὤν.
τοϲόνδε μέντοι ϲοι προϲημαίνω, γύναι·
ἐκ τῆϲδε μὲν γῆϲ οὔ ϲ᾽ ἄγειν βουλήϲομαι.
αὐτὴ δ᾽ ἐάνπερ εἰϲ ἐμοὺϲ ἔλθηιϲ δόμουϲ,
μενεῖϲ ἄϲυλοϲ κοὔ ϲε μὴ μεθῶ τινι.
ἐκ τῆϲδε δ᾽ αὐτὴ γῆϲ ἀπαλλάϲϲου πόδα,
ἀναίτιοϲ γὰρ καί ξένοιϲ εἶναι θέλω.

In 725 ff. hat man schon seit langem eine Interpolation vermutet (725–8 del. Kirchhoff, 729 del. Nauck). Die Lösung hat ein Oxyrhynchospapyrus aus dem dritten nachchristlichen Jahrhundert gebracht[17]. In ihm fehlen 725–6, und 729 ist vor 727 umgestellt. Es kann kaum Zweifel darüber bestehen, daß der Papyrus den originalen Text bietet. Ebenso ist klar, daß 725–6 nicht Zusatz, sondern Ersatz für 729 sind. Das zeigt nicht zuletzt die Verordnung des Papyrus. Doch wahrscheinlich setzen 725 f. nicht nur eine Fassung ohne 729 voraus, sie sind wohl auch nicht für den Anschluß an 723–4 verfaßt. Die parallele Struktur von 723–4 und 725–6 läßt 725–6 an dieser Stelle ungeschickt erscheinen. 725 ist in Anlehnung an 723–4 gestaltet und für den Anschluß an 722 verfaßt. Dieser zunächst etwas vage Verdacht wird bestätigt, wenn man nach dem Motiv für die Interpolation fragt. 723–4 sind für den Inhalt entbehrlich, dieselbe Aussage wird 727–8 wiederholt. Das Original 723–4, 729, 727–8, 730 ist voller Wortwiederholungen auf engstem Raum (ἐλθούϲηϲ/ ἔλθηιϲ, προξενεῖν/ ξένοιϲ, αὐτὴ in 729 und 727). Die um einen Vers kürzere Fassung 725–6, 727–8, 730 strafft die Aussage und vermeidet jede wörtliche oder gedankliche Wiederholung. Der stilistische Effekt ist ähnlich der zuerst

[15] Zur Position des Scholions in B und V s. Mastronarde im Apparat seiner Ausgabe der *Phoenissen* zu 1069–1073 und Schwartz im Apparat der Scholien (I 361, 14).

[16] Geel (Leiden 1846) hat 1075 vor 1072 gestellt, richtig Page 23 f., vgl. auch Mastronarde 29, Reeve 1, 253 Anm. 21. Friedrich 89 f. (= 268 f.) nimmt gar an, daß 1075 f. direkt zu 1090 überleiten sollen; dies ergäbe jedoch einen selbst für einen Bearbeiter unattraktiven Anschluß; zudem kann die Kürzung von 1072–4 alleine überzeugend begründet werden, wie sich im folgenden zeigen wird.

[17] Unpubliziert, Diggles Π^{11}.

besprochenen Kürzung in *Phoen.* 1072 ff.; dort abundiert im Original ξυμφορὰν ... Ἐτεοκλέουϲ θανόντοϲ/ τέθνηκεν ἢ ζῆι.

Die Vermeidung repetitiver Elemente in Disposition und Formulierung wird uns im folgenden als das wesentliche Motiv kürzender Bearbeitung noch häufig begegnen. Im weiteren Sinne kann man in diese Kategorie auch die wohl offenkundigste Kurzfassung einordnen, die es im Text der griechischen Tragödie gibt, S. *OT* 62–64:

> τὸ μὲν γὰρ ὑμῶν ἄλγοϲ εἰϲ ἕν' ἔρχεται
> μόνον καθ' αὑτὸν κοὐδέν' ἄλλον, ἡ δ' ἐμὴ
> ψυχὴ πόλιν τε κἀμὲ καί ϲ' ὁμοῦ ϲτένει.

Nach dem Zeugnis des Stobaeus (95, 21) zitiert Teles die Verse unter Kontraktion von 63–4 auf einen Vers: ἐγὼ δ' ἐμαυτὸν καὶ πόλιν καὶ ϲὲ ϲτένω. Es handelt sich hier sicher nicht um einen Gedächtnisfehler des Gewährsmannes, sondern um eine ganz bewußte Glättung des verbosen Originals, bei der konsequent alle überflüssigen, repetitiven Elemente (μόνον καθ' αὑτόν, κοὐδέν' ἄλλον, τε ομοῦ) und die figurative Rede (ἡ δ' ἐμὴ ψυχὴ) beseitigt sind. Die Ähnlichkeit zu E. *Med* 723 ff. und die noch viel engeren Parallelen, denen wir im folgenden begegnen werden, zeigen, daß es sich nicht um einen Sonderfall handelt, der auf besondere Umstände in der indirekten Überlieferung abgeschoben werden kann[18].

Auf ähnliche Motive geht vielleicht auch eine bemerkenswerte Lesung im *Philoktet* zurück, obwohl hier der Lage zugegebenermaßen weniger eindeutig ist.

> ἰὼ ξένοι·
> τίνεϲ ποτ' ἐϲ γῆν τήνδε ναυτίλωι πλάτηι
> κατέϲχετ' οὔτ' εὔορμον οὔτ' οἰκουμένην;
> ποίαϲ πάτραϲ ὑμᾶϲ ἂν ἢ γένουϲ ποτὲ
> τύχοιμ' ἂν εἰπών; ϲχῆμα μὲν γὰρ Ἑλλάδοϲ
> ϲτολῆϲ ὑπάρχει προϲφιλεϲτάτηϲ ἐμοί·
> φωνῆϲ δ' ἀκοῦϲαι βούλομαι· καὶ μή μ' ὄκνωι
> δείϲαντεϲ ἐκπλαγῆτ' ἀπηγριωμένον,
> ἀλλ' οἰκτίϲαντεϲ ἄνδρα δύϲτηνον, μόνον,
> ἐρῆμον ὧδε κἄφιλον κακούμενον,
> φωνήϲατ', εἴπερ ὡϲ φίλοι προϲήκετε.
> ἀλλ' ἀνταμείψαϲθ'· οὐ γὰρ εἰκὸϲ οὔτ' ἐμὲ
> ὑμῶν ἁμαρτεῖν τοῦτό γ' οὔθ' ὑμᾶϲ ἐμοῦ.

Zu 220 bieten nur Sγρ aZo den oben ausgeschriebenen Text. Die übrigen Textzeugen schreiben κἀκ ποίαϲ πάτραϲ statt ναυτίλωι πλάτηι. Es kann sich hier kaum um einen mechanischen Fehler handeln, diese Lesung

---

[18] Zur Überlieferung der Verse bei Stobaeus und zu weiteren Beispielen für eine derartige Diskrepanz zwischen einem Florilegium und der direkten Überlieferung s. unten S. 103 f.

beruht sicher auf einem bewußten Eingriff in den Text[19]. Dieser Eingriff ist neben 222 kaum zu verstehen, er wäre allerdings gut erklärbar, wenn er mit einer Streichung von 222–231 einhergegangen sein sollte. Gründe für eine Tilgung von 222–231 analog zu den nun schon mehrfach hinter derartigen Eingriffen vermuteten Motiven liegen durchaus vor. 225–8 ‚wiederholen' die in der unmittelbar vorausgehenden Parodos ausgebreiteten Themen ‚einsames Leiden Philoktets' und ‚Angst der Ankömmlinge vor dem unheimlichen Einsiedler'. Außerdem weist die Passage auch interne Wiederholungen auf: φωνῆϲ δ' ἀκοῦϲαι (225) – φωνήϲατ(ε) (229) – ἀλλ' ἀνταμείψαϲθ(ε) (230); κἄφιλον (228) – φίλοι (229).

Die oben behandelte Medeastelle hat neben der Tatsache, daß sie eine Ersatzinterpolation bezeugt, noch weiteres Interesse. Die Umstellung von 729 in der mittelalterlichen Überlieferung ist offenkundig nicht mechanisch zu erklären, sondern aus dem Bestreben entstanden, die beiden an sich unvereinbaren, alternativen Fassungen zu einem halbwegs kohärenten Text zu vereinigen. Hier liegt ein dokumentierter Fall eines bewußten und dabei höchst stupiden Eingriffs in einen aus zwei verschiedenen Zeugen kontaminierten Lesetext vor[20]. Wenn man nicht annehmen will, daß ultrakonservativer Vollständigkeitswahn die kritische Adnotatio bewußt ignoriert hat, so muß die mehrheitlich bezeugte Versordnung zu einer Zeit entstanden sein, als die kritischen Zeichen, die die Ersatzfassungen kennzeichneten, nicht mehr verstanden wurden oder verloren gegangen waren.

Ein weiteres dokumentiertes Beispiel für eine zumindest de facto verkürzende Ersatzinterpolation sind E. *Hipp.* 871–3. Die Verse, die nach dem Zeugnis der Scholien in einigen Handschriften fehlen, ersetzen 866–870. Barrett (zur Stelle) hat alles Wesentliche gesagt, und es ist nicht nötig, die Verse hier auszuschreiben und erneut zu diskutieren, zumal dieser Fall für unser Thema nur von beschränktem Interesse ist. Hier haben rein inhaltliche oder auch metrische Gründe (Iamben ersetzen Dochmien) wohl eine größere Rolle gespielt als der Wunsch nach Knappheit[21].

Schließlich wäre auch folgende Stelle aus der *Alkestis* zu erwähnen:

Ηϱ. ἀλλ' ἦ πέπονθα δείν' ὑπὸ ζένων ἐμῶν;
Θε. οὐκ ἦλθεϲ ἐν δέοντι δέξαϲθαι δόμοιϲ.
πένθοϲ γὰϱ ἡμῖν ἐϲτι. καὶ κουϱὰν βλέπειϲ
μελαμπέπλουϲ ϲτολμοὺϲ τε. Ηϱ. τίϲ δ' ὁ κατθανών;

[19] Radermachers Vorschlag, unter Aufnahme dieser Lesung 222 zu streichen, verdient keine Widerlegung.

[20] Ähnlichen Fällen werden wir im folgenden noch häufiger begegnen, zu den überlieferungsgeschichtlichen Implikationen vgl. unten S. 102ff.

[21] Zur Ersetzung von lyrischen Partien durch Iamben vgl. auch Page 27, 64 (zu dieser Stelle).

μῶν ἢ τέκνων τι φροῦδον ἢ γέρων πατήρ;
Θε. γυνὴ μὲν οὖν ὄλωλεν Ἀδμήτου, ξένε.

Trotz einer Scholiennotiz in V, die vom Fehlen dreier Verse aus dieser Partie in einigen Textzeugen spricht[22], konnte man sich lange nicht auf die Begrenzung der Interpolation in dieser Passage einigen. In jüngster Zeit ist das Problem von Riemer[23] ausführlich behandelt worden, und ich denke, an der Richtigkeit von Riemers Tilgung von 818–820 unter Ansetzung einer Lücke zwischen 816 und 821 kann kaum ernsthafter Zweifel bestehen. Dabei läßt Riemer den Umfang der durch die Interpolation verdrängten Partie offen. Zu bedenken wäre, ob 818–820 vielleicht nicht nur den zwischen 816 und 820 ausgefallenen Text, sondern auch eine ganze Reihe der vorausgehenden Versen ersetzen sollen: 818–9 passen gut an 803–4 (Θε. ἐπιϲτάμεϲθα ταῦτα· νῦν δὲ πράϲϲομεν/ οὐχ οἷα κώμου καὶ γέλωτοϲ ἄξια) oder an 807 (Θε. ... οὐ κάτοιϲθα τἀν δόμοιϲ κακά;). Der Dialog zwischen 805 und 820 ist inhaltlich entbehrlich und bewegt sich fünfzehn Verse lang auf der Stelle. Einleuchtende Gründe für eine Streichung lägen sehr wohl vor, und der Fall wäre weitgehend parallel zu E. *Phoen.* 407 ff.[24] Weiteren derartigen Kürzungen werden wir im folgenden noch begegnen[25]. Vielleicht liegt für derartig radikale Kürzungen sogar ein weiterer dokumentierter Fall vor. Der sicher unechte Vers E. *Phoen.* 428 wird in den Scholien als περιϲϲὸν bezeichnet[26], und Friedrich hat die ansprechende Vermutung geäußert, der Vers sei interpoliert, um die vorhergehende Stichomythie zu kürzen[27]. Allerdings ist weder das Fehlen des Verses in einem Teil der Überlieferung noch die Funktion der Interpolation mit genügender Sicherheit zu bestimmen.

Neben der verkürzenden Ersatzinterpolation wäre auch zu fragen, ob sich in unserem Text auch Spuren von bewußter ersatzloser Auslassung bestimmter Verse finden. Das vielleicht eindeutigste Beispiel dafür findet sich in Aristophanes' *Frieden*:

τί δράϲομεν αὐτήν;
τί δράϲομεν αὐτήν;
τρυγήϲομεν αὐτήν.
τρυγήϲομεν αὐτήν.

---

[22] ταῦτα δὲ τὰ τρία ἔν τιϲιν οὐκ ἔγκειται.

[23] P. Riemer, *Die Alkestis des Euripides, Beiträge zur Klassischen Philologie* 195 (Frankfurt 1989), 184 ff.

[24] S. oben S. 20.

[25] S. unten S. 46 ff.

[26] Zur Bedeutung derartiger Notizen in den Scholien für eine uneinheitliche Überlieferung s. unten Anm. 67.

[27] S. Page 27; weitergehende Vermutungen bei Friedrich 273 ff. (= 94 ff.).

Die vier Verse, die nach dem Zeugnis der metrischen Scholien in V ἔν τιϲιν fehlen, sind zuletzt von Dover[28] behandelt worden. Er hat endgültig gezeigt, daß die noch von Platnauer[29] getilgten Verse, zweifelsohne echt sind. Ihr Fehlen in einigen antiken Textzeugen dürfte auf bewußter Tilgung beruhen; das Motiv dafür war gewiß die Obszönität[30].

Mit großer Wahrscheinlichkeit auf bewußter Streichung beruht auch folgende Auslassung in Euripides' *Medea*:

Ια. μάλιϲτα· καὶ πείϲειν γε δοξάζω ϲφ' ἐγώ,
εἴπερ γυναικῶν ἐϲτι τῶν ἄλλων μία.

945 fehlt in E; zu mechanischem Ausfall liegt kein Grund vor. In dem Dialog zwischen Iason und Medea antwortet Iason seit 926 stets mit einem Vers, auch dann, wenn wie auf 929 zwei Verse Medeas (927 f.) vorangehen. 944 f. ist die einzige Stelle, wo Iason auf zwei Verse Medeas (942 f.) ebenfalls mit zwei Versen antwortet. Grund für die Streichung des entbehrlichen Verses 945 war wahrscheinlich das Streben nach Vereinheitlichung. Dasselbe Motiv steckt auch hinter der Zuweisung von 945 an Medea in O und V (vorausgesetzt auch in der Interpretation der BV-Scholien)[31].

Eine Bestätigung für diese Annahme bietet vielleicht S. *Ant.* 45 f.:

τὸν γοῦν ἐμὸν καὶ τὸν ϲόν, ἢν ϲὺ μὴ θέλῃϲ,
ἀδελφόν· οὐ γὰρ δὴ προδοῦϲ' ἁλώϲομαι.

Lloyd-Jones/Wilson[32] haben 46 zu Recht gegen Benedicts populäre Tilgung verteidigt. In einem Scholion zu 46 heißt es, daß Didymus erkläre, der Vers werde von Verfassern von ὑπομνήματα für unecht gehalten[33]. Lloyd-Jones/Wilsons Vermutung, der Vers sei gestrichen worden, da er die Stichomythie unterbreche, hat viel für sich.

Ein weitere Beispiel für bewußte Streichung stellt vielleicht auch die Auslassung von S. *OT* 800 in L^{ac}ΛK dar. Der Fall ist allerdings weniger eindeutig, da durch die Auslassung ein unschönes Asyndeton entsteht[34],

---

[28] Vgl. Dover 158 ff. (= 218 ff.).

[29] Vgl. seinen Kommentar zur Stelle.

[30] Dazu s. unten S. 61 f. mit Anm. 160. Dovers metrische Hypothese ist viel zu kompliziert um angesichts eines so offensichtlichen Tilgungsgrundes Wahrscheinlichkeit zu besitzen. Seine Erklärung ist angeregt von dem überlieferten Text des metrischen V-Scholions ἔν τιϲιν οὐ φέρεται διὰ τὰ μέτρα. Doch Dobrees Verbesserung von διὰ τὰ μέτρα zu τὰ δ' μέτρα ist sicher richtig. In derartigen Bemerkungen erwarten wir nicht die Angabe eines Grundes für die Auslassung (die Scholien sprechen ja auch nicht von Tilgung, sondern nur von Auslassung!); oft steht jedoch die Zahl der fehlenden Verse.

[31] Erstaunlicherweise wird diese Personenverteilung von den meisten modernen Herausgebern akzeptiert; richtig immerhin Porson, Kirchhoff, Paley, v. Arnim und Diggle.

[32] *Sophoclea* 116 f.

[33] Δίδυμοϲ δέ φηϲιν ὑπὸ τῶν ὑπομνηματιϲτῶν τὸν ἑξῆϲ ϲτίχον νενοθεῦϲθαι.

[34] Der Vers ist inhaltlich entbehrlich; καὶ ϲοί, γύναι, τἀληθὲϲ ἐξερῶ ‚wiederholt' sozusagen 772 f. und das Verbum des Sagens aus 799.

eine bei Bearbeitern nicht unbedingt beliebte Erscheinung; immerhin hat Nauck den Vers getilgt.

Zu einer interessanten Serie von Streichungen, hinter denen jeweils ähnliche Motive zu stecken scheinen, gehört folgende Auslassung in Euripides' *Medea*:

ὦ δεινὸν ἔργον παρανόμως εἰργαϲμένη, 1121
Μήδεια, φεῦγε φεῦγε, μήτε ναΐαν
λιποῦϲ' ἀπήνην μήτ' ὄχον πεδοϲτιβῆ.

1121 fehlt in BOD. Der Vers wurde bereits von Lenting getilgt, und er wird neuerdings auch von Diggle eingeklammert. Murray und Page hielten ihn für echt. Die Stelle kann nicht isoliert betrachtet werden.

Jüngst publizierte neue Papyrusfunde haben zwei der Medeastelle sehr ähnliche Passagen in neuem Licht erscheinen lassen:

E. *Phoen.* 1 ff.
Ὦ τὴν ἐν ἄϲτροιϲ οὐρανοῦ τέμνεν ὁδὸν
καὶ χρυϲοκολλήτοιϲιν ἐμβεβὼϲ δίφροιϲ,
Ἥλιε, θοαῖϲ ἵπποιϲιν εἱλίϲϲων φλόγα,
ὡϲ δυϲτυχῆ Θήβαιϲι τῆι τόθ' ἡμέραι
ἀκτῖν' ἐφῆκαϲ ...

S. *El.* 1 ff.
Ὦ τοῦ ϲτρατηγήϲαντοϲ ἐν Τροίαι ποτὲ
Ἀγαμέμνονοϲ παῖ, νῦν ἐκεῖν' ἔξεϲτί ϲοι
παρόντι λεύϲϲειν, ὧν πρόθυμοϲ ἦϲθ' ἀεί.

In einer grundlegenden Abhandlung hat Haslam[35] das Zeugnis dreier Papyri angeführt, die die ersten beiden Verse der *Phoenissen* nicht kennen[36]. Ferner hat er nach einer Untersuchung der zahlreichen Testimonien zum Anfang dieser Tragödie festgestellt, daß die indirekte Tradition fast ausnahmslos einen Text ohne 1–2 voraussetzt. Zwar sind Haslams Urteile über einige Testimonien zweifelhaft, doch ist dies von untergeordneter Bedeutung[37]. Die drei von Haslam herangezogenen Papyri stellen außer Frage, daß es Texte der *Phoenissen* ohne die ersten beiden Verse des Stücks gegeben hat.

---

[35] S. Haslam 1.

[36] P. Oxy. 27, 2455; 47, 3321 und 3322. Letztere beiden Papyri waren zur Zeit der Publikation von Haslams Artikel noch unpubliziert. P. Oxy. 2455 bietet eine Sammlung von Hypotheseis. *Fr.* 17 col. XX wird nach Haslams neuer Lesung *Phoen.* 3 als erster Vers des Stücks zitiert. Haslams Lesung steht in erstaunlich krassem Kontrast zur Lesung der Erstausgabe des Papyrus. P. J. Parsons hat die Lesung für mich erneut überprüft und Haslam bestätigt.

[37] Zweifellos die kurze Fassung bezeugt P. Edfou 326 (Tell Edfou 1939, *Foilles Greco-polonaises* III [1950], 331–2 mit pl. 1; vgl. auch *JJurPap* 31 [1949], 102–3). Alle anderen von Haslam angeführten Zeugnisse sind zumindest inkonklusiv; zur Imitation des Anfangs der *Phoenissen* durch Theodektes und zu der Übersetzung durch Accius s. unten S. 30 f.

Für den Anfang der *Elektra* ist die Evidenz für eine Schwankung im Versbestand in der Überlieferung weit magerer; insbesondere ist das von Haslam herangezogene Testimonium aus Macho (226–30 Gow) inkonklusiv[38]. Dennoch ist es sehr wahrscheinlich, daß auch von Sophokles' *Elektra* Texte existierten, in denen der Anfang, diesmal der erste Vers allein, fehlten. Haslam verweist auf ein Scholion zum Anfang der *Phoenissen* mit folgendem Wortlaut: παλαιά τις φέρεται δόξα ὡς Σοφοκλῆς μὲν ἐπιτιμήσειεν Εὐριπίδηι ὅτι μὴ προέταξε τούτους τοὺς δύο στίχους (i. e. *Phoen.* 1–2), ὁ δὲ Εὐριπίδης ὅτι μὴ προέταξεν ἐν Ἠλέκτραι ὁ Σοφοκλῆς τὸ 'ὦ τοῦ στρατηγήσαντος ἐν Τροίαι ποτέ'. Zu Recht hat Haslam gegen Valckenaers allgemein akzeptierte Tilgung der beiden μὴ (in ὅτι μὴ προέταξε bzw. ὅτι μὴ προέταξεν) Einspruch erhoben[39]. Das Zeugnis der Phoenissenpapyri macht klar, daß diese Geschichte aus einem Schwanken im Versbestand der Überlieferung herausgesponnen ist. Höchstwahrscheinlich gilt dasselbe für die *Elektra*. Haslam geht jedoch in die Irre, wenn er versucht, der Scholiennotiz einen historischen Kern abzugewinnen. Nach allem, was wir heute über die biographische Tradition der attischen Dramatiker wissen[40], kann man die Behauptung in unserem Scholion nur für eine phantastische Erfindung halten, die ein Überlieferungsproblem zu erklären sucht. Sie verdient noch weniger Glauben als die Angaben der Tragikerscholien über Schauspielerinterpolationen, die ähnlichen Zwecken dienen[41]. Für die Frage der Echtheit von E. *Phoen.* 1–2 und S. *El.* 1 ist das Scholien irrelevant.

Selbstverständlich kann die Auslassung von *Phoen.* 1–2 und *El.* 1 nicht auf mechanischem Ausfall beruhen. Entweder sind die Verse in den vollständigen Zeugen interpoliert oder in den anderen Zeugen bewußt ausgeschieden. Grundsätzlich sind beide Erklärungen der Überlieferungslage möglich. Die Entscheidung über Echtheit oder Unechtheit kann nur aufgrund interner Evidenz getroffen werden.

Sicher müssen die beiden Stellen und auch die oben ausgeschriebene Medeastelle (1121 ff.) zusammen betrachtet werden. Welche der beiden Alternativen, Interpolation oder bewußte Streichung, auch richtig sein sollte, alles spricht dafür, daß hinter den Texteingriffen eine konsequente Strategie steht, entweder elaborierte Anreden zu kürzen oder knappe

---

38 Auch wenn Macho die volle Fassung vor Augen hatte, ist es einleuchtend, daß nur Vers 2–3 zitiert werden. Die Einbeziehung von Vers 1 wäre dem Witz abträglich. Richtig *Sophoclea* 42.

39 Zu μὴ statt οὐ vgl. Haslam 1, 163 Anm. 48.

40 Insbesondere durch die grundlegenden Arbeiten von M. Lefkowitz (*Lives*); zu Euripides neuerdings auch ihre Aufsätze in *SIFC* 5 (1987), 149–166 und *CQ* 39 (1989), 70 ff.

41 Für eine kritische Neuuntersuchung der Angaben über Schauspieler in den Tragikerscholien mit weitgehend negativem Ergebnis vgl. Hamilton, *GRBS* 15 (1974), 387–402. Die Erklärung von Divergenzen der handschriftlichen Überlieferung der Tragiker durch Eingriffe von Schauspielern hat ihr Gegenstück in der biographischen Interpretation von Textvarianten in Apollonios durch die berüchtigte προέκδοσις, die ebenfalls auf reiner Erfindung beruht, vgl. Lefkowitz, *Lives* 130, ferner Haslam, *ICS* 3 (1978), 67.

Anreden durch Interpolation aufzublähen. Zunächst jedoch muß jede einzelne Stelle für sich untersucht werden, und in jedem einzelnen Fall muß geprüft werden, ob die volle oder die kürzere Form der Anrede der Gelegenheit und dem Stil des Euripides bzw. Sophokles eher angemessen ist. Haslam, der für die Unechtheit von *Phoen.* 1–2 und *El.* 1 plädiert, hat im Anschluß an den oben erwähnten Aufsatz in einem weiteren Beitrag[42] nicht nur für *Med.* 1121, sondern noch für eine ganze Reihe von ähnlich aufgeputzten Anreden in Euripides Tilgung vorgeschlagen, ohne daß dafür ein Rückhalt in der Überlieferung besteht. Dies ist in der von Haslam vorgetragenen Form ein ganz und gar unzulässiges Verfahren. Es besteht überhaupt kein Grund dafür, warum jede einleitende Anrede in Euripides denselben Grad an Wortreichtum aufweisen sollte. Allerdings hat Haslam mit seiner Zusammenstellung dem Verteidiger der Echtheit von *Phoen.* 1–2 die Arbeit der Suche nach stilistischen Parellelen in Euripides abgenommen. Die von Haslam verdächtigten Verse (*Med.* 764, *Hec.* 953, *Suppl.* 1034, *Or.* 71, 852) zeigen, daß *Phoen.* 1–3 in dieser Form – und man darf dazu sagen auch *Med.* 1121 ff. – gut euripideischer Stil sind. Dabei hat Haslam weder im Falle von *Phoen.* 1–2 noch in dem von S. *El.* 1 handfeste inhaltliche oder sprachliche Gründe für eine Tilgung vorgebracht[43]. Wie er selbst zugibt, stützt sich seine Tilgung nicht so sehr auf philologische, als vielmehr auf ästhetische Gründe[44]. Seine Attribute für die von ihm getilgten Verse sind „overblown, feeble, out of place", oder er spricht von „disproportion" und „bombast".

Nun, Haslams eigene Stellensammlung scheint anzudeuten, daß Euripides jedenfalls gelegentlich solchen Bombast geliebt hat. Wie steht es nun aber umgekehrt mit Beispielen für eröffnende Anreden von der Kürze von *Phoen.* 3 alleine? Als engste Parallele führt Haslam A. *Cho.* 1 (Ἑρμῆ χθόνιε, πατρῷϊ' ἐποπτεύων κράτη) an, aus Euripides kann er nur mit Suppl. 1 (Δήμητερ ἑστιοῦχ' Ἐλευσῖνος χθονὸς) aufwarten. Die Parallelen gelten, was den unmittelbaren Einsatz einer Anrede am Anfang eines Stücks mit einem Vokativ ohne ὦ anbelangt. Dies ist auch einzig Haslams Anspruch. Das Problem mit Vers 3 als Anfang der *Phoenissen* liegt jedoch anders. Vers 3 alleine wäre einzigartig, insofern ein alleinstehender Vokativ ohne ὦ und ohne attributive Ergänzung durch ein

[42] S. Haslam 3, 98 ff. Haslams Tilgung ist weitgehend auf Zustimmung gestoßen (so etwa in der zweiten Auflage von Dawes *Sophokles* und in Mastronardes neuer Ausgabe der *Phoenissen*); dagegen immerhin Van der Valck, *GRBS* 23 (1982), 235 f.

[43] Haslam läßt sich lange darüber aus, was τὴν ἐν ἄστροις οὐρανοῦ τέμνων ὁδὸν nicht bedeuten kann, nur um zuletzt die *communis opinio* („Weg der Sonne durch die Tierkreiszeichen") zu wiederholen, ohne sie irgendwie ernsthaft zu erschüttern. Was den Bezug von οὐρανοῦ angeht, so möchte ich nur darauf hinweisen, daß der Verfasser des unten zitierten Epigramms bei Athenaeus es offenbar zu ὁδὸν bezieht (πόλον αἰθέρος … τέμνων), wie es Pearson verstanden hat; anders Fraenkel, Phoenissen 5.

[44] Vgl. Haslam 1, 165.

Epitheton oder Genitivattribut von einer nachstehenden partizipialen Phrase begleitet wird. Auf den ersten Blick mag das als eine recht willkürliche Schematisierung erscheinen, dies ist jedoch nicht der Fall. Das Nichtvorkommen dieser Verbindung illustriert die Tatsache, daß sich die knappste Form der Anrede, der alleinstehende Vokativ, nicht mit dem elaborierten Stil verträgt, den die partizipiale Ergänzung in einer Anrede normalerweise impliziert. Ganz besonders gilt dies für unseren Fall am Anfang der *Phoenissen*, wo die Anrede rein rhetorische Funktion hat. Die gewöhnliche Form solcher elaborierter Anreden ist: ὦ, partizipiale Phrase oder andere attributive Erweiterung, Vokativ; oft steht dabei der Vokativ am Versanfang, während die partizipiale oder sonstige Erweiterung den vollen vorhergehenden Vers einnimmt[45]. *Phoen.* 1–3 sind besonders bombastisch; das kann man mögen oder nicht, es ist jedenfalls gut euripideisch, *Phoen.* 3 alleine nicht[46].

Was den Anfang von Sophokles' *Elektra* angeht, so läßt sich gegen den Beginn mit Vers 2 kein handfester Einwand erheben. Jedoch gilt für die volle Fassung nicht nur dasselbe, es läßt sich sogar zeigen, daß letztere sophokleischem Stil in ganz besonderem Maße entspricht. Orest wird vier Verse weiter unten (V. 6) erneut angeredet, diesmal ganz knapp, nur mit seinem Namen (Ὀρέστα). Eine eröffnende, wortreich geschmückte Anrede gefolgt von einer ganz knappen, einfachen Anrede an dieselbe Person läßt sich noch anderswo in Sophokles nachweisen[47]. Die Wiederholung der Anrede durch den Sprechenden bewirkt besondere Eindringlichkeit, Lebendigkeit. Gerade dieser Wirkung und nicht nur dem Streben nach variatio kommt es entgegen, wenn die Steifheit und Feierlichkeit einer elaborierten eröffnenden Anrede in der Folge dem intimeren, wärmeren Ton einer knappen Anrede mit nur einem Wort, insbesondere dem bloßen Namen weicht. Elaborierte Anrede kann Zeichen von Respekt und Distanz sein, und dies steht dem Paedagogen gegenüber dem jungen Königssohn wohl an[48]. Orests Anrede in seiner Erwiderung (ὦ φίλτατ'

45 Neben einigen der von Haslam getilgten Beispiele vgl. etwa E. *Med.* 665 f.; *Suppl.* 114 f., *IT* 270 f., *Hel.* 386 f., 1093 f., *Phoen.* 84 f., *Or.* 1234 f.; in Sophokles vgl. *Ai.* 845 f., 856 f., *Ant.* 891 f., *Phil.* 1445 f.; der Vokativ an zweiter Stelle im Vers (wie *El.* 2) E. *Andr.* 445 f., 1274, *El.* 880 f., *Ba.* 55 f., *Or.* 852 f., S. *El.* 1126 f.; zwei Verse vor dem Vokativ E. *Tr.* 884–6, *Ion.* 1512–4, S. *Ai.* 858–60.

46 Haslam tadelt an der vollen Fassung die Häufung der Partizipien. Das Argument wiegt weit weniger schwer, wenn man erkennt, daß die drei Partizipien nicht beigeordnet sind: ἐμβεβὼς ist εἱλίσσων untergeordnet. Für eine ähnliche Umrahmung des Vokativs durch zwei attributive Bestimmungen vgl. E. *Or.* 852 f., für das Hyperbaton E. *Hel.* 386 f.

47 In der *Elektra* etwa 1126 f.–1130, 1354 f.–1357 f.–1361. Besonders gut mit unserer Stelle vergleichbar ist *OC* 1–9; ferner *OC* 337 f.–342, 740–756, *OT* 300–304. Vergleichbar ist auch *OT* 1–9, auch wenn dort die Anrede wechselt.

48 Vgl. etwa *OT* 14, 40 (der ἱερεὺς zu Oedipus), 300 (Oedipus zu Teiresias), E. *Suppl.* 113 f. (Adrast zu Theseus). In Ton und Stil besonders nahe steht unserer Stelle S. *Phil.* 3 f. (Odysseus zu Neoptolemus).

ἀνδρῶν προcπόλων 23) ist von seiner Position her außergewöhnlich respektvoll, und es wäre ganz und gar unangemessen, wenn der Paedagoge, zumal am Anfang des ganzen Stücks, dahinter zurückbliebe[49]. Lloyd-Jones/Wilson[50] lehnen Haslams Tilgung zu Recht ab.

Sowohl für den Anfang der *Phoenissen* als auch der *Elektra* ist die volle Form der Anrede eindeutig mehr in Übereinstimmung mit den Gepflogenheiten des betreffenden Dichters. Was *Medea* 1121 ff. anbelangt, so ist eine isolierte Entscheidung aus rein stilistischen Gründen weniger eindeutig. Beide Formen der Anrede, die kurze ohne 1121 und die längere mit 1121 sind an dieser Stelle zweifellos möglich[51]. Eine Entscheidung aus inneren Gründen ist rein subjektiv. Glücklicherweise ist eine solche Entscheidung hier gar nicht nötig. Daß 1121 echt ist, wird außer Frage gestellt durch die Tatsache, daß der Vers in Ar. *Av.* 1175 imitiert wird[52]. Der urkundliche Nachweis dafür, daß in diesem Fall eine bewußte Kürzung vorliegen muß, unterstützt unsere Argumente für die Echtheit von *Phoen.* 1–2 und *El.* 1 und dürfte Haslams Interpolationshypothese den letzten Todesstoß versetzen.

Die Kürzung der Anredeform steht mit ihrer Beschneidung des „Überflüssigen", rein Ornamentalen durchaus in einer Linie mit einer verkürzenden Ersatzfassung wie der oben behandelten Kontraktion von S. *OT* 63 f.[53]. Eine Parallele bietet auch die Ersatzfassung E. *Phoen.* 1075 für 1072–4[54]; auch dort wird eine wortreiche, höchst elaborierte Auftrittsformel auf das Wesentliche reduziert. Besonders bezeichnend ist die Verwandtschaft zu *Med.* 1121; beidesmal handelt es sich um die Auftrittsrede des Boten[55].

Daß die aufgeblähte Anrede am Anfang der Phoenissen bereits im Altertum nicht jedermanns Geschmack war, läßt sich in der Tat durch drei Imitationen des Eingangs dieses Stücks belegen:

> Theodektes *TrGF* 72 F 10, 1–4:
> ὦ καλλιφεγγῆ λαμπάδ' εἱλίccων φλογὸc
> Ἥλιε, ποθεινὸν πᾶcιν ἀνθρώποιc cέλαc,
> εἶδέc τιν' ἄλλον πώποτ' εἰc οὕτω μέγαν
> ἐλθόντ' ἀγῶνα καὶ δυcέκφευκτον κρίcιν;

---

[49] *El.* 2 alleine böte die knappste Anrede am Anfang eines Stücks in Sophokles (*Ai.* 1 immerhin ὦ παῖ Λαερτίου). Dies wäre besonders erstaunlich am Anfang einer längeren Rede.

[50] *Sophoclea* 42.

[51] Für die knappe Anrede beim Auftritt eines Boten vgl. etwa E. *Hcld.* 784, *Suppl.* 634, *Hel.* 1512; für die volle Form E. *Tr.* 709, *El.* 761, *IT* 238, 1284, *Ba.* 660.

[52] ὦ δεινὸν ἔργον καὶ cχέτλιον εἰργαcμένοc ...

[53] S. oben S. 22.

[54] S. oben S. 20 f.

[55] Zu E. *Hel.* 1512, wo Kannicht mit Recht eine ähnliche Ursache für die Interpolation vermutet hat, s. unten S. 99.

[Euripides] *Epigr.* 478–81 Page (Athen. 2, 61b):
ὦ τὸν ἀγήραντον πόλον αἰθέρος Ἥλιε τέμνων,
ἆρ' εἶδες τοίονδ' ὄμμασι πρόσθε πάθος ...

Accius, *Phoen.* fr. 1 Ribbeck:
Sol qui micantem candido curru atque equis
flammam citatis fervido ardore explicas,
quidnam tam adverso augurio et inimico omine
Thebis radiatum lumen ostentas tuum?

Theodektes und Accius sind bereits von Haslam herangezogen worden. Haslam hat argumentiert, daß beide von der kürzeren Fassung des Phoenissenprologs ohne die Verse 1–2 ausgehen. Accius ist, isoliert betrachtet, inkonklusiv. Es könnte sich ebensogut um eine Aufblähung von *Phoen.* 3 wie um eine konzisere Fassung von *Phoen.* 1–3 handeln. Bei Theodektes jedoch spricht alle Wahrscheinlichkeit für die zweite Annahme. Die Struktur der Anrede ist exakt parallel zu *Phoen.* 1–3: ὦ, partizipialer Ausdruck. Ἥλιε am Anfang eines neues Verses, weitere attributive Ergänzung. Die ungewöhnliche Form der Anrede, die die kurze Fassung mit *Phoen.* 3 alleine darstellt, ist so distinktiv, daß man erwarten sollte, daß Theodektes etwas davon beibehalten hätte, wenn er sie wirklich vor Augen gehabt hätte[56]. Accius hat es, wenn er tatsächlich von der Kurzfassung ausging, getan[57].

Auch das pseudoeuripideische hellenistische Grabepigramm bei Athenaeus nimmt auf den Anfang der Phoenissen Bezug, ohne Zweifel auf die volle Fassung[58]. Theodektes, der Verfasser des Epigramms und vielleicht Accius reduzieren, jeder auf seine Art, den Wortschwall des Originals. Wenn dies in der Kleinform des Epigramms geschieht, so mag man dies für nicht allzu signifikant halten, zumindest aber Theodektes darf als Indiz für einen veränderten Zeitgeschmack und ein verändertes

[56] Besonders einleuchtend wäre eine Kürzung des überladenen euripideischen Eingangs, wenn das Fragment von Theodektes nicht aus einem Prolog stammen sollte, wie neuerdings Stephanopoulos 15ff. zu bedenken gibt.

[57] Die strukturelle Parallele zwischen Accius und *Phoen.* 3 ist Haslams stärkstes Argument für seine Annahme, Accius gehe von der kurzen Fassung aus. So nahe die Einbeziehung des Sonnenwagens in das Bild auch liegt, es wäre aber doch ein seltsamer Zufall, wenn er bei Accius und in *Phoen.* 1–2 unabhängig auftauchte. Bei archaischen lateinischen Adaptionen ist man natürlich versucht, Aufblähung eher als Verknappung des Originals zu vermuten. Für kontrahierende Übersetzung griechischer Tragödienverse ins Lateinische vgl. aber immerhin Ennius *Iph.* 198f. aus E. *IA* 446ff. oder Ennius, *Med.* 228–30 aus E. *Med.* 371ff.; vielleicht auch *TrRF* inc. 172–3 aus E. *Med.* 476ff.; vgl. ferner Caec. *Plocium* 158ff., 169ff. im Vergleich mit ihrer menandrischen Vorlage, zur Kürzung seiner Vorlagen durch Plautus s. unten S. 71.

[58] Ganz angesehen von dem Anklang πόλον αἰθέρος ἥλιε τέμνων/ οὐρανοῦ τέμνων ὁδὸν ... Ἥλιε) spielt das Epigramm ebenso wie Theodektes auch inhaltlich auf die folgende Aussage Iokastes an (ἆρ' εἶδες τοιόνδ' ... πάθος/ ὡς δυςτυχῆ ... ἀκτῖν' ἐφῆκας).

Stilgefühl gelten. Derartige Fragen werden im folgenden noch eingehender zu beleuchten sein.

Bevor wir uns einer systematischen Durchforschung des Sophoklestextes zuwenden können, müssen hier noch drei Fälle erwähnt werden, wo uns die Scholien u. U. über die Tilgung längerer Passagen eines Stückes unterrichten. Zwei derartige Fälle betreffen Sophokles. Am eindeutigsten ist die Auskunft der Scholien zu *OC* 237–254. Hier sprechen sie unmißverständlich davon, die Verse seien getilgt worden[59]. Immerhin sind auch einige moderne Kritiker wie etwa Cobet diesem Beispiel gefolgt. Es ist kaum notwendig, diese Tilgung hier zu diskutieren und im einzelnen zu widerlegen. Die echten und vermeintlichen sprachlichen und metrischen Anstöße der Partie sind von den neuen Oxfordherausgebern alle befriedigend erklärt oder geheilt worden. Obwohl Lloyd-Jones/Wilson Cobets Tilgung in ihrem Begleitband keiner Behandlung wert befinden, haben sie in ihrer Bemerkung zu der Personenverteilung in 217 m. E. ein schwer wiegendes Argument für die Echtheit unserer Partie erbracht[60]. Zu Recht folgen sie Meridors Zuweisung des Verses an den Chor und bemerken: „... throughout this passage Antigone cannot bring herself to speak, when she does burst into speech (237 ff.), the effect will be all the more powerful for her having kept silence here and after 225." Diese Überlegung gilt auch umgekehrt. Antigones Schweigen nach 201, obwohl sie von Oedipus mehrfach angeredet wird (213, 216, 225) ist nur als Vorbereitung auf ihren lyrischen Ausbruch in 237 ff. verständlich. Dies hat derjenige nicht verstanden, der für die Zuweisung von 217 in unseren Handschriften an Antigone verantwortlich ist. Er meinte, Ödipus' Anrede an Antigone in 216 (ὤμοι ἐγώ, τί πάθω, τέκνον ἐμόν) verlange eine direkte Antwort derselben. So mag man auch gefordert haben, daß die Anrede des Chors in 229–236 an Ödipus eine direkte Reaktion von ihm erfordere, und hat Antigones Interjektion in 237 ff. gestrichen, zumal da diese Verse inhaltlich ja nur Ödipus' Bitte in 258 ff. zu verdoppeln scheinen[61]. Weiteren Beispielen dafür, daß späterer Geschmack an derartigen für die klassische Tragödie geradezu typischen Doppelungen Anstoß genommen hat, werden wir im folgenden noch begegnen[62].

Der zweite Fall, der uns hier beschäftigen soll, ist die Teichoskopie in Euripides' *Phoenissen.* Obwohl die Passage erst in neuerer Zeit Euri-

---

[59] τὸ τῆϲ ᾿Αντιγόνηϲ πρόϲωπον ὅλον καὶ τοῦ χοροῦ τὸ τετράϲτιχον ἀθετοῦνται. Weiter unten dann οὐδὲν δὲ τοῖϲ Διδύμου τούτων ὀβελιϲθὲν εὕρομεν.

[60] *Sophoclea* 224. Ich habe allerdings große Sympathie für Henses Tilgung von 251, die eine Erwähnung im Apparat verdient.

[61] κρεῖττον γάρ φαϲιν εὐθέωϲ τῶι δικαιολογικῶι χρήϲαϲθαι τὸν Οἰδίπουν πρὸϲ αὐτούϲ, sagen die Scholien über die Tilger von 237 ff.

[62] S. unten S. 46 ff.

pides wieder abgesprochen wurde[63], halte ich die Passage für echt[64]. Dies kann hier nicht im einzelnen begründet werden, und es ist für unsere Zwecke auch nicht erforderlich. Die Partie ist bereits in der Antike getadelt worden: ἥ τε ἀπὸ τῶν τειχέων 'Αντιγόνη θεωροῦcα μέρος οὐκ ἔcτι ⟨τοῦ⟩ δράματος. Mastronarde[65] hat gewiß recht, wenn er darauf besteht, daß diese Worte keineswegs ein Urteil über die Echtheit der Verse beinhalten müssen, auch wenn seine Deutung des überlieferten Scholientextes (ohne τοῦ) kaum richtig sein kann[66]. Zunächst einmal handelt es sich hier um eine ästhetische Kritik, die Mauerschau sei kein organischer Bestandteil des Stückes. Diese Kritik findet eine enge Parallele in dem im Anschluß zu besprechenden Beispiel. Sie darf mit der häufig in den Scholien zu findenden Bemerkung über einzelne Verse, sie seien περιccοί, zusammengebracht werden. Eine gründliche Prüfung derartiger Notizen durch Reeve[67] hat ergeben, daß mit dieser Aussage u. U. durchaus das Fehlen des betreffenden Verses in einem Teil der Überlieferung impliziert sein mag. Kritik an der ‚Überflüssigkeit' bestimmter Verse oder auch längerer Passagen haben wir nun bereits hinter einer ganzen Reihe dokumentierter Tilgungen vermutet, und gerade das zuletzt besprochene Beispiel aus dem Ödipus auf Kolonos, wo explizit von Tilgung gesprochen wird, darf als Parallele zur Teichoskopie in den *Phoenissen* gelten[68]. Wie auch immer es mit der Verwertbarkeit der Scholiennotiz zu unserer Passage für die Echtheit der Partie steht, die Worte der Scholien sind in jedem Falle als Zeugnis für bestimmte ästhetische Kriterien interessant, denen wir in antiken Dichterscholien auch an anderer Stelle begegnen, und die uns weiter unten[69] noch eigens beschäftigen werden.

Auch in dem letzten hier zu erwähnenden Fall ist das Urteil über die Echtheit der betreffenden Partie umstritten und wohl noch schwerer zu entscheiden als im Falle der Mauerschau der Phoenissen; es handelt sich um die Schlußverse des *Oedipus Tyrannus* (1524–30). Die überwiegende

---

63 S. Dihle, 60 ff.

64 Wichtige Bemerkungen zur Würdigung dieser Seite von Euripides' Stil bei Fraenkel, *Phoenissen* 1; vgl. auch Wilkonson, *CR* 35 (1985), 11.

65 In der *praefatio* zu seiner Ausgabe der *Phoenissen* S. XVII § 14.

66 Die von ihm (*l. c.*) bevorzugte Erklärung lautet: „episodion in quo Antigona e muris exercitum Argivum spectat non est proprium fabulae scena actae, sed potius poema epicum decet." Er fügt aber immerhin hinzu: „nisi addito τοῦ ante δράματος intelligendum est sic: ‚... non est pars necessaria actionis fabulae')."

67 S. Reeve 1, 249 f.; vgl. auch Jachmann, *Binneninterpolation* I 141 Anm. 3.

68 Friedrich 270 f. (= 91 f.) hat die Interpolation von 1104–40 (zu diesen Versen vgl. jetzt Dihle 73 ff., Mastronarde, *Phoenix* 32 [1978], 105–128) mit der Ausscheidung der Teichoskopie in Verbindung gebracht, eine unbeweisbare, jedoch durchaus ansprechende Vermutung. Einige Wahrscheinlichkeit hat Friedrichs Behauptung (269 f. = 90 f.), die zweifellos unechten Verse 141–4 seien interpoliert, um die Auftrittsrede des Paedagogen zu ersetzen.

69 S. 69 ff.

Zahl der Herausgeber und Kommentatoren haben sich Ritters Tilgung der Verse angeschlossen, darunter selbst so stockkonservative Kritiker wie Kamerbeek. Die Gründe, die einen Verdacht gegen die Verse sehr wohl rechtfertigen, sind offenkundig und bedürfen kaum der Diskussion. Dieser Verdacht wird nicht nur durch das gleich zu erwähnende Scholion zu der Partie erhärtet, sondern vielleicht auch durch die Tatsache, daß Interpolation der Schlußverse auch sonst in der Tragödie belegt ist[70]. Die allgemeinen Plattitüden, die wir in *OT* 1524–30 lesen, sind gerade das, was wir von einem Interpolator hier erwarten dürfen, und man könnte den interpolierten Schluß der *Medea* für eine gute Parallele halten. Andererseits können die Verse ohne großen Aufwand[71] in einwandfreies sophokleisches Griechisch verbessert werden, und die dazu nötigen Korrekturen sind wohl unvermeidlich, selbst wenn man die Verse für interpoliert hält. Jebb hat zudem mit Recht darauf hingewiesen, daß das Stück mit 1523 kaum enden kann. Wenn 1524 ff. unecht sind, könnte es sich nur um eine Ersatzfassung für einen uns verlorenen Schluß handeln. Vieles spricht auch dafür, daß die an 1524 f. anklingenden Verse am Ende der *Phoenissen* (1759 f.) nach dem Ende des *Ödipus* gestaltet sind; dies beweist natürlich nicht die Echtheit letzterer, doch wäre Anlehnung an ein berühmtes Original doch wahrscheinlicher als an eine Interpolation. Alles in allem scheinen mir die Argumente für die Echtheit von *OT* 1524–30 leicht zu überwiegen. Jebb und Lloyd-Jones/Wilson haben gut daran getan, die Verse nicht einzuklammern[72].

Wie zu E. *Phoen.* 88 ff. so lesen wir auch zu S. *OT* 1524–30 ein Scholion, in dem die betreffende Partie kritisiert wird. Hier spricht der Scholiast eindeutig davon, die Verse seien ἀνοίκεια, sie „gehören nicht dazu", das Stück ist auch ohne sie αὐτάρκης. Dies bestätigt unsere Deutung des Phoenissenscholions und bietet ein weiteres besonders explizites Zeugnis für Kritik an „Überflüssigem" in unseren Tragikerscholien. Inwieweit diese Kritik zu einer Ausscheidung von *OT* 1524–30 in einigen Textzeugen geführt hat, ist ebensowenig zu beweisen wie im Falle von E.

[70] E. *Med.* 1415–9 ist Diggle sicher mit Recht Hartungs Tilgung gefolgt; wahrscheinlich sind die Verse auch am Ende der *Andromache* mit Stevens zu tilgen. Der beste Beleg für derartige Mehrfachinterpolation identischer Schlußverse ist die Anfügung der in *IT, Phoen.* und *Or.* einhellig überlieferten Schlußformel am Ende des *Hippolytus* in A, wo sie natürlich nach 1462–6 sicher nicht stehen kann. Ob diese Schlußformel in einem der anderen Stücke echt ist, kann wohl nicht mit Sicherheit entschieden werden. Barretts Tilgung von *Hipp.* 1462–6 kann ich jedoch nicht zustimmen.

[71] Ich denke, an dem Text, wie ihn Lloyd-Jones/Wilson drucken (im wesentlichen bereits Jebb, Schneidewin/Nauck), kann kaum ernsthaft Zweifel bestehen. Wie 1526 heil sein kann, selbst wenn die Partie unecht ist, kann ich nicht sehen. Die Echtheit der Verse wurde in neuerer Zeit auch von W. Pötscher verteidigt (*Hellas und Rom* [Hildesheim - Zürich - New York 1988], 333–349); seine Herstellung von 1526 ist jedoch völlig verfehlt.

[72] Begründet *Sophoclea* 113 f.

Phoen. 88 ff. Unsere Überlegungen zu letzterer Passage lassen dies jedoch als durchaus möglich erscheinen.

1.2. Kürzungen in Sophokles

Kürzende Ersatzfassungen ähnlich dem am Anfang des vorigen Abschnitts erwähnten Fall in E. *Phoen.* 1072 ff. lassen sich in Sophokles mehrfach nachweisen. Oft ist die Interpolation als solche längst erkannt. Zwei Beispiele begegnen in Tekmessas Rede im ersten Epeisodion des *Aias*:

κἄπειτ' ἐνάιξας αὖθιc ἐc δόμουc πάλιν
ἔμφρων μόλιc πωc ξὺν χρόνωι καθίcταται,
καὶ πλῆρεc ἄτηc ὡc διοπτεύει cτέγοc
παίcαc κάρα 'θώυξεν· ἐν δ' ἐρειπίοιc
νεκρῶν ἐρειφθεὶc ἕζετ' ἀρνείου φόνου,
κόμην ἀπρὶξ ὄνυξι cυλλαβὼν χερί.
καὶ τὸν μὲν ἧcτο πλεῖcτον ἄφθογγοc χρόνον·
ἔπειτ' ἐμοὶ τὰ δείν' ἐπηπείληc' ἔπη
εἰ μὴ φανοίην πᾶν τὸ cυντυχὸν πάθοc,
κἀνήρετ' ἐν τῶι πράγματοc κυροῖ ποτε.

314 ist von Nauck getilgt worden (gefolgt von Radermacher, Standford, Dawe, Lloyd-Jones/Wilson)[73]. Der Vers ist nicht nur ein „überflüssiges und mattes Anhängsel“[74], die Reihenfolge ἐπηπείληc(ε) ... εἰ μὴ φανοίην .../ κἀνήρετ' ἐν τῶι πράγματοc κυροῖ ist falsch[75]. 314 könnte ein ungeschickter verdeutlichender Zusatz sein, wahrscheinlicher ist, daß der Vers überhaupt nicht für den Anschluß an 312/3 verfaßt ist. Es handelt sich wohl um eine banalisierende Ersatzfassung, die 311–3 oder gar 310–3 in einen einzigen Vers zusammenfaßt.

Eine ähnliche Interpolation begegnet uns nur wenig weiter unten noch einmal:

ὁ δ' εὐθὺc ἐξώιμωξεν οἰμωγὰc λυγράc,
ἃc οὔποτ' αὐτοῦ πρόcθεν εἰcήκουc' ἐγώ·
πρὸc γὰρ κακοῦ τε καὶ βαρυψύχου γόουc
τοιούcδ' ἀεὶ ποτ' ἀνδρὸc ἐξηγεῖτ' ἔχειν.
ἀλλ' ἀψόφητοc ὀξέων κωκυμάτων
ὑπεcτέναζε ταῦροc ὣc βρυχώμενοc.
νῦν δ' ἐν τοιᾶιδε κείμενοc κακῆι τύχηι

---

[73] Vgl. auch Reeve 3, 100.

[74] So Nauck-Schneidewin im Anhang zur Stelle.

[75] Vgl. auch Fraenkel, *Seminari* 11: „Aiace vuole sapere tutta la verita: sa che ha fatto una cosa terrible“.

ἄϲιτοϲ ἀνήρ, ἄποτοϲ, ἐν μέϲοιϲ βοτοῖϲ
ϲιδηροκμῆϲιν ἥϲυχοϲ θακεῖ πεϲών.
καὶ δῆλόϲ ἐϲτιν ὥϲ τι δραϲείων κακόν.
τοιαῦτα γάρ πωϲ καὶ λέγει κὠδύρεται.

Wieder hat Nauck die Interpolation erkannt[76]. 327 ist der Situation unangemessen. „The word ἥϲυχοϲ in 325 does not imply silence; it contrasts the quietness of his present demeanour with his former frenzy, and with the first vehemence (317) of his grief." Mit dieser Erklärung versucht Jebb vergeblich den offenkundigen Widerspruch zuzukleistern. Die Vorstellung, daß Aias seine Klage artikuliert und etwa die Absicht zum Selbstmord expressis verbis zum Ausdruck bringen könnte, paßt nicht zu der Beschreibung seines Verhaltens in 321 ff. Keine Klage im gewöhnlichen Sinne kommt Aias über die Lippen (321), das Übermaß des Schmerzes äußert sich nur in unartikuliertem, halbunterdrücktem Stöhnen (ὑπεϲτέναζε). Wenn Jebb zuletzt Naucks Athetese mit den Worten zu entkräften sucht „the fear expressed in 326 would be unintelligible, if no reason were subjoined", so ist gerade das Gegenteil wahr. Aias' apathisches Schweigen läßt Tekmessa das Schlimmste vermuten; man denke nur an das Verhalten Iokastes *OT* 1073–5 oder Eurydikes *Ant.* 1244–56[77]. Noch mehr als 314 ist 327 eine unerträgliche Banalisierung, und noch weniger als in ersterem Falle wird man selbst einem Interpolator zutrauen, daß er den Vers für diese Stelle. nach 323–5 verfaßt hat. 326 kann direkt an 318 angeschlossen werden. Wurden 319–325 gestrichen, dann hat die Interpolation von 327 ein Motiv. Einerseits fehlt, wenn 323–5 fallen, der spezifische Anlaß für Tekmessas Furcht, Aias' unheimliches Schweigen. Zudem ist 326 alleine nach 318 nicht geeignet, den Redeabschnitt vor dem Neueinsatz ἀλλ', ὦ φίλοι (328) zu beschließen. Im Grunde genommen ersetzt 327 die Partie 319–325. 314 und 327 stehen für zehn bis elf Verse des Originals und machen Tekmessas Rede um immerhin acht bis neun Verse kürzer.

Beide Kürzungen straffen die Erzählung durch Auslassung von beschreibendem Detail. Straffung narrativer Teile durch Beschränkung auf das Wesentliche ist ein einleuchtendes Ziel bei der Bearbeitung eines dramatischen Texts; die Ausscheidung von 311–3 und 319–25 in der eben besprochenen Rede läßt sich jedoch noch präziser begründen. Die Beschreibung von Aias' Verhalten in diesen Versen ist nicht nur ‚unnötig' detailliert, sie ist zugleich repetitiv. Die Reaktion des zur Besinnung gekommenen Aias auf seine Situation wird bereits 308 ff. knapp beschrieben: Sein Haupt schlagend schreit er auf (ἐθώυξεν 308) und sitzt verzweifelt im Feld der Zerstörung (ἐν δ' ἐρειπίοιϲ/ νεκρῶν ἐρειφθεὶϲ ἕζετ'

[76] Bekräftigt von Reeve l. c.; vgl. auch die wichtigen Argumente von Fraenkel, *Seminari* 12.
[77] S. West, *BICS* 25 (1978), 109, vgl. auch Rau 152.

ἀρνείου φόνου 308 f.). In 311 ff. werden diese Elemente, mehr oder weniger variiert und expandiert, wiederholt: ἧϲτο (311), ἐξῴμωξεν (317), ὑπεϲτέναζε (322), ἐν μέϲοιϲ βοτοῖϲ ϲιδηροκμῆϲιν ... θακεῖ πεϲών (324 f.). Hinzu kommt, dreimal wiederholt, das Element des Schweigens oder der Unterdrückung der Rede: ἄφθογγοϲ (311), ἀψόφητοϲ (321), ἥϲυχοϲ (325). Wahrscheinlich ist der Kürzung auch 310 zum Opfer gefallen. 314 paßt besser an 309 als an 310, und 310 mag neben παίϲαϲ κάρα (308) schon fast als repetitiv erschienen sein. Wie dem auch sei, die Interpolation von 314 und die von 327 gehören zusammen. Sie bezeugen eine recht weitreichende Umgestaltung der Rede, hinter der eine konsequente Strategie zu stehen scheint: Reduzierung der narrativen Teile des Dramas durch Ausscheidung von überflüssigem deskriptiven Detail und Vermeidung von Wiederholung. Diese Bearbeitungsstrategie läßt sich in der Tat in vielen anderen Textentstellungen der Sophoklesüberlieferung beobachten.

Zunächst eine weitere Stelle aus dem *Aias*:

ἄγ’, εἴπ’ ἀπ’ ἀρχῆϲ αὖθιϲ, ἦ ϲὺ φὴϲ ἄγειν
τόνδ’ ἄνδρ’ ’Αχαιοῖϲ δεῦρο ϲύμμαχον λαβών;
οὐκ αὐτὸϲ ἐξέπλευϲεν ὡϲ αὐτοῦ κρατῶν;
ποῦ ϲὺ ϲτρατηγεῖϲ τοῦδε; ποῦ δὲ ϲοὶ λεὼν
ἔξεϲτ’ ἀνάϲϲειν ὧν ὅδ’ ἤγετ’ οἴκοθεν;
ϲπάρτηϲ ἀνάϲϲων ἦλθεϲ, οὐχ ἡμῶν κρατῶν·
οὐδ’ ἔϲθ’ ὅπου ϲοὶ τόνδε κοϲμῆϲαι πλέον
ἀρχῆϲ ἔκειτο θεϲμὸϲ ἢ καὶ τῷδε ϲέ.
ὕπαρχοϲ ἄλλων δεῦρ’ ἔπλευϲαϲ, οὐχ ὅλων
ϲτρατηγόϲ, ὥϲτ’ Αἴαντοϲ ἡγεῖϲθαί ποτε.
ἀλλ’ ὧνπερ ἄρχειϲ ἄρχε, καὶ τὰ ϲέμν’ ἔπη
κόλαζ’ ἐκείνουϲ· τόνδε δ’ εἴτε μὴ ϲὺ φὴϲ
εἴθ’ ἅτεροϲ ϲτρατηγόϲ, ἐϲ ταφὰϲ ἐγὼ
θήϲω δικαίωϲ, οὐ τὸ ϲὸν δείϲαϲ ϲτόμα.

Schneidewins Tilgung 1105–6 ist von Lloyd-Jones/Wilson[78] ausreichend begründet worden. Schneidewin[79] hat auch bereits erkannt, daß es sich um eine Ersatzfassung handelt. Ich denke, die Verse ersetzen 1102–1104 oder vielleicht gar 1100–1104. Ähnlich wie in den beiden oben behandelten Stellen ist die Exposition der Herrschaftsverhältnisse unnötig weitschweifig[80].

[78] S. *Sophoclea* 34.

[79] „1105 und 1106 sind vielleicht als matte Wiederholung Variation des Vorhergehenden in Klammer zu schließen“, in *Philologus* 4 (1891). 474.

[80] κρατῶν (1099)/ ϲτρατηγεῖϲ (1100)/ ἀνάϲϲειν (1101)/ ἀνάϲϲων (1102)/ κρατῶν (1102)/ κοϲμῆϲαι (1103)/ ἀρχῆϲ (1104)/ ἄρχειϲ ἄρχε (1107)/ ϲτρατηγόϲ (1109)/, auch ϲὺ φὴϲ ἄγειν (1097)/ ἤγετ(ο) (1101)/ ϲὺ φήϲ (1108).

Ein Drama, das für Ersatzfassungen bekannt ist, sind die *Trachinierinnen*. Zugleich enthält dieses Stück einen besonders hohen Anteil an berichtenden Reden. Beginnen wir mit Deianeiras Erzählung über ihre Präparation des vergifteten Gewands und ihre Erlebnisse hinterher:

ἐγὼ γὰρ ὧν ὁ θήρ με Κένταυροϲ, πονῶν
πλευρὰν πικρᾶι γλωχῖνι, προυδιδάξατο
παρῆκα θεϲμῶν οὐδέν', ἀλλ' ἐϲωιζόμην,
χαλκῆϲ ὅπωϲ δύϲνιπτον ἐκ δέλτου γραφήν.
καί μοι τάδ' ἦν πρόρρητα, καὶ τοιαῦτ' ἔδρων.
τὸ φάρμακον τοῦτ' ἄπυρον ἀκτῖνόϲ τ' ἀεὶ
θερμῆϲ ἄθικτον ἐν μυχοῖϲ ϲώιζειν ἐμέ,
ἕωϲ νιν ἀρτίχριϲτον ἁρμόϲαιμί που.
κἄδρων τοιαῦτα· νῦν δ', ὅτ' ἦν ἐργαϲτέον,
ἔχριϲα μὲν κατ' οἶκον ἐν δόμοιϲ κρυφῆι
μάλλωι, ϲπάϲαϲα κτηϲίου βοτοῦ λάχνην.
κἄθηκα ϲυμπτύξαϲ' ἀλαμπὲϲ ἡλίου
κοίλωι ζυγάϲτρωι δῶρον, ὥϲπερ εἴδετε.

Wunders Tilgung von 684 (gefolgt von Pearson, Dawe und Lloyd-Jones/Wilson) ist von Stinton und Easterlin zurückgewiesen worden, im wesentlichen unter Wiederholung der Argumente Jebbs und Radermachers. Weder eine Wiederholung wie τοιαῦτ' ἔδρων (684)/ κἄδρων τοιαῦτα (689) noch die Unterbrechung der Konstruktion πρόρρητα (684) … ϲώιζειν (686) durch τοιαῦτ ἔδρων kann isoliert betrachtet als zureichender Grund für einen Eingriff angesehen werden. Beides zusammengenommen wirkt jedoch so ungeschickt, daß der überlieferte Text unter schwerstem Verdacht stehen muß.

Der Verdacht gegen 684 läßt sich erhärten, wenn man die Funktion der Interpolation erkennt. Der Vers ist nicht Zusatz, sondern Ersatzfassung für 685–9. Zwar bezieht sich Nessos' Anweisung für den Umgang mit seinem Liebeselixir, wie Deianeira sie hier wiedergibt, auf die Zeit vor seiner Anwendung, doch verhält sich Deianeira auch beim Einreiben des Gewandes in 689ff. ganz im Sinne von Nessos' Vorschrift. Der wesentliche Punkt, Vermeidung von Licht und Wärme im Umgang mit der Substanz, kommt in Deianeiras Verhalten zur Anwendung, und bei der Beschreibung der Vorgänge in 689ff. geht es auch nicht ohne bewußt gewählte wörtliche und strukturelle Anklänge an Nessos' Worte in 685–8 ab. Die ‚Wiederholung' des Inhalts von 685–8 in 689ff. ließ 685–8 als entbehrlich erscheinen und hat zur Ausscheidung von 685–8 unter Einsetzung eines Lückenbüßers 684 geführt.

Wir haben bisher einige besonders klare Fälle verkürzender Ersatzinterpolation in Sophokles kennengelernt. Wenden wir uns einer anderen Stelle aus den *Trachinierinnen* zu, wo wir der ersatzlosen Streichung eines Verses begegnen werden. Wieder ist ein Bericht betroffen:

ὅπωc δὲ cεμνῶν ὀργίων ἐδαίετο
φλὸξ αἱματηρὰ κἀπὸ πιείραc δρυόc,
ἱδρὼc ἀνῄει χρωτί, καὶ προcπτύccετο
πλευραῖcιν ἀρτίκολλοc, ὥcτε τέκτονοc,
χιτὼν ἅπαν κατ' ἄρθρον ...

Das Kürzel ὥcτε τέκτονοc (768) ist oft getadelt worden. Die beste Illustration für die unerträgliche Unklarheit des Ausdrucks sind die ganz verschiedenen Erklärungen, die dafür vorgeschlagen wurden[81]. Die meisten Erklärer haben sich mit der ein oder anderen Interpretation abgefunden, nur Dawe[82] gilt 768 insgesamt. Easterling, die Dawes Tilgung zu Recht zurückweist, schlägt wie vor ihr schon Bergk eine Lücke nach 768 vor. Was den geforderten Sinn anbelangt, so hat Mazon (in der Nachfolge Hermanns) sicher das Richtige getroffen, wenn er übersetzt: „... et la tunique alors qui colle a ses flancs et qui s'ajuste a tous ses membres aussi étroitement que si élle était œuvre de statuaire". Ganz abgesehen von der Schwierigkeit des nackten Genitivs ist damit aber zuviel in den überlieferten Text hineingelesen[83]. Easterling bemerkt richtig: „The idea of comparing the robe clung to Herakles to the stone folds of a sculptured chiton is not alien to Greek poetry, but without more help from the context it must be obscure here"[84]. Eine Ergänzung wie e. g. ὥcτε τέκτονοc/ ⟨δεινοῦ τεχνήματ' ἐμπρέποντ' ἀγάλματι⟩ ist unvermeidlich[85]. Die Stelle stammt aus einem Bericht, und die Reduktion eines Gleichnisses wäre im Kontext der Ausscheidung von deskriptivem Detail einleuchtend.

Ein weiteres Beispiel für denselben Vorgang aus demselben Stück steht am Anfang einer längeren Rede:

---

[81] Einen Überblick über die verschiedenen Deutungsversuche bietet Easterling zur Stelle.

[82] *Studies* III 91 f.

[83] Dasselbe gilt m. E. auch für die sprachlich glattere und von Lloyd-Jones/Wilson (*Sophoclea* 166) gebilligte Deutung Zijderfelds (*Mnemosyne* III 3 [1936], 175 f.) „close-glued, like a workman's χιτών (stuck by the heat)".

[84] Zu einem Gleichnis aus der bildenden Kunst vgl. Chaeremon *TrGF* 71 F 15: κόμαι δὲ κηρόχρωτοc ὡc ἀγάλματοc αὐτοῖcι βοcτρύχοιcιν ἐκπεπλαcμένου; vgl. auch Stellen wie A. *Ag.* 242 f., E. *Hec.* 560, s. ferner Stephanopoulos 10. Zu τέκτων „Bildhauer" vgl. E. *Alc.* 348 mit Dales Kommentar zur Stelle; vgl. auch Democr. B 21. Der Vergleich eines eng anliegenden Gewandes mit einem Werk der Bildhauerkunst ist für Sophokles' Zeit gewiß naheliegend, ist doch gerade die plastische Körperbildung unter eng anliegenden, geradezu angeklebt wirkenden Gewändern ein hervorstechendes Merkmal der zeitgenössischen Plastik, s. J. Boardman, *Griechische Plastik: Die Klassische Zeit: Ein Handbuch* (übersetzt von W. u. F. Felten, Zabern 1987), 122–4. Die Abbildung der Körperformen durch ein eng um den Körper geschlungenes Gewand begegnet übrigens bereits in der anschaulichen Beschreibung des trauernden Priamos in der *Ilias* (ὁ δ' ἐν μέccοιcι γεραιὸc/ ἐντυπὰc ἐν χλαίνῃ κεκαλυμμένοc 24, 162 f.).

[85] Bergks Lösung ist auch besser als Herwerdens ἐκ τέκτονοc, das Davies (zur Stelle) neuerdings verteidigt hat; seine Deutung scheint mir ebenso unerwünscht und obskur wie die meisten älteren Interpretationsvorschläge zu dem überlieferten Text.

ἀλλ᾽ αὐτὰ δή ϲοι ταῦτα καὶ πράϲϲω, Λίχα,
ἕωϲ ϲὺ ταῖϲ ἔϲωθεν ἠγορῶ ξέναιϲ,
ὅπωϲ φέρηιϲ μοι τόνδε ταναϋφῆ πέπλον,
δώρημ᾽ ἐκείνωι τἀνδρὶ τῆϲ ἐμῆϲ χερόϲ.

Dawe hat Naucks Tilgung von 601 überzeugend zurückgewiesen und wohl zu Recht eine Lücke nach 601 gefordert[86]. Er rekonstruiert den Inhalt des Textes folgendermaßen: „I shall do exactly that, Lichas; while you were talking to the strangers inside ⟨I have been thinking of what the best thing would be to give Heracles as a coming-home present; and this is what I have chosen. I hand it to you now⟩, so that you take the robe …" Das Motiv für eine Tilgung des hier in spitzer Klammer erscheinenden Textes liegt auf der Hand. Das Textstück wäre nicht nur ‚unnötig' weitschweifig, es doppelt auch die in 603 erneut gegebene Information[87].

Ein weiteres Beispiel aus dem zweiten Epeisodion dieses Stücks wird unten[88] im Zusammenhang mit den anderen Problemen in diesem Epeisodion noch zu behandeln sein. Nun zwei Beispiele aus der *Antigone*:

παιδόϲ με ϲαίνει φθόγγοϲ. ἀλλὰ πρόϲπολοι,
ἴτ᾽ ἆϲϲον ὠκεῖϲ, καὶ παραϲτάντεϲ τάφωι
ἀθρήϲαθ᾽, ἁρμὸν χώματοϲ λιθοϲπαδῆ
δύντεϲ πρὸϲ αὐτὸ ϲτόμιον, εἰ τὸν Αἵμονοϲ
φθόγγον ϲυνίημ᾽ ἢ θεοῖϲι κλέπτομαι.
τάδ᾽ ἐξ ἀθύμου δεϲπότου κελεύμαϲιν
ἠθροῦμεν …

Hermanns Lücke nach 1219 ist die plausibelste Lösung des Textproblems in diesem Vers. Die Lücke ist als bewußte Kürzung besonders einleuchtend, wenn man bedenkt, daß darin die in 1216f. angesprochenen Aktivitäten erneut zur Sprache kommen mußten. Daß Erklärer wie Erfurdt, Wunder und selbst Campbell glaubten den überlieferten Text verstehen zu können, beweist, daß das Ergebnis der Tilgung vor 1219 einen Bearbeiter befriedigt haben mag. Dawe[89] hat mit guten Gründen für eine weitere Lücke nach 1216 plädiert[90]. Zwei Lücken auf so engem Raum

[86] Dawe (*Studies* III 89f.) weist zu Recht darauf hin, daß αὐτὰ ταῦτα sich auf ϲήμαιν(ε) in 598 beziehen muß; 601 kann nicht zu 600 gehören.

[87] Als ein weiteres Beispiel aus den Trachinierinnen könnte man Radermachers Lücke nach V. 380 ansehen (gebilligt von Dawe, dagegen Lloyd-Jones Wilson, *Sophoclea* 159), doch scheint mir Davies (zur Stelle) Verteidigung der Überlieferung überzeugend.

[88] Vgl. S. 44ff.

[89] *Studies* III 117ff. Ich gebe zu, daß die von Lloyd-Jones/Wilson (*Sophoclea* 146f.) vertretene Auffassung des Textes unter Aufnahme von Lloyd-Jones' ἀγμὸν (vgl. E. *IT* 263) für ἁρμὸν möglich ist. Der Ausdruck wäre außerordentlich komprimiert, und ich halte Dawes Lücke für wahrscheinlicher. ἁρμὸν ist, wie Dawe richtig bemerkt, ein seltenes Wort, das nicht unbedingt korrupt aussieht.

[90] Ich kann jedoch keinen ernsthaften Grund für Dawes dritte Lücke vor 1219 sehen.

sprechen eher für Bearbeitung als für mechanischen Ausfall. Einer ähnlichen Häufung von Lücken werden wir auch in der unten noch zu besprechenden Passage aus den *Trachinierinnen*[91] begegnen.

Hier zunächst ein zweites Beispiel aus der *Antigone*; es stammt aus der Erzählung des φύλαξ;

... ὅπωϲ γὰρ ἥκομεν
πρὸϲ ϲοῦ τὰ δείν' ἐκεῖν' ἐπηπειλημένοι,
πᾶϲαν κόνιν ϲήραντεϲ ἣ κατεῖχε τὸν
νέκυν, μυδῶν τε ϲῶμα γυμνώϲαντεϲ εὖ,
καθήμεθ' ἄκρων ἐκ πάγων ὑπήνεμοι,
ὀϲμὴν ἀπ' αὐτοῦ μὴ βάληι πεφευγότεϲ,
ἐγερτὶ κινῶν ἄνδρ' ἀνὴρ ἐπιρρόθοιϲ
κακοῖϲιν, εἴ τιϲ τοῦδ' ἀφειδήϲοι πόνου.

Meinekes Lücke nach 412 vermeidet den unschönen Anschluß einer weiteren partizipialen Phrase von zwei Versen nach πεφευγότεϲ in diesem ohnehin mit Partizipien überladenen Satz. Insbesondere jedoch ist τοῦδ(ε) ... πόνου ohne jede weitere Angabe zumindest etwas schwammig, das Demonstrativpronomen gar unverständlich. Wir fordern vor 413 einen Vers wie etwa ⟨ὧδ' οὖν ἐκαρτεροῦμεν ἐν φρουρᾶι νεκροῦ⟩ oder, wenn man auch den Wechsel vom Plural zum Partizip im Singular vermeiden will, ⟨ἐκαρτέρει δ' ἕκαϲτοϲ ἐν φρουρᾶι νεκροῦ⟩.

Die Annahme, daß die Lücke nach 412 auf absichtlicher Auslassung beruht, wird gestützt durch eine Lücke an entsprechender Stelle im ersten Bericht des φύλαξ:

λόγοι δ' ἐν ἀλλήλοιϲιν ἐρρόθουν κακοί,
φύλαξ ἐλέγχων φύλακα, κἂν ἐγίγνετο
πληγὴ τελευτῶϲ', οὐδ' ὁ κωλύϲων παρῆν.

Lloyd-Jones/Wilson[92] haben zu Recht nach 259 eine Lücke vermutet. Die Parallele zu obigem Fall ist unverkennbar und weist eher auf eine konsequente Strategie als auf Zufall.

Die Liste kann vielleicht vermehrt werden durch folgende Stelle aus dem Botenbericht im vierten Epeisodion des *Aias*:

... εἶτα δεύτερον
δίαϲ 'Αθάναϲ ἡνίκ' ὀτρύνουϲά νιν
ηὔδατ' ἐπ' ἐχθροῖϲ χεῖρα φοινίαν τρέπειν,
τόδ' ἀντιφωνεῖ δεινὸν ἄρρητόν τ' ἔποϲ ...

771 bietet erneut ein Textproblem, dessen Lösung nicht in einer Änderung des Wortlauts liegt. Die singuläre Konstruktion von ἀντιφωνεῖ (773)

---

[91] Tr. 260 ff., vgl. S. 44 ff.
[92] Vgl. den Apparat der Ausgabe.

mit dem Genitiv (δίας 'Αθάνας) kann vielleicht verteidigt werden[93]; sie ist aber nicht der einzige Anstoß in dieser Partie. Aias' erste Verfehlung, die ihm göttlichen Zorn eintrug, bestand in hybrisvollen Äußerungen vor seiner Abfahrt nach Troia. Von dieser Verfehlung wird unter Angabe von Zeit und Ort (ἀπ' οἴκων ... ἐξορμώμενος 762) in neun Versen (762–70) ausführlich berichtet. Aias' zweite Sünde liegt bedeutend später und findet vor Troia statt. Die Erzählung schreitet einfach fort: „Dann zweitens erwiderte er Athene folgendermaßen ...". Dabei wird εἶτα allein dem zeitlichen und räumlichen Abstand nicht gerecht. Der Ort der Handlung wird überhaupt nicht erwähnt; Zeit und Ort sind aus dem Temporalsatz 771 f. zu erschließen. Nun mag man einwenden, daß Zeit und Ort von Aias' Verfehlung wenig relevant sind. Dies ist sicher richtig, doch gilt dies ebenso für die ausführliche Ausbreitung der Nebenumstände von Aias' erster Sünde. Was hier stört ist die Inkongruenz in der Darstellung der beiden Ereignisse. Dafür, daß auch an unserer Stelle der Text lückenhaft ist, gibt es noch ein weiteres Indiz. Im überlieferten Text ist δεύτερον adverbial neben εἶτα überflüssig. δεύτερον könnte eine sinnvolle Funktion haben in einem Text wie etwa: „Dann später vor Troia beging Aias eine zweite Verfehlung". Es ist nicht leicht zu entscheiden, ob die Lücke eher nach 770 oder nach 'Αθάνας in 771 anzusetzen ist. Eine Minimallösung wäre e. g. εἶτα δευτέραν/ < ὕβριν καθύβρις' 'Ιλίωι μαχούμενος > / δίας 'Αθάνας κτλ. Doch u. U. könnte man δίας 'Αθάνας als Überrest aus einer Lücke zwischen 770 und ἡνίκ(α) in 771 ansehen. Diese Lücke mag wesentlich länger als die oben vorgeschlagene Ergänzung gewesen sein, und δίας 'Αθάνας könnte daraus für die Füllung des ersten Halbverses von 771 zurechtgemacht sein.

Möglicherweise ging die Kürzung der Passage sogar noch weiter. Musgraves τόδ' in 773 für das mehrheitlich überlieferte τότ' ist inzwischen in einer Handschrift (H) aufgetaucht. Die Lesung wird unterstützt durch ὅδ' in t, und Dawe hat sie zu Recht in den Text gesetzt. Vielleicht sind τότ' und ὅδ' nicht mechanisch zu erklärende Korruptele, sondern bewußter Eingriff in den Text. Ursache dafür könnte eine Streichung von 774–7 gewesen sein. Dies würde das einleitende τόδ' in 773 seiner Funktion berauben. Die Streichung der Rede des Aias in 774–7 ist nach dem vorausgehenden Redeaustausch 764–9, der bereits eine 774–7 recht ähnliche Rede enthält, plausibel[94]. Der Vorgang wäre parallel zu der Kürzung von Tr. 684–8[95]. Auch die Aussage in 776 f. ist entbehrlich; sie

[93] S. *Sophoclea* 25.

[94] Aus uns wirkt die Ausscheidung der Wiedergabe des δεινὸν ἄρρητόν τ' ἔπος natürlich wenig ansprechend, doch denke man daran, daß gerade auch dokumentierte Kürzungen wie die von *OT* 62–4 oder *Phil.* 220 ff. (s. oben S. 22 f.) äußerst plump und unsensibel verfahren.

[95] S. oben S. 38.

wiederholt die Angabe über Athenes Zorn in 756f. (ἐλᾶι γὰρ αὐτὸν .../ δίαc Ἀθάναc μῆνιc).

Zuletzt noch ein Beispiel aus der *Elektra*, das nicht in einer längeren Rede steht:

ὁρῶ μένοc πνέουcαν· εἰ δὲ cὺν δίκηι
ξύνεcτι, τοῦδε φροντίδ' οὐκέτ' εἰcορῶ.

Lloyd-Jones/Wilsons Lücke vor 610[96] ist eine so schlagende und offenkundige Lösung der notorischen Probleme mit diesem Distichon, daß sich jeder, der über diese Verse gestolpert ist, nur wundern kann, warum er nicht selbst auf diese Lösung verfallen ist. Die Ausscheidung eines Verses könnte hier mit der Tatsache zusammenhängen, daß es, wenngleich völlig legitim (man denke an 369–71 in demselben Stück), doch recht ungewöhnlich ist, wenn der Chor hier statt mit dem gewöhnlichen Distichon mit drei Versen reagiert. So etwas könnte mit Absicht normalisiert worden sein. Man denke nur an den oben behandelten dokumentarischen Fall einer ähnlichen Normalisierung in *Med.* 945.

Blickt man auf die im vorigen besprochenen Lücken zurück, so wird man gewiß zugeben, daß nicht alle denselben Grad an Wahrscheinlichkeit besitzen, ja vielleicht nur die erste und die letzte als wirklich sicher gelten dürfen, und gewiß muß man auch mit der Annahme vorsätzlicher Ausscheidung vorsichtig umgehen, da mechanischer Ausfall natürlich keine allzu seltene Form der Korruptel ist. In einigen der oben genannten Fälle ist das Ergebnis der Auslassung syntaktisch oder anderweitig unbefriedigend. Andererseits hat der überlieferte Text in allen Fällen nicht nur in den Scholien keine Probleme bereitet, auch manche moderne Herausgeber und Kommentatoren haben selbst Passagen wie *Ant.* 259f. und *El.* 610f. in ihrer überlieferten Form akzeptiert. Festzuhalten bleibt, daß aus der Auslassung in allen Fällen ein mehr oder weniger verständlicher und konstruierbarer Text resultiert, und daß sich deutliche Indizien für eine konsequente und anderweitig belegbare Bearbeitungsstrategie ausmachen lassen. Daß zumindest einige der besprochenen Passagen von bewußter Ausscheidung einzelner Verse betroffen sind, muß als begründete Möglichkeit gelten. Doch nun zurück zu den *Trachinierinnen.*

Spuren von kürzender Bearbeitung finden sich nicht nur in den beiden Berichten im vierten Epeisodion. Weitere Beispiele lassen sich in Lichas' Bericht zu Beginn des zweiten Epeisodions aufweisen. Am Anfang mögen wieder zwei verkürzende Ersatzinterpolationen stehen:

ἔργου δ' ἕκατι τοῦδε μηνίcαc ἄναξ,
ὁ τῶν ἁπάντων Ζεὺc πατὴρ Ὀλύμπιοc,
πρατόν νιν ἐξέπεμψεν, οὐδ' ἠνέcχετο
ὁθούνεκ' αὐτὸν μοῦνον ἀνθρώπων δόλωι

[96] *Sophoclea* 53f.

ἔκτεινεν· εἰ γὰρ ἐμφανῶϲ ἠμύνατο,
Ζεὺϲ τἂν ϲυνέγνω ξὺν δίκηι χειρουμένωι.
ὕβριν γὰρ οὐ ϲτέργουϲιν οὐδὲ δαίμονεϲ.

γὰρ (280) schließt nicht an das Vorhergehende an. Da εἰ - χειρουμένωι (278f.) selbst kausal an 274–8a anschließt, kann es nicht als Parenthese aufgefaßt werden. Damit ist für γὰρ der einzig sinngemäß mögliche Anschluß, der an ἐξέπεμψεν οὐδ' ἠνέϲχετο κτλ. abgeschnitten. οὐδὲ in 280 ist funktionslos, gar störend. „‚... the gods don't take kindly to ὕβριϲ, either', i.e. any more than men do", schreibt Easterling; doch die Gegenüberstellung Gott-Mensch ist vom Kontext nicht gefordert. οὐδὲ ist ein müßiges Füllsel, das den Interpolator verrät. Deventer und Zippmann haben 280 zu Recht getilgt[97]. Der Vers schließt nahtlos an 276 an und dürfte Ersatzfassung für 277–9 sein. Neben dem Streben nach Kürze könnte auch moralischer Anstoß an dem Inhalt von 277–9 Anlaß zu der Streichung gegeben haben. Spießbürgerlichen Motiven für eine Tilgung sind wir bereits im Falle von Ar. *Pax* 1337–41 begegnet[98].

Eine längst erkannte Interpolation am Anfang desselben Berichts hat Reeve[99] als Ersatzfassung entlarvt:

Δη. ἦ κἀπὶ ταύτηι τῆι πόλει τὸν ἄϲκοπον
χρόνον βεβὼϲ ἦ ἡμερῶν ἀνήριθμον;
Λυ. οὔκ, ἀλλὰ τὸν μὲν πλεῖϲτον ἐν Λυδοῖϲ χρόνον
κατείχεθ', ὥϲ φηϲ' αὐτόϲ, οὐκ ἐλεύθεροϲ,
ἀλλ' ἐμποληθείϲ, τοῦ λόγου δ' οὐ χρὴ φθόνον,
γύναι, προϲεῖναι, Ζεὺϲ ὅτου πράκτωρ φανῆι.
κεῖνοϲ δὲ πραθεὶϲ Ὀμφάληι τῆι βαρβάρωι
ἐνιαυτὸν ἐξέπληϲεν, ὡϲ αὐτὸϲ λέγει ...

Wunder hat 252–3 getilgt. Die Verse sind Dublette zu 248–51 und Reeve hat wohl richtig vermutet, daß 252 ursprünglich οὐκ, ἀλλὰ πραθεὶϲ begonnen hat. κεῖνοϲ δὲ ist zurechtgemacht, um die Dublette neben dem Original in den Text zu integrieren[100]. Neben dem Streben nach Kürze verdankt diese Interpolation wohl auch dem Wunsch nach Verdeutlichung ihre Entstehung[101].

Weiter unten heißt es in derselben Rede:

... τόνδε γὰρ μεταίτιον
μόνον βροτῶν ἔφαϲκε τοῦδ' εἶναι πάθουϲ·

---

[97] Für eine Verteidigung s. Davies zur Stelle.

[98] S. oben S. 24f.

[99] Reeve 3, 166; Davies Verteidigung der Echtheit entkräftet Reeves Argumente nicht.

[100] Vgl. oben S. 21 zu E. *Med.* 722ff. und unten S. 102 mit Anm. 300.

[101] Das Jahr im Dienst der Omphale wurde bereits 69f. erwähnt, auch dort ohne Namensnennung, vgl. Davies zu *Tr.* 70. Zur Interpolation von Eigennamen vgl. Sier 209 mit Literatur.

ὃϲ αὐτὸν ἐλθόντ' ἐϲ δόμουϲ ἐφέϲτιον,
ξένον παλαιὸν ὄντα, πολλὰ μὲν λόγοιϲ
ἐπερρόθηϲε, πολλὰ δ' ἀτηρᾶι φρενί,
λέγων χεροῖν μὲν ὡϲ ἄφυκτ' ἔχων βέλη
τῶν ὧν τέκνων λείποιτο πρὸϲ τόξου κρίϲιν,
φωνεῖ δὲ δοῦλοϲ ἀνδρὸϲ ὡϲ ἐλευθέρου
ῥαίοιτο ...

Die ausgeschriebene Partie ist von Stinton[102] mit großer Umsicht besprochen worden. Stinton hat zur Genüge dargetan, daß der überlieferte Text in 264 und in 267 f. nicht zu halten ist. Unter den verschiedenen Heilungsmöglichkeiten, die Stinton für 264 erwogen hat, darf die Ansetzung einer Lücke nach diesem Vers sicher als die ökonomischste gelten[103]. Was 267 f. angeht, so hat Stinton gezeigt, daß φωνεῖ, auf das sich die Emendation bisher hauptsächlich konzentriert hat, an sich unanstößig ist[104]. Das einzige unüberwindliche Problem mit dem überlieferten Text liegt in ῥαίοιτο: „ῥαίοιτο needs a complement or qualification"[105]. Es ist jedoch nach dem eben Gesagten nicht unbedingt angezeigt, diese Ergänzung aus φωνεῖ zu gewinnen. Stinton gibt selbst zu, daß sein eigener Vorschlag πόνωι für φωνεῖ auch paläographisch nicht einleuchtend genug ist[106], um voll zu befriedigen. Grundsätzlich ist es richtiger, nach der Korruptel in ῥαίοιτο selbst oder in ἀνδρὸϲ ὡϲ ἐλευθέρου zu suchen. ἐλευθέρου ist müßig, wenn der Genitiv attributiv zu δοῦλοϲ gehört, wie es der überlieferte Text verlangt[107]. ἀνδρὸϲ ὡϲ ἐλευθέρου hat sich jedoch bisher einer befriedigenden Verbesserung verschlossen[108]. ῥαίοιτο verspricht mit einer entsprechenden Ergänzung guten Sinn und ist ein viel zu gewählter Ausdruck, um auf Korruption zu beruhen. Der offenkundige Ausweg aus diesem Dilemma ist eine Lücke zwischen 267 und 268. Dies schafft Raum für eine Ergänzung zu ῥαίοιτο und könnte dem Genitiv ἀνδρὸϲ ... ἐλευθέρου zu einer anderen, sinnvollen Konstruktion verhelfen. Wie oben im Falle von Antigone 1214 ff.[109] dürfte die Häufung

102 S. 133 f.

103 Daneben erwägt Stinton Bergks Tilgung von πολλὰ δ' - χεροῖν μὲν (264 b–265 a) oder er schlägt für 265 unter Ausscheidung von χεροῖν die Lesung ῥέζων, λέγων μὲν vor.

104 Es ist nicht ganz klar, warum Stinton (134) zunächst erklärt „φωνεῖ is susepct on other grounds besides its corresponsion with λέγω", wenn er danach φωνεῖ und die folgende Konstruktion mit mehreren schlagenden Parallelen rechtfertigt.

105 Ähnlich äußert sich Easterling zur Stelle.

106 Pearson, *CQ* 39 (1925), 3 schlägt wie vor ihm bereits Conradt (*JbbklPh* 149 [1894], 577–9) φωνῆι vor; dies wird zu Recht von Stinton zurückgewiesen, vgl. auch Housman, *CR* 39 (1925), 78 (= *Classical Papers* III [Cambridge 1972], 1095).

107 Campbells (*Paralipomena*) ablativische Deutung des Genitivs hat Stinton überzeugend zurückgewiesen.

108 Ältere Vorschläge bei Jebb, teilweise diskutiert von Stinton, vgl. auch Davies zur Stelle.

109 S. oben S. 40 f..

der Lücken auf engem Raum kein Zufall sein, und der zurückgebliebene Text ist ja auch syntaktisch und inhaltlich irgendwie verständlich. Viele haben ihn bis in jüngste Zeit immerhin für sophokleisch gehalten. In diesem Fall scheint mir besonders viel für bewußte Kürzung, nicht mechanischen Ausfall zu sprechen.

Neben der mehrfachen Kürzung von Lichas' Bericht hat dasselbe Epeisodion vielleicht einen noch viel radikaleren Eingriff erfahren.

Λι. λέγ', εἴ τι χρῄζεις· καὶ γὰρ οὐ σιγηλὸς εἶ.
Αγ. τὴν αἰχμάλωτον, ἣν ἔπεμψας ἐς δόμους,
κάτοισθα δήπου;
Λι. φημί· πρὸς τί δ' ἱστορεῖς;
Αγ. οὔκουν σὺ ταύτην, ἣν ὑπ' ἀγνοίας ὁρᾷς,
'Ιόλην ἔφασκες Εὐρύτου σπορὰν ἄγειν;
Λι. ποίοις ἐν ἀνθρώποισι; τίς πόθεν μολὼν
σοὶ μαρτυρήσει ταῦτ' ἐμοῦ κλυεῖν παρών;

ἣν ὑπ' ἀγνοίας ὁρᾷς (419) ist ein notorisches ungelöstes Problem. ὑπ' ἀγνοίας „mit < gespielter > Unwissenheit" ist kaum akzeptabel[110], und ὁρᾷς paßt doch wohl nur in Ioles Anwesenheit richtig[111]. Es ist klar, daß nur eine völlige Umgestaltung des Textes ein wirklich befriedigendes Ergebnis erzielen könnte[112].

Angesichts der Schwierigkeit, ja Unmöglichkeit, 419 ohne allzu großen Aufwand zu verbessern, möchte ich die Tilgung von 418 und 419b (σὺ) – 420a ('Ιόλην) zu bedenken geben. Ein einwandfreier Text ergäbe sich, wenn wir lesen:

Αγ. τὴν αἰχμάλωτον, ἣν ἔπεμψας ἐς δόμους,
οὔκουν ἔφασκες Εὐρύτου σπορὰν ἄγειν;

Es stellt sich natürlich die Frage, warum in aller Welt jemand auf den Gedanken verfallen sein sollte, 418 und 419b–420a hier zu interpolieren. Man mag einem Bearbeiter manche Ungeschicklichkeit noch zutrauen, nicht jedoch das in diesem Zusammenhang wenig sinnvolle ὁρᾷς, zumal es ihm doch so leicht hätte fallen müssen, statt dessen eine der vielen für diese Stelle verfaßten Konjekturen einzusetzen. Versuchen wir doch einmal ἣν ... ὁρᾷς ernstzunehmen. Könnte 419b für eine Situation verfaßt sein, in der Iole anwesend ist? Vergegenwärtigen wir uns den Verlauf des gesamten Epeisodions. Lichas kommt mit den Gefangenen und erzählt seine Geschichte (229ff.). Deianeiras Aufmerksamkeit fällt auf Iole, und sie fragt nach ihrem Namen (293ff.). Lichas leugnet, die Gefangene

110 S. zuletzt Davies zur Stelle.

111 S. Jebb, Easterling und Davies zur Stelle.

112 Ein Überblick über ältere Verbesserungsversuche in Jebbs Appendix und bei Jackson 199. Jacksons eigener Vorschlag wird zurückgewiesen von Kamerbeek und Friis-Johannsen 264f.

zu kennen und geht mit den Mädchen ins Haus (314 ff.). Der Bote, der die Wahrheit kennt, hält Deianeira zurück und klärt sie über die wahren Verhältnisse zwischen Herakles und Iole auf (335 ff.). Als Lichas alleine wieder aus dem Haus kommt, beginnt Deianeira erneut nach der Gefangenen zu fragen (391 ff.). Als Lichas erneut zu leugnen versucht, greift der Bote ein und stellt Lichas zur Rede (402 ff.). Dabei wird die Geschichte von Herakles' Verhältnis zu Iole im Dialog erneut vorgeführt (419 ff.). Durch Deianeiras verständnisvolle Reaktion (436 ff.) beruhigt gibt Lichas schließlich seinen Täuschungsversuch zu und gesteht die Wahrheit (472 ff.). Dieser Handlungsverlauf bedeutet, daß die Geschichte von Herakles und Iole insgesamt dreimal erzählt wird, einmal im Dialog, zweimal in fortlaufender Rede[113]. Könnte dies Anlaß zu einer Kürzung gegeben haben? Die Interpolation in 418 ff. paßt, wie gesagt, in eine Situation, wo Iole anwesend ist. Sollte sie etwa ein Relikt einer Kurzfassung sein, bei der der Bote unmittelbar in das erste Gespräch zwischen Lichas und Deianeira eingreift. Dabei entfiele der gesamte Mittelteil der Szene und mithin die Rede des Boten (351 ff.), in der die besagten Ereignisse zum ersten Mal erzählt werden. In der Tat könnten 418 ff. direkt an 402 anschließen, wenn letzterer Vers seinerseits unmittelbar an 319 angeschlossen wurde. Es ergäbe sich folgender Dialog:

Δη. οὐδ' ὄνομα πρός του τῶν ξυνεμπόρων ἔχεις; 318
Λι. ἥκιστα· σιγῆι τοὐμὸν ἔργον ἤνυτον. 319
Αγ. οὗτος, βλέφ' ὧδε. πρὸς τίν' ἐννέπειν δοκεῖς; 402
κάτοισθα δήπου;
Λι. φημί· πρὸς τί δ' ἱστορεῖς; 418
Αγ. οὔκουν σὺ ταύτην, ἣν ὑπ' ἀγνοίας ὁρᾶις,
'Ιόλην ἔφασκες Εὐρύτου σπορὰν ἄγειν; 420

Im Original bezog sich 402 natürlich auf Deianeira, wie der Fortgang des Gesprächs zeigt (405 ff.). Ein Bearbeiter, der 418 an 402 anschloß, könnte 402 auf den Boten selbst bezogen haben und verstehen: „Mit wem glaubst du zu sprechen? Ich nehme an, du weißt es (daß du mit dem Mann sprichst, der gehört hat, was du allen Leuten erzählt hast). – Ja (ich kenne dich). Wozu die Frage?“

402/3 wären für einen Bearbeiter u. U. ein attraktiver Punkt, in den Text einzugreifen. Im Original geben 405 ff. ausführlich eine völlig ‚unnötige‘ Information, die ja nur aufgrund des Mißverständnisses der Frage des Boten durch Lichas fällig wird[114]. Selbstverständlich wäre das ange-

---

[113] Zu dieser typisch sophokleischen Szenenführung s. Davies zu *Tr.* 141–204.

[114] Hier kann ich vielleicht auf meine Behandlung von E. *Or.* 423–6 verweisen (Günther 2, 115 ff.). Auch dort schneidet die Kürzung an einer Stelle ein, wo ein Dialogpartner sein Gegenüber mißversteht (Menelaos mit 415). Wenn meine Vermutung, daß 424 an 413 anschließt, richtig, würde dadurch dieses ‚unnötige‘ Mißverständnis beseitigt.

nommene Bearbeitungsverfahren äußerst brutal, und das Ergebnis ist für unsere Maßstäbe kaum besonders attraktiv. Die Frage wäre allerdings, ob es für manchen Bearbeiter nicht gut genug gewesen sein könnte. Lassen wir das im Moment einmal dahingestellt. Wir werden unten auf diese Frage zurückkommen[115]. Unabhängig davon, ob sich das Vorgehen des Bearbeiters und seine Motive mit einiger Wahrscheinlichkeit erweisen lassen, darf die hier vorgeschlagene Tilgung jedoch als eine bedenkenswerte Lösung der vertrackten Textprobleme in 419 gelten.

Es ist inzwischen sicher deutlich geworden, daß gerade die *Trachinierinnen* ein besonders hohes Maß an konsequenter Kürzung aufweisen. Bevor wir uns anderen sophokleischen Dramen zuwenden, sollen zunächst noch die verbleibenden Fälle von Kürzung in diesem Stück behandelt werden. Zuerst ein weiteres Beispiel für die Kürzung einer Dialogpartie:

Τρ. βέβηκε Δηιάνειρα τὴν πανυϲτάτην
ὁδῶν ἁπαϲῶν ἐξ ἀκινήτου ποδόϲ.
Χο. οὐ δή ποθ' ὡϲ θανοῦϲα;
Τρ. πάντ' ἀκήκοαϲ.
Χο. τέθνηκεν ἡ τάλαινα;
Τρ. δεύτερον κλύειϲ.
Χο. τάλαιν', ὀλέθρου τίνι τρόπωι θανεῖν ϲφε φήιϲ;
Τρ. +ϲχετλιώτατα πρόϲ γε πρᾶξιν.+
Χο. εἰπέ, τῶι μόρωι,
γύναι, ξυντρέχει;
Τρ. αὑτὴν διηίϲτωϲε ⟨–×–⏑–⟩.
Χο. τίϲ θυμόϲ – ἢ τίνεϲ νόϲοι –
τάνδ' αἰχμᾶι βέλεοϲ κακοῦ
ξυνεῖλε; πῶϲ ἐμήϲατο
πρὸϲ θανάτωι θάνατον
ἀνύϲαϲα μόνα ϲτονόεντοϲ
ἐν τομᾶι ϲιδάρου;
ἐπεῖδεϲ – ὦ μάταια – τάνδε ⟨τὰν⟩ ὕβριν;
Τρ. ἐπεῖδον, ὡϲ δὴ πληϲία παραϲτάτιϲ.
Χο. τίϲ ἦν; πῶϲ; φέρ' εἰπέ.
Τρ. αὐτὴ πρὸϲ αὑτῆϲ χειροποιεῖται τάδε.
Χο. τί φωνεῖϲ;
Τρ. τί φωνεῖϲ; ϲαφηνῆ.
Χο. ἔτεκ' ἔτεκε μεγάλαν
ἀνέορτοϲ ἅδε νύμφα
δόμοιϲι τοῖϲδ' Ἐρινύν.

[115] S. S. 66 f.

Ich gebe die Partie mit Text, Personenverteilung und Versabtrennung, wie sie sich nach den Behandlungen der Stelle durch Maas[116] und Henderson[117] ergeben hat. Im Anschluß an Maas, der 886f. gegen das Zeugnis der Handschriften dem Chor zuwies, hat Henderson gezeigt, daß die Amme hier nur in iambischen Trimetern spricht. Wo die Überlieferung sich dem nicht fügt, ist sie korrupt (879)[118] oder defekt (881)[119]. Nur 892 läßt sich nicht in diese Regel zwingen. Hier scheint die Amme mit einem Bakcheus zu antworten, ohne daß der Text aus anderen Gründen verdächtigt werden könnte. Für diesen einzelnen Bakcheus der sprechenden Person könnte man immerhin auf S. *El.* 1280 verweisen, doch ist der Text dort unsicher[120]. Henderson erwägt, den gesamten Vers dem Chor zu geben, doch dies läuft der natürlichen Auffassung des Texts völlig konträr. Nun gibt es neben dem formalen Problem in 892 in 890ff. auch andere Unstimmigkeiten. τίϲ ἦν (890) ist seltsam vage. Wenn τίϲ ἦν (sc. ἡ ὕβριϲ) gemeint sein soll, dann paßt πῶϲ nicht. Page schreibt nach Wunder τίϲ ἦνε. Doch gleichgültig, ob oder wie man 890 verbessert, der Chor weiß bereits, daß und wie Deianeira Selbstmord begangen hat (881ff.)[121]. χειροποιεῖται ist in alter Sprache wohl zufällig nur hier belegt; die Ableitung χειροποίητοϲ ist seit Herodot geläufig. Angesichts der gewöhnlichen Konnotationen dieses recht häufigen Wortes muß χειροποιεῖται in diesem Kontext recht seltsam erscheinen. 890–2 sind interpoliert[122]. Die Verse sind nicht für diese Stelle verfaßt, sie ersetzen 877–889[123]. Motiv der Kürzung waren wie nun schon so oft die Wiederholungen des Originals. Zweimal stellt der Chor die Frage, ob Deianeira tot sei (876f.). Zweimal fragt er, wie sie gestorben ist (878–880). Nachdem die Amme den Sachverhalt erklärt hat (881), beschreibt der Chor

---

116 *Kleine Schriften* (München 1973), 47f.

117 *Maia* 28 (1976), 21–4.

118 πρόϲ γε πρᾶξιν ist verderbt. Vorschläge, die einen befriedigenden Text ergeben (etwa Naucks ϲχετλιώτατ' ἐξέπραξεν, für Weiteres vgl. Jebbs Apparat), sind zu weit von der Überlieferung entfernt, um auch nur als einigermaßen sicher zu gelten, vgl. zuletzt Davies zur Stelle.

119 886–7 zeigen, daß die Amme die Art von Deianeiras Tod vorher näher beschrieben haben muß. Für eine Diskussion der Textprobleme s. *Sophoclea* 169f.

120 Seidlers τί μὴν οὐ für überliefertes τί μὴ οὐ wird unter Verweis auf E. *Rhes.* 706 allgemein akzeptiert, doch hat Blaydes zu Recht in beiden Fällen die Herstellung des gewöhnlichen Idioms τί μήν; unter Tilgung von ου gefordert; die Korruptel in *El.* 1280 stützt das. Ich denke, 1280–1 (mit ὦ φίλ' aus C in 1281) sind als 2 ba + 2 ia + ba zu fassen (vgl. auch *Sophoclea* 70). Zu Orests einzelnem iambische Fuß vgl. S. *Ph.* 201/ 220; auch *OC* 836, 879.

121 Vgl. Mastronarde 118ff. Lloyd-Jones/Wilson schreiben deshalb in 881 ⟨τ⟩αὐτην δ-⟨ἄμφηκεϲ ξίφοϲ⟩; vgl. ferner *Sophoclea* 169f.

122 891 samt 871–9 und 898ff. del. Zielinski, *Philologus* 9 (1896), 593 Anm. 16; 881–90 tilgt neuerdings Stokes in: *Owls to Athens* (Festschrift Dover, Oxford 1990), 17f.

123 τίϲ ἦν mag heil sein; es könnte etwas ungeschickt für τὶϲ ἦν ὁ δράϲαϲ stehen, vgl. West, *Gnomon* 53 (1981), 525.

die Tat nun auch selbst in eimem kurzen Lied (882–7). Zudem wird der Selbstmord Deianeiras ja ohnehin in dem folgenden Bericht der Amme 899–946 eingehend geschildert[124].

Auch dieser Bericht zeigt Spuren von Bearbeitung:

κἀγὼ δρομαία βᾶϲ', ὅϲονπερ ἔϲθενον,
τῶι παιδὶ φράζω τῆϲ τεχνωμένηϲ τάδε.
κἀν ὧι τὸ κεῖϲε δεῦρό τ' ἐξορμώμεθα,
ὁρῶμεν αὐτὴν ἀμφιπλῆγι φαϲγάνωι
πλευρὰν ὑφ' ἧπαρ καὶ φρέναϲ πεπληγμένην.
ἰδὼν δ' ὁ παῖϲ ὤιμωξεν· ἔγνω γὰρ τάλαϲ
τοὔργον κατ' ὀργὴν ὡϲ ἐφάψειεν τόδε,
ὄψ' ἐκδιδαχθεὶϲ τῶν κατ' οἶκον οὕνεκα
ἄκουϲα πρὸϲ τοῦ θηρὸϲ ἔρξειεν τάδε.
κἀνταῦθ' ὁ παῖϲ δύϲτηνοϲ οὔτ' ὀδυρμάτων
ἐλείπετ' οὐδὲν, ἀμφί νιν γοώμενοϲ,
οὔτ' ἀμφιπίπτων ϲτόμαϲιν, ἀλλὰ πλευρόθεν
πλευρὰν παρεὶϲ ἔκειτο πόλλ' ἀναϲτένων,
ὥϲ νιν ματαίωϲ αἰτίαι βάλοι κακῆι,
κλαίων ὁθούνεκ' εἷϲ[125] δυοῖν ἔϲοιθ' ἅμα
πατρόϲ τ' ἐκείνηϲ τ', ὠρφανιϲμένοϲ βίον[126].

Jernstedt (gefolgt von Nauck, Radermacher und Tycho v. Wilamowitz-Moellendorff[127]) hat erkannt, daß 932–5 und 936–42 Dubletten sind. Wenn die Parallelität des Inhalts nicht genügt, dies zu zeigen, dann macht zumindest der Anschluß mit κἀνταῦθ(α) (936) und die völlig überflüssige Wiederholung von ὁ παῖϲ (932/936) klar, daß 936 nicht nach 932–5 stehen kann. Es kann kaum zweifelhaft sein, welche der beiden Fassungen unecht ist. ἰδὼν δ' ὁ παῖϲ (932) ist nach ὁρῶμεν ungeschickt, die Wiederholungen κατ' ὀργὴν – κατ' οἶκον (933/4) und τόδε – τάδε (933/5) sind unschön. Ob Deianeira oder Hyllos Subjekt zur ἐφάψειεν (933) ist, wird nicht recht klar. κατ' ὀργὴν spricht für Hyllos, doch ἔργον ἐφάπτειν im Sinne von „zu einer Tat veranlassen" ist ungewöhnlich und nicht durch Parallelen wie Hom. Il. 2, 15; 7, 402 oder Pi. O 9, 64 abgedeckt[128]. Die Ersatzfassung 932–5 umfaßt etwa halbsoviel Verse wie das Original. Man beachte auch die inhaltlichen Wiederholungen ὀδυρ-

[124] Zur Reprise von lyrischen Amoibaia in Trimetern s. Kannicht zu E. *Hel.* 252–329; vgl. auch Davies zu *Tr.* 497–530 (S. 136 f.).

[125] εἷϲ ist Naucks Verbesserung für das überlieferte ἐκ; überzeugend begründet von Easterling zur Stelle (vgl. auch *Sophoclea* 141 und Davies zur Stelle), zur Korruptel s. Anm. 81.

[126] So Wakefield für überliefertes βίου, s. Davies zur Stelle.

[127] Vgl. Wilamowitz (T) 161.

[128] Mit Hyllos als Subjekt ist ἔργον ἐφάπτειν jedenfalls nicht einfach „malum inferre", wie Holwerda, *Mnemosyne* 16 (1963), 350 behauptet.

μάτων, γοώμενοϲ, ἀναϲτένων, κλαίων in 936–42. Daneben dient die Kürzung hier auch der Verdeutlichung. In 936–42 wird nicht explizit gesagt, daß Hyllos die Wahrheit über Deianeira nun kennt; 934 holt dies recht ungeschickt nach. Im Original ohne 932–5 ergibt es sich eindeutig genug aus 940, und wenn man nachrechnen will, dann impliziert 928 eigentlich, daß Hyllos von der Amme den vollen Sachverhalt, nicht nur den Selbstmord erfahren haben muß. Daneben sind 934f. nicht nur überflüssig, sondern geradezu ungeschickt.

Charakteristisch für die zuletzt besprochenen Kürzungen ist, daß sie gegen Ende eines größeren Abschnitts auftreten[129]. Kürzungen an entsprechender Stelle lassen sich auch anderswo nachweisen. Man hat geradezu das Gefühl, daß man gegen Ende einer längeren Szene ungeduldig auf den Abschluß wartet. So entstellt eine unschöne Interpolation auch das Ende des fünften Epeisodions im *Oedipus auf Kolonos*:

Πο. καὶ μή μ' ἐπίϲχηιϲ γ'· ἀλλ' ἐμοὶ μὲν ἥδ' ὁδὸϲ
ἔϲται μέλουϲα δύϲποτμόϲ τε καὶ κακὴ
πρὸϲ τοῦδε πατρὸϲ τῶν τε τοῦδ' Ἐρινύων.
ϲφῷν δ' εὐοδοίη Ζεύϲ, τάδ' εἰ τελεῖτέ μοι
θανόντ', ἐπεὶ οὔ μοι ζῶντί γ' αὖθιϲ ἕξετον.
μέθεϲθε δ' ἤδη, χαίρετόν τ'· οὐ γάρ μ' ἔτι
βλέποντ' ἐϲόψεϲθ' αὖθιϲ.
Αν. ὦ τάλαιν' ἐγώ.
Πο. μή τοί μ' ὀδύρου.
Αν. καὶ τίϲ ἄν ϲ' ὁρμώμενον
ἐϲ προῦπτον Ἅιδην οὐ καταϲτένοι, κάϲι;
Πο. εἰ χρή, θανοῦμαι.
Αν. μὴ ϲύ γ', ἀλλ' ἐμοὶ πιθοῦ.
Πο. μὴ πεῖθ' ἃ μὴ δεῖ.
Αν. δυϲτάλαινα τ' ἄρ' ἐγώ,
εἴ ϲου ϲτερηθῶ.
Πο. ταῦτα δ' ἐν τῶι δαίμονι
καὶ τῆιδε φῦναι χἀτέραι. ϲφῷν δ' οὖν ἐγὼ
θεοῖϲ ἀρῶμαι μή ποτ' ἀντῆϲαι κακῶν·
ἀνάξιαι γὰρ πᾶϲίν ἐϲτε δυϲτυχεῖν.

---

129 Vgl. den von Jachmann aufgewiesenen Typ der ‚Schlußinterpolation', s. *Festschrift Schulz* (Weimar 1951) II, 179–187 = *Ausgewählte Schriften* 411–419, insbesondere 184f. = 416f. Man denke auch an die in der griechischen Tragödie sowie der lateinischen Komödie bezeugten Umbildungen von Dramenschlüssen, für die es teilweise urkundliche Belege gibt; vgl. Zwierlein I, 49f. zum Schluß der *Andria* und 56ff. zum Schluß des *Poenulus*; zum Schluß der *Aulischen Iphigenie* s. unten S. 105, vgl. ferner Anm. 70. Für expansive Schlußinterpolation in Sophokles vgl. Reeve, *GRBS* 11 (1970), 283ff. 288ff.

1436 wurde von Burges und Dindorf als Interpolation erkannt[130]. Der Vers ist eine Dublette zu 1437 f. und verrät sich durch den elidierten Dativ θανόντ(ι) als interpoliert. Die Elision durch Umstellung zu εἰ θανόντι μοι/ τελεῖτ', ἐπεὶ κτλ. (Lobeck gebilligt von Jebb) zu beseitigen, geht schon deshalb nicht an, weil 1435 ebenfalls verdächtig ist. 25 Verse vom nächsten inhaltlichen Bezugspunkt (1410) entfernt hängt τάδ(ε) in 1435 völlig in der Luft. Die Formulierung des Verses ist von S. *El.* 1314 f. beeinflußt[131]. Inhaltlich ist 1435 Dublette zu 1444–6. 1435–6 sind Ersatzfassung für 1437–46. Anfang und Ende diesen Abschnittes (1437 und 1444–6) werden in zwei Versen zusammengefaßt. Möglicherweise ging diese Interpolation auch mit einer Kürzung des vorhergehenden Dialogs (1414 ff.) einher; τάδ(ε) in 1435 ist vielleicht für eine Stelle näher bei 1410 verfaßt. Das Original bietet jedoch keine nahtlose Anschlußstelle, und weitere Spuren von Überarbeitung sind in 1414 ff. nicht auffindbar. Die Ausscheidung von 1437–46 ist jedenfalls im Licht der bisher immer wieder zutage getretenen Motive für Kürzung höchst einleuchtend. Die Passage ergebt sich in Wiederholungen[132].

Notorisch sind die Probleme in der Rede Kreons im dritten Epeisodion der *Antigone*. Ich will hier nicht den ganzen Text von 660–680 ausschreiben; folgende Passage ist unmittelbar relevant:

ὅcτιc δ' ὑπερβὰc ἢ νόμουc βιάζεται,
ἢ τοὐπιτάccειν τοῖc κρατύνουcιν νοεῖ,
οὐκ ἔcτ' ἐπαίνου τοῦτον ἐξ ἐμοῦ τυχεῖν.
ἀλλ' ὃν πόλιc cτήcειε, τοῦδε χρὴ κλύειν
καὶ cμικρὰ καὶ δίκαια καὶ τἀναντία.
καὶ τοῦτον ἂν τὸν ἄνδρα θαρcοίην ἐγὼ
καλῶc μὲν ἄρχειν, εὖ δ' ἂν ἄρχεcθαι θέλειν,
δορόc τ' ἂν ἐν χειμῶνι προcτεταγμένον
μένειν δίκαιον κἀγαθὸν παραcτάτην.

Die Probleme der Partie, die zu Umstellungen und Tilgungen geführt haben, sind zuletzt von Lloyd-Jones/Wilson[133] diskutiert worden. Sie glauben mit der Tilgung von 666–7 auskommen zu können. Zu Recht

---

[130] Gebilligt auch von Wilamowitz in Wilamowitz (T) 363 Anm. 2, vgl. auch Sophoclea 258.

[131] μίαι cε τῆιδ' ὁδῶι θανόντα τε/ καὶ ζῶντ' ἐcεῖδον. εὐοδεῖν/ -οῦν ist abgesehen von einem korrputen Fragment des Komikers Theopomp (*fr. 77 PCG*) erst wieder bei Aristoteles und Theophrast bezeugt (doch εὐοδία bereits A. F 36 Radt). An unserer Stelle wäre εὐοδοῦν in der in der Suda erwähnten (εὐοδεῖν αἰτιατικῆι) und in der Septuaginta belegten transitiven Bedeutung angebracht, und Hermann konjiziert deshalb cφὼ δ' εὐ-. Wir können jedoch nicht ganz sicher sein, wie der Interpolator das Verbum verstanden und konstruiert hat (s. Campbell, *Paralipomena* 276).

[132] μέθεcθε δ' ἤδη (1437)/ καὶ μή μ' ἐπίcχηιc γ' (1432), ὦ τάλαιν' εγὼ (1438)/ οἴμοι τάλαινα (1427), δυcτάλαινά τἄρ' ἐγώ (1442), ἀλλ' ἐμοὶ πιθοῦ (1441)/ ἱκετεύω cε πειcθῆναί τί μοι (1414), οὐ γάρ μ' ἔτι βλέποντ' ἐcόψεcθ' αὖθιc (1437 f.)/ θανοῦμαι (1441).

[133] S. *Sophoclea* 132.

weisen sie darauf hin, daß τοῦτον τὸν ἄνδρα in 668 sich nur auf 661–2 beziehen kann, doch scheint mir dieser Bezug nach dem Einschub 663–5 kaum weniger problematisch als nach 666–7. Blaydes' Verdacht gegen die ganze Partie 663–7 hat alle Wahrscheinlichkeit für sich. Die Interpolation der Verse wird verständlich, wenn wir sie als Ersatzfassung für die gesamte zweite Hälfte der Rede 668–80 ansehen[134].

Wir haben oben[135] in einem dokumentierten Fall (E. *Med.* 715 ff.) beobachten können, wie das Eindringen einer verkürzenden Ersatzinterpolation zu einer Störung der Versordnung geführt hat, und man könnte sich fragen, ob u. U. auch anderswo gestörte Versordnung ohne begleitende Interpolation auf Streichung zurückzuführen ist. Hier gibt es in der Tat einige Fälle in Sophokles, die einen derartigen Vorgang denkbar erscheinen lassen. Sie stehen alle im *Oedipus Coloneus.* Eine eindeutig nicht rein mechanisch zu erklärende Störung der Versordnung liegt vor in 1019 ff. Es ist unnötig, die Partie hier auszuschreiben. Die Oxfordherausgeber haben zu Recht Housmans Umstellung von 1028–33 vor 1020 in den Text aufgenommen. Eine Erklärung der Umstellung bietet die Annahme, daß der volle Text und eine gekürzte Fassung ohne 1028–33 falsch kontaminiert wurden. Der gedankliche Exkurs 1028–33 kann ohne Schaden für den Inhalt wegfallen. Die Kürzung würde auch hier am Ende eines Epeisodions erfolgen.

Eine seit langem unbestrittene Umstellung, die selbst Eingang in unsere Verszählung gefunden hat, ist Musgraves Transposition von *OC* 330 nach 329 statt nach 327, wo 330 in den Handschriften steht. Hier ist selbstverständlich mechanischer Ausfall möglich. Es ist jedoch bemerkenswert, daß Streichung von 328–9 nach allem, was wir bisher festgestellt haben, höchst einleuchtend wäre. Weiterhin möchte ich auch Bergks Umstellung von *OC* 469–71 nach 476 erneut zu bedenken geben. Dadurch wird zweifelsohne ein kohärenterer Text erzielt. Die Zurückhaltung neuerer Herausgeber und Kommentatoren Bergks Vorschlag gegenüber ist wohl zum guten Teil darauf zurückzuführen, daß rein mechanische Gründe die Umstellung schlecht erklären würden. Unvollständige, durch Streichung von 472–476 betroffene Kopien des *Oedipus* böten eine willkommene Erklärung. Oberflächlich betrachtet sind die Verse für den Inhalt entbehrlich. Ein Bearbeiter jedenfalls, dem es nicht auf die korrekte vollständige Wiedergabe eines für ihn obsoleten Ritus ankam, mag die Verse als überflüssiges, deskriptives Detail betrachtet haben.

---

134 Abgesehen davon, daß 667 ff. die Antithese „gehorsamer versus aufmüpfiger Bürger" unnötig breit ausführen, enthält die Partie auch einige Wiederholungen: ἄκοσμα (660)/ κοσμουμένοις (677), ἀνὴρ (661)/ ἄνδρα (668)/ ἀνδρὸς (679), δίκαιος (662)/ δίκαιον κἀγαθόν (671), ἄρχειν/ ἄρχεσθαι (669), δορός (670/ 676), ἀναρχίας (672)/ πειθαρχία (676), γυναικός ... ἡσσητέα (678)/ γυναικῶν ἥσσονες (680).

135 S. oben S. 21 f.

Unter Kürzungen von Dialogpartien, die wir nun ja auch einige Male beobachten konnten, läßt sich zuletzt auch eine bereits als solche erkannte Ersatzfassung im Prolog des *Aias* einordnen. Vv. 68–70 sind bereits von Reichard als Interpolation ausgeschieden worden, und Toomer und Fraenkel haben die Verse als Ersatzfassung entlarvt[136]. Ich will die Passage hier nicht ausschreiben, da Fraenkel das Problem ausführlich behandelt hat, und ich seiner Argumentation für die Unechtheit von 68–70 wenig hinzuzufügen habe[137]. Allerdings möchte ich die Verse eher als Ersatz für 74–90 als für 74–88 ansehen, wie Toomer gemeint hat. Die Wiederholung von 71–3 in 89–90 hat nicht nur Anlaß zu Kürzung gegeben, sie hat dem Bearbeiter auch sein Geschäft, einen Anschluß für seine Kurzfassung zu finden, leicht gemacht. Mit Ausnahme von 83–5 enthalten 74–90 keine zum Sinnverständnis unabdingbare Information. Die Information aus 83–5 wird in 68–70 geliefert. Der original sophokleische Dialog ist in ganz ähnlicher Weise repetitiv wie *Tr.* 874 ff.[138].

Am Ende dieser Tour durch den Sophoklestext mag noch einmal eine große erzählende Rede stehen, ein Botenbericht, das Glanzstück seiner Art in Sophokles. Es handelt sich um den Bericht des Paedagogen vor Orests Tod in der *Elektra.* Hier muß leider eine sehr lange Passage voll ausgeschrieben werden.

cτάντες δ' ὅθ' αὐτοὺc οἱ τεταγμένοι βραβῆc
κλήρους ἔπηλαν καὶ κατέστηcαν δίφρους,
χαλκῆc ὑπαὶ cάλπιγγος ᾖξαν· οἱ δ' ἅμα
ἵπποιc ὁμοκλήcαντες ἡνίας χεροῖν
ἔcειcαν· ἐν δὲ πᾶς ἐμεστώθη δρόμος
κτύπου κροτητῶν ἁρμάτων. κόνις δ' ἄνω
φορεῖθ'· ὁμοῦ δὲ πάντες ἀναμεμειγμένοι
φείδοντο κέντρων οὐδέν, ὡς ὑπερβάλοι
χνόας τις αὐτῶν καὶ φρυάγμαθ' ἱππικά.

---

[136] *MH* 20 (1963), 103–6 (= *Kleine Beiträge* I [Rom 1964], 409–413), Seminari 5.

[137] Fraenkels Argumente sind von Dawe (*Studies* I 127 f.) und Lloyd-Jones/Wilson (*Sophoclea* 10) zurückgewiesen worden. Fraenkels Bedenken gegen cυμφορὰν δέχου τὸν ἄνδρα (68) versuchen die Oxfordherausgeber durch Interpunktion nach δέχου entgegenzukommen. Dies ist möglich, doch bleibt δέχεcθαι in der sonst nur bei Homer belegten Bedeutung „erwarten“ bemerkenswert, zumal man ohnehin eher „befürchten“ erwarten sollte. Nicht entkräftet scheinen mir nach wie vor Fraenkels Einwände gegen cὴν πρόcοψιν (70). 84 sucht Odysseus nicht einfach „reassurance“, wie Dawe glaubhaft zu machen versucht, der Vers steht im offenen Widerspruch zu 69 f., und es ist zumindest seltsam, daß Aias' Blendung in 85 so anders bezeichnet wird als 69 f. (zu 85 vgl. auch J. Mattes, *Der Wahnsinn im griechischen Mythos und in der Dichtung bis zum Drama des fünften Jahrhunderts* [Heidelberg 1970], 109).

[138] S. S. 48 ff. Vgl. insbesondere Wiederholungen wie καλῶ (72) – κάλει (74) – προcκαλῶ (89), οὐ cῖγ' ἀνέξηι (75) – cίγα νῦν ἑcτὼc (87), ἔνδον ἀρκείτω μένων (76) – ἀρκεῖ τοῦτον ἐν δόμοιc μένειν (80).

ὁμοῦ γὰρ ἀμφὶ νῶτα καὶ τροχῶν βάσεις
ἤφριζον, εἰσέβαλλον ἱππικαὶ πνοαί.
κεῖνος δ' ὑπ' αὐτὴν ἐσχάτην στήλην ἔχων
ἔχριμπτ' ἀεὶ σύριγγα, δεξιὸν δ' ἀνεὶς
σειραῖον ἵππον εἶργε τὸν προσκείμενον.
καὶ πρὶν μὲν ὀρθοὶ πάντες ἕστασαν δίφροι,
ἔπειτα δ' Αἰνιᾶνος ἀνδρὸς ἄστομοι
πῶλοι βίαι φέρουσιν, ἐκ δ' ὑποστροφῆς
τελοῦντες ἕκτον ἕβδομόν τ' ἤδη δρόμον,
μέτωπα συμπαίουσι Βαρκαίοις ὄχοις·
κἀντεῦθεν ἄλλος ἄλλον ἐξ ἑνὸς κακοῦ
ἔθραυε κἀνέπιπτε, πᾶν δ' ἐπίμπλατο
ναυαγίων Κρισαῖον ἱππικῶν πέδον.
γνοὺς δ' οὑξ 'Αθηνῶν δεινὸς ἡνιοστρόφος
ἔξω παρασπᾶι κἀνοκωχεύει παρεὶς
κλύδων' ἔφιππον ἐν μέσωι κυκώμενον.
ἤλαυνε δ' ἔσχατος μέν, ὑστέρας ἔχων
πώλους, 'Ορέστης, τῶι τέλει πίστιν φέρων·
ὅπως δ' ὁρᾶι μόνον νιν ἐλλελειμμένον,
ὀξὺν δι' ὤτων κέλαδον ἐνσείσας θοαῖς
πώλοις διώκει, κἀξισώσαντε ζύγα
ἠλαυνέτην, τότ' ἄλλος, ἄλλοθ' ἅτερος
κάρα προβάλλων ἱππικῶν ὀχημάτων.
καὶ τοὺς μὲν ἄλλους πάντας ἀσφαλὴς δρόμους
ὠρθοῦθ' ὁ τλήμων ὀρθὸς ἐξ ὀρθῶν δίφρων·
ἔπειτα, λύων ἡνίαν ἀριστερὰν
κάμπτοντος ἵππου, λανθάνει στήλην ἄραν
παίσας· ἔθραυσε δ' ἄξονος μέσας χνόας,
κἀξ ἀντύγων ὤλισθε· σὺν δ' ἑλίσσεται
τμητοῖς ἱμᾶσι· τοῦ δὲ πίπτοντος πέδωι
πῶλοι διεσπάρησαν ἐς μέσον δρόμον.

Piccolominis Umstellung von 720–2 hinter 740 ist von Pearson angenommen und von Dawe[139] erneut überzeugend verteidigt worden. Dawe geht noch einen Schritt weiter und schlägt vor, nicht nur 720–2, sondern 718–22 nach 740 zu stellen. Mit vollem Recht tadelt er den Anschluß von 718 an 715–7 mit γὰρ und weist darauf hin, daß 718–9 besser in den Kontext des Zwei-Mann-Rennens 736 ff. passen als in den allgemeinen Wettkampf 711 ff. Dies entspricht auch dem homerischen Vorbild der Stelle (Il. 23, 380), dem Rennen Eumelos- Diomedes. Man könnte noch hinzufügen, daß ὁμοῦ am Anfang von 718, nachdem der vorherigen

[139] *Studies* I 184 f.

Satz 715 ff. so begann, ohne jede Emphase, die eine Anapher rechtfertigen würde, unschön ist[140]. Nach 740 dagegen fügt sich 718 f. gut in die parellelen Ablauf des allgemeinen Rennens und Unfalls und des Rennens Athener-Orest mit dem Unfall des letzteren. ὁμοῦ kann dort geradezu als bewußter Anklang an die parallele Passage 715 ff. aufgefaßt werden[141]. Die Schwäche der Umstellungen Dawes und Piccolominis liegt vor allem in der Tatsache, daß κεῖνος (720) trotz Dawes Verteidigung[142] nach 740 einfach nicht paßt. Zum zweiten ist aber auch eine Umstellung von drei oder gar fünf Versen über einen so großen Raum ein nicht ohne weiteres akzeptables Verfahren. Dawes abenteuerlicher Erklärgungsversuch wird sicherlich niemanden überzeugen.

Dies sind nicht die einzigen Gründe, die eine Umstellung unbefriedigend erscheinen lassen. 720–2 weisen sprachliche Anstöße auf, die nichts mit der Stellung der Verse zu tun haben. ἐσχάτην (720) ist heikel. Es gibt zwei Wendesäulen, und Kaibel hat gesehen, daß die Auffassung von ἐσχάτην στήλην als „Säule am *jeweiligen* Ende der Bahn" nicht ganz leicht ist. Er erwägt bereits die dann auch von Kells vorgeschlagene Deutung ἐσχάτην im Sinne von ἄκραν. Dies ist vielleicht nicht ganz unmöglich. Kells verweist auf 900 f. in demselben Stück: ἐσχάτης δ' ὁρῶ/ πυρᾶς νεώρη βόστρυχον τετμημένον. Doch auch prädikativ verstanden sollte ἔσχατος immer noch bedeuten „das äußerste Ende" im Sinne von „das (vom jeweiligen Bezugspunkt aus) am weitesten entfernte Ende". Auch *El.* 900 f. bedeutet ἐσχάτης ... πυρᾶς „von dem (von Chrysothemis) am weitesten entfernten, d. h. dem oberen Rand des Grabhügels"[143]. An unserer Stelle ist eine derartige Auffassung nicht möglich.

Einen noch schwereren Anstoß stellt ἔχων dar. Hier wäre τοὺς ἵππους zu subintelligieren. Es ist jedoch nicht ganz leicht, dies aus dem Kontext zu gewinnen, gleichgültig wo der Vers steht. Jebb verweist mit Recht auf das homerische Vorbild ἀλλ' ἔχει ἀσφαλέως (*Il.* 23, 325). Dort jedoch ist die Ergänzung des Objekts einfach. Abgesehen von einem Einschub οὐδέ ἑ λήθει κτλ. ist ἵππους das Objekt einer ganzen Reihe vorausgehender

---

[140] Eine Anapher wie ὁμοῦ δὲ (715) ... ὁμοῦ γὰρ (718) kann nicht als unauffällige unbeabsichtigte Wiederholung abgetan werden; sie wäre nur angebracht, wenn auf ὁμοῦ besonderes Gewicht läge.

[141] Die Gliederung des ganzen Berichts wird durch eine Fülle derartiger Anklänge unterstrichen, vgl. εἰσῆλθε (685 und 700), βραβῆς am Ende der Zeile in 690 und 709, στάντες ... κατέστησαν δίφρους (709 f.)/ ὀρθὸι ... ἔστασαν δίφροι (723)/ ὠρθοῦθ' ὀρθὸς ἐξ ὀρθῶν δίφρων (742), ἵπποις ὁμοκλήσαντες (712)/ ὀξὺν δι' ὤτων κέλαδον ἐνσείσας θοαῖς πώλοις (737 f.), ἔθραυε (729)/ ἔθραυσε (745), κἀνέπιπτε ... πέδον (729 f.)/ πίπτοντος πέδωι ... ἐκπεπτωκότα (747–9). καὶ ταῦτα μὲν τοιαῦθ' (696)/ τοιαῦτά σοι ταῦτ' ἐστιν (761).

[142] *Op. cit.* 186.

[143] Dies paßt zu dem von Campbell (zur Stelle) richtig erklärten Genitiv der Überlieferung; vgl. auch Lloyd-Jones/Wilson, *Sophoclea* 60.

Verben: κατίϲχει 321, ἐλαύνων 322, ϲτρέφει 323[144]. Der Vers in der Elektra ist offenkundig eine recht ungeschickte Adaption des homerischen Vorbilds. Ferner sind in 720–2 die Maskulina δεξιὸν, ϲειραῖον ἵππον, προϲκείμενον zu tadeln. Nach 734f. (ὑϲτέραϲ ... πώλουϲ) und 737f. (θοαῖϲ πώλοιϲ) sind Orests Pferde weiblich, ebenso wie die des Eumelos[145], des Fahrers, der im homerischen Vorbild den Unfall erleidet.

Lloyd-Jones/Wilson[146] haben neuerdings vorgeschlagen εἶργε τὸν προϲκείμενον (722) ganz anders aufzufassen, als man dies bisher tat, und übersetzen „blocked off his pursuer". Diese Übersetzung hat das Verdienst die seltsame Wahl von προϲκείμενον (ἵππον) für „das (der ϲτηλη) am nächsten *laufende*, das innere Pferd" in der traditionellen Deutung zu beseitigen[147] und einen sprachlich einwandreien Text herzustellen[148]. Ich habe jedoch gegen diese Deutung inhaltliche Bedenken. Das Umfahren der Wendesäule ist sicher der ungeeignetste Punkt für ein Überholmanöver, und insofern ist es hier nicht unbedingt geboten, Überholen durch Abblocken der Außenbahn zu verhindern. Man könnte einwenden, daß 720–2 Orests Verhalten während der ganzen Zeit des Rennens beschreiben, und somit das in der partizipialen Phrase angesprochene Abblocken nicht unbedingt mit dem zunächst geschilderten Verhalten an der Wendesäule zeitgleich sein muß. Doch überhaupt ist Orest nach 734 der letzte Fahrer im Rennen, der sich seine Kräfte für den Endspurt aufspart. Somit kann ihn gar niemand überholen, es sei denn er würde überrundet, und das liegt hier doch wohl ganz ferne[149].

---

144 ἵπποι δὲ πλανόωνται ἀνὰ δρόμον, οὐδὲ κατίϲχει·
ὃϲ δέ κε κέρδεα εἰδῆι ἐλαύνων ἥϲϲοναϲ ἵππουϲ,
αἰεὶ τέρμ' ὁρόων ϲτρέφει ἐγγύθεν, οὐδέ ἑ λήθει
ὅππωϲ τὸ πρῶτον τανύϲηι βοέοιϲιν ἱμᾶϲιν,
ἀλλ' ἔχει ἀϲφαλέωϲ κτλ. (*Il.* 23,321–5).

145 Der Geschlechtsunterschied zwischen den Rassen des Eumelos und den seines Gegners wird in der Ilias pointiert hervorgehoben:
αἱ Φηρητιάδαο ποδώκεεϲ ἔκφερον ἵπποι.
τὰϲ δὲ μετ' ἐξέφερον Διομήδεοϲ ἄρϲενεϲ ἵπποι,
Τρώϊοι, κτλ. (*Il.* 23,76–8).

146 *Sophoclea* 56.

147 Eine kuriose Erklärung gibt Kaibel: „Sehr gut ist der Ausdruck τὸν προϲκείμενον ἵππον, da das Pferd im Augenblick, wo es die Säule passirt, so gut wie stille steht."

148 Ob die gängige Auffassung „checked back the inside horse", die Jebb ausführlich begründet hat, inhaltlich wirklich Unsinn ist, wie Lloyd-Jones/Wilson behaupten, wage ich ohne bessere Kenntnis im Wagenlenken nicht zu beurteilen.

149 Es muß hier kurz angemerkt werden, daß Kells unter Verweis auf eine Stelle aus dem Pferderennen in Tolstois *Anna Karenina* eine seltsame Mißinterpretation von 734f. vorgetragen hat. Was mit ἤλαυνε ἔϲχατοϲ μέν, ὑϲτέραϲ ἔχων πώλουϲ und τῶι τέλει πίϲτιν φέρων gemeint ist – und was auch in *Il.* 23, 322ff. impliziert ist –, das hat bereits Wunder mit Hinweis auf Cic. *Acad. pr.* 2, 29, 94 illustriert. Wenn eine Parallele aus der modernen Literatur gefragt ist, dann nehme man am besten das Pferderennen in Gabriele D'Annunzios *Il Piacere*, das im übrigen Tolstois *Karenina* einige Anregungen verdankt. Dort werden drei verschiedene Techniken dreier erfahrener Reiter geschildert: „Ciascuno dei tre cavalieri

Der Weg für einen befriedigenden Text und eine plausible Erklärung der Überlieferungslage wird frei, wenn 720–2 als Interpolation ausgeschieden werden[150]. 718–9 gehören, wie Dawe richtig gesehen hat, hinter 740, doch 720–2 müssen gehen. Die Tilgung von 720–2 ging mit einer Kürzung einher. Der Interpolator strich 723–40 und ließ 718 auf 717 folgen, die Versordnung, die uns jetzt überliefert ist. Dies zerstörte jedoch den Anschluß von 741 an 719; ohne 734–40 ist ὁ τλήμων (742) ungenügend vorbereitet. Diese Lücke suchte der Bearbeiter durch 720–2 zu schließen. 720–2 sind sozusagen Ersatzfassung für 734–40 (obwohl die beiden Vorgänge natürlich strenggenommen nicht identisch sind). Anlaß für die Kürzung war, wie bereits an anderen Stellen beobachtet, die Doppelung, hier nicht von einem einzigen, sondern von zwei ähnlich verlaufenden Vorgängen: allgemeiner Unfall-Unfall Orests. Die Parallelstruktur der Erzählung machte dem Bearbeiter das Geschäft leicht. 717 knüpft er statt an 723 einfach an den ganz parallel gestalteten Vers 741 an; dazwischen benötigt er nur einen kurzen Übergang aus zwei Versen des Originals (718f.) und einer kleinen Interpolation (720–2). Die inkorrekte Versordnung der Überlieferung beruht auf inkompetenter Verschmelzung zweier alternativer Fassungen, wie wir sie nun schon öfter beobachten konnten[151]. Dabei kam die Ersatzfassung 718–22 vor das Original 723–40, 718–9 zu stehen; dann wurden 718f. hinter 740 als scheinbare Dublette ausgeschieden. Das wäre ein recht komplizierter Vorgang, doch angesichts der Tatsache, daß sich derartige Störungen der Versordnung in einem dokumentierten Fall nachweisen lassen, ist einige Zuversicht erlaubt.

Daß ein so langer und an deskriptivem Detail so reicher Bericht wie der des Paedagogen in *El.* 680ff. Kürzungen ausgesetzt war, wird an dieser Stelle sicher niemanden mehr wundern. Vielleicht hilft die Auf-

---

faceva un gioco diverso. Il duce di Beffi cercava di mantenersi nel gruppo perche d'innanzi agli ostacoli Satirist fosse instigato dall' esempio. *Il Cagliaro moderava la foga di Carbonilla, a conservarle le forze per gli ultimi cinquecentro metri.* Andrea Sperelli aumentava gradatamente la velocita, volendo incalzare il suo nemico in prossimita dell' ostacolo piu difficile" (S. 115 in: G. D'Annunzio, *Prose e Romanzi* I, Mondadori Editore, Milano 1988). D'Annunzio verstand einiges von Pferden.

150 Durch diese Ausscheidung gewinnt die Erzählung wesentlich an Stringenz. In 734f. erscheint Orest ganz als der umsichtige besonnene Fahrer, der sich korrekt gemäß Nestors Vorschriften in *Il.* 313ff., mithin gemäß allgemeinen Erfahrungswerten verhält. Durch seine weise Zurückhaltung im Anfangsstadium des Rennens hat er ja auch eine Verwicklung in den allgemeinen Unfall verhindert. Die Ironie der Ereignisse liegt darin, daß Orest dann gerade an der Wendesäule die Nerven verliert, gerade an dem Punkt, wo sich das Geschick des Fahrers am deutlichstten beweist, und der im Mittelpunkt von Nestors Anweisungen steht. Ein guter Teil dieser Wirkung geht verloren, wenn Orests Verhalten an der Wendesäule bei den vorhergehenden Umläufen bereits erwähnt wurde.

151 S. oben S. 21f.

deckung einer verkürzenden Ersatzinterpolation auch zur Lösung eines notorischen Textproblems am Anfang des Berichts:

ὅτ᾽ ᾔϲθετ᾽ ἀνδρὸϲ ὀρθίων κηρυγμάτων
δρόμον προκηρύξαντοϲ, οὗ πρώτη κρίϲιϲ,
εἰϲῆλθε λαμπρόϲ, πᾶϲι τοῖϲ ἐκεῖ ϲέβαϲ·
δρόμου δ᾽ ἰϲώϲαϲ τῆι φύϲει τὰ τέρματα
νίκηϲ ἔχων ἐξῆλθε πάντιμον γέραϲ.
χὤπωϲ μὲν ἐν πολλοῖϲι παῦρά ϲοι λέγω,
οὐκ οἶδα τοιοῦδ᾽ ἀνδρὸϲ ἔργα καὶ κράτη·
ἓν δ᾽ ἴϲθ᾽· ὅϲων γὰρ εἰϲεκήρυξαν βραβῆϲ
δρόμων [διαύλων πένταθλ᾽ ἃ νομίζεται
τούτων][152] ἐνεγκὼν πάντα τἀπινίκια
ὠλβίζετ᾽, Ἀργεῖοϲ μὲν ἀνακαλούμενοϲ,
ὄνομα δ᾽ Ὀρέϲτηϲ, τοῦ τὸ κλεινὸν Ἑλλάδοϲ
Ἀγαμέμνονοϲ ϲτράτευμ᾽ ἀγείραντόϲ ποτε.
καὶ ταῦτα μὲν τοιαῦθ᾽· ὅταν δέ τιϲ θεῶν
βλάπτηι, δύναιτ᾽ ἂν οὐδ᾽ ἂν ἰϲχύων φυγεῖν.

Von den vier aufeinanderfolgenden Versen 686–9 bietet fast jeder ein Problem: 1) der Ausdruck δρόμου ἰϲώϲαϲ τῆι φύϲει τὰ τέρματα in 686, 2) ἐν πολλοῖϲι παῦρα in 688 und 3) die Formulierung von 689. 1) ist eines der meistdiskutierten Textprobleme in der Elektra. Verschiedene Erklärungsversuche der Überlieferung und die älteren Konjekturen sind in Jebbs Appendix gesammelt; seitdem hat nur Pearson einen nennenswerten neuen Vorschlag gemacht. Der überlieferte Text kann vielleicht nicht mit letzter Sicherheit als unsophokleisch erwiesen werden, und Lloyd-Jones/Wilson[153] haben die Überlieferung akzeptiert. Dennoch bleibt τοῦ δρόμου ... τὰ τέρματα in diesem Zusammenhang schwierig, und Jebb scheint mir den problematischen Charakter der Überlieferung sehr gut herausgearbeitet zu haben[154]. Er hat dabei aber auch gezeigt, daß ein Ausdruck wie τὸ ἔργον (bzw. wie hier τὸν δρόμον) τῆι φύϲει ἰϲοῦν tadellos wäre. Solch eine Wendung ist guter poetischer Stil; hier paßt sie so gut in den Kontext, daß es undenkbar ist, an ἰϲώϲαϲ τῆι φύϲει zu ändern. Die Schwierigkeit ist allein auf τοῦ δρόμου ... τὰ τέρματα beschränkt. Die Verbindung kann in der Tat kaum auf eine hier passende Bedeutung zurechtgebogen werden[155]. Bei der Verbesserung kann man zwei Wege

[152] Naucks Tilgung von 691b–692a ist von Jachmann, *Binneninterpolation* I 134f. (= 532f.) erneut begründet worden, und das Problem sollte nach seiner Behandlung erledigt sein. Diese Interpolation ist für unsere Fragestellung ohne Belang.

[153] *Sophoclea* 54.

[154] S. Appendix zur Stelle.

[155] Zu den von Jebb diskutierten Versuchen, die Überlieferung zu verstehen, fügt Kaibel eine neue haarsträubende Deutung hinzu. Vorgreifend darf vielleicht schon gesagt werden,

einschlagen. Man könnte nach einem Ersatz für τέρματα suchen, ohne die Satzstruktur anzutasten. Unter den bisherigen Versuchen ist da höchstens Wolffs τότ' ἔργματα erwähnenswert. Dies scheitert natürlich an dem erbärmlichen Lückenbüßer τότ(ε). Alternativ dazu könnte man versuchen, die störende Verbindung zu lösen, indem man δρόμου zu δρόμον ändert. Dann müßte τέρματα νίκης zusammengenommen zu ἔχων ziehen und πάντιμον γέρας als Apposition auffassen (so Thiersch gefolgt von Bergk). Der Ausdruck τέρματα νίκης ist aber kaum weniger problematisch als τέρματα δρόμου. Man müßte immer noch an τέρματα ändern, doch die wenig ansprechende Struktur des Satzes mit der nachklappenden Apposition läßt den doppelten Aufwand müßig erscheinen. Pearson zerschlägt den Knoten, indem er neben δρόμον für δρόμου im Anschluß an Wolff τά τ' ἔργματα herstellt und so ein zweites Objekt zu ἰσώσας gewinnt. Dies ist bisher der mit Abstand beste, ja der einzige ernsthaft zu erwägende Vorschlag. Er bleibt jedoch unbefriedigend. ἔργματα ist ohne nähere Bestimmung ein unschönes Anhängsel; Pearsons Ansatz verspräche höchstens dann einen wirklich befriedigenden Text, wenn man zugleich nach 686 eine Lücke ansetzen würde. Ob man soweit gehen will, ist aber doch fraglich. Ich denke der Text ist in der Tat heil; es stellt sich aber die Frage, ob er wirklich von Sophokles stammt.

In 688 hat Dawe[156] gegen die überwiegende Mehrzahl seiner Vorgänger Bergks ἐν παύροισι πολλὰ in den Text gesetzt, und er hat bei Lloyd-Jones/Wilson[157] Zustimmung gefunden. Die Argumentation, Bergks Text sei eher idiomatisch, reicht aber nicht aus, die Überlieferung als unmöglich zu erweisen. Dennoch ist ἐν πολλοῖσι παῦρά σοι λέγω hier hochproblematisch. Kaibel übersetzt richtig „in tanta rerum copia ut pauca excipiam“. ἐν πολλοῖσι παῦρα λέγειν kann nicht bedeuten „vieles in wenigen Worten sagen“; das gibt ἐν nicht her[158]. Genau dies fordert jedoch der Kontext. Bevor man freilich Bergks Lesung annimmt, muß man 689 genauer unter die Lupe nehmen. „Ich kenne nicht die Taten eines solchen Mannes“ ist ein seltsam verknappter Ausdruck für „ich kenne nicht Taten und Siege eines anderen Mannes, die die Taten und Siege eines solchen Mannes sind“, wo man doch eigentlich einfach erwarten sollte „von keinem anderen Manne kenne ich solche Taten und Siege“. Kaibel hat dies gesehen und versucht, die offenbar gequälte Erklärung zu vermeiden, indem er οἶδα als sonst nicht zu belegendes resultatives Perfekt auffaßt: „Ich habe bisher noch nie Taten und Siege eines solchen Mannes gesehen.“ 689 verrät sich durch seine ungeschickte Formulierung als Inter-

---

daß der Verfasser des Verses mit τέρματα δρόμου wohl dasselbe gemeint hat wie Wolff („Resultat des Rennens“), nur war dies wohl nicht Sophokles.

[156] *Studies* I 184.

[157] Unter Berufung auf die Parallele A. F 99, 4 (*Sophoclea* 55).

[158] Vgl. βαιὰ δ' ἐν μακροῖσι ποικίλλειν ἀκοὰ σοφοῖς (Pi. *P.* 9, 77f.).

polation. Der Vers kann ohne weiteres wegfallen, wenn man in 690 δ(ὲ) streicht. Dann kann die Überlieferung in 688 gehalten werden; es ergibt sich folgender Text:

χὤπως μὲν ἐν πολλοῖϲι παῦρά ϲοι λέγω,
ἓν ἴϲθ'· ὅϲων γὰρ κτλ.

μὲν ist dann μὲν solitarium. Der Faden reißt mit der langen Fortführung des mit ὅϲων γὰρ Begonnenen (690–5) ab und wird unten durch καὶ ταῦτα in 696 wieder aufgenommen.

Dasselbe wie für 689 gilt für das oben diskutierte Verspaar 686–7. Auch hier liegt das Problem eher in einer etwas ungeschickten Formulierung, die hinzunehmen ist, als in einer Textverderbnis. Nimmt man die Interpolation von 686–7 und 689 zusammen, so werden Funktion und Motiv der Bearbeitung klar. 686–7 nehmen die Aussage von 690 ff. vorweg, sind quasi inhaltliche Dublette. 686–9 sind eine Ersatzfassung (unter Einbeziehung eines orginalen Verses, 688), durch die das Original 688, 690–5 auf vier Verse reduziert wird. Grund für die Kürzung dürfte die ‚überflüssig' breite Umschreibung der Person Orests in 693–5 gewesen sein. Auch der Anklang von εἰϲεκήρυξαν .../ δρόμων in 690 f. an κηρυγμάτων/ δρόμον προκηρύξαντοϲ aus 684 f. mag eine Rolle gespielt haben. Bei der Tilgung von 693–5 darf man an die oben besprochene Tilgung des Eingangsverses der Elektra erinnern[159].

1.3. Der literaturkritische Hintergrund

Damit sind wir am Ende unseres Durchgangs durch den Sophoklestext. Selbst der Leser, der den guten Willen aufgebracht hat, den zunehmend komplizierter und spekulativer werdenden Bearbeitungshypothesen bis hierher zu folgen, wird inzwischen ungeduldig auf die Einlösung des zu Anfang angedeuteten Versprechens warten: Welche Evidenz gibt es für die aesthetisch-stilistischen Forderungen, die wir hinter den hier behaupteten kürzenden Bearbeitungen glaubten entdecken zu können, und welche Evidenz gibt es dafür, daß man in der Antike mit Texten tatsächlich in der hier angenommenen Art und Weise verfuhr? Diese beiden Fragen sollen nun in einem zweiten Durchgang ansatzweise zu beantworten versucht werden. Fassen wir jedoch zunächst die Motive der im vorigen besprochenen Kürzungspraxis noch einmal zusammen. In ganz wenigen Fällen haben wir hinter einer Kürzung inhaltliche Gründe vermutet: Obszönität (Ar. *Pax* 1337–41) oder Verletzung der Moralität (S. *Tr.* 277–9) haben Anstoß erregt. Moralische Dichtungskritik ist ein wohlbekanntes

[159] S. oben S. 26 ff.

Phänomen[160], das hier keiner weiteren Diskussion bedarf, zumal der Einfluß auf den Text offenbar gering war. Bei den angenommenen Kürzungen handelt es sich fast ausschließlich um stilistische Verbesserung des Originals. Die, wie wir beobachten konnten, recht konsequente Beseitigung alles Überflüssigen richtete sich dabei sowohl auf rhetorischen Schmuck wie Häufung von Epitheta (S. *El.* 1, E. *Phoen.* 1–2, *Med.* 1121), Gleichnisse (*Tr.* 768) oder, sehr häufig, auf als exzessiv empfundene Detailbeschreibung, insbesondere war man jedoch bestrebt, Wiederholungen sachlicher und sprachlicher Natur zu beseitigen; meistens waren von diesen Eingriffen die narrativen Teile des Dramas betroffen. Auffällig, vielleicht sogar überraschend ist dabei, daß die überwiegende Mehrzahl der festgestellten Kürzungen die ‚Verbesserung' stilistischer Kleinigkeiten betrifft. Neben diesen kleineren Kürzungen hat die Bearbeitung ab und an jedoch auch zu bedeutenden Umstrukturierungen einer Erzählung geführt (insbesondere in *El.* 680 ff.). In einem Fall hat die Vermeidung des mehrfachen Erzählens derselben Vorgänge sogar zu einer Umgestaltung der Handlungsstruktur eines ganzen Epeisodions geführt (*Tr.* 418–20). Das Zurückdrängen des narrativen Elements ist in einem Drama ein in sich einleuchtendes Bestreben, und so fanden wir die *Trachinierinnen* als ein Stück mit einem besonders hohen Anteil an berichtenden Reden derartigen Kürzungen in besonderem Maße ausgesetzt.

Die soeben erwähnte Ausrichtung unserer Bearbeitungen auf konkrete stilistische Einzelheiten erlaubt einen präzisen Vergleich mit stilistischen Anforderungen der antiken Rhetorik und Literaturkritik, und in der Tat lassen sich in rhetorischer Stilkritik von Prosawerken einige bei aller

---

[160] Für ein besonders expilizites Zeugnis für Anstoßnahme an der Obszönität in der alten Komödie verweise ich nur auf Plutarchs (Mor. 853 a) rühmende Gegenüberstellung der Dezenz Menanders mit Aristophanes' Obszönität. Die Bedeutung von Aristoteles' Ablehnung vulgären Humors in der *Nikomachischen Ethik* (IV 14, vgl. auch *Pol.* VII 17, 1336 a 27 ff.) für die Entwicklung der Komödie zur bürgerlichen Dezenz der Νέα ist ein Gemeinplatz, an den hier kaum erinnert werden muß, vgl. etwa Arnott, ‚Menander, Plautus und Terence' (*Greece and Rome Surveys*) 14 ff. und *Papers of the Liverpool Latin Seminar* 2 (1979), 343 ff.; auch Sandbach, Gnomon 39 (1967), 238 ff.; zu Aristoteles Theorie der Entwicklung der Komödie s. jetzt Nesselrath 102 ff., zum Fortwirken des Gedankens in der rhetorischen und literaturkritischen Theorie auch M. A. Grant, *The Ancient Theories of the Laughable, University of Wisconsin Studies in Language and Literature* (Madison 1924), 26, 28, 40, 45 ff., 73 ff.

Für den Einfluß moralisierender Überlegungen auf Bearbeitung und Interpolation antiker Texte s. Renehan, 29 ff., ferner etwa Pfeiffer 145 f., Wilson, *Scholars of Byzantium* (London 1983), 196 mit Verweis auf Murray 125 ff. Des weiteren will ich hier nur auf Zwierleins (II, 126 f.) besonders überzeugenden und präzisen Nachweis einer derartig motivierten Bearbeitung in Plautus' *Miles* (679 ff.) hinweisen. Zwierlein verweist bei dieser Gelegenheit auf Heitschs (*Abh. Mainz* 1989, 12, S. 22) Bemerkungen zu der berühmten zweiten Medearhesis (1056 ff.), doch halte ich die Unechtheit der gesamten Partie nicht für erwiesen. Zu Reflexen moralischer Dichtungskritik in den Euripidesscholien s. Elsperger 127 ff. Zur Rolle von Dezenz und Ethik in der alexandrinischen Homerkritik s. unten Anm. 177.

Verschiedenheit des Metiers frappierende Parallelen zu den im vorigen beobachteten Vorgängen aufweisen.

Knappheit des Ausdrucks, cυντομία oder *brevitas*, ist insbesondere in der διήγηcιc (*narratio*) eine Kardinaltugend der rhetorischen Theorie, und sie spielt selbstverständlich im Attizismus eine besonders große Rolle. In seiner Kritik des Isokrateischen Stils in *Dem.* 18 ff. findet Dionysios von Halikarnass an diesem Redner insbesondere den Mangel an cυντομία auszusetzen. Er wirft ihm vor, im Interesse der Klarheit zu ausführlich zu sein[161], insbesondere aber im Interesse von Wohlklang und rhythmischer Periodenbildung die Rede unnötig aufzuputzen[162]. Seine Kritik belegt Dionysios mit einer detaillierten Analyse eines Abschnittes aus Isokrates' περὶ εἰρήνηc (41 ff.); dabei legt er eine, wie er glaubt, dem Original überlegene Kurzfassung des Textes vor. Seine Besprechung des ersten Satzes der von ihm zuvor aus Isokrates zitierten Passage liest sich folgendermaßen (*Dem.* 19):

εὐθέωc γοῦν τὴν πρώτην διάνοιαν ὀλίγοιc ὀνόμαcιν ἐξενεχθῆναι δυναμένην μακρὰν ποιεῖ κυκλογραφῶν καὶ δὶc ἢ τρὶc τὰ αὐτὰ λέγων. ἐνῆν μὲν οὖν ἐν τῶι πρώτωι κώλωι τῶι „τίc γὰρ ἂν ἄλλοθεν ἐπελθών" τὸ „καὶ μὴ cυνδιεφθαρμένοc ἡμῖν, ἀλλ' ἐξαίφνηc ἐπιcτὰc τοῖc γινομένοιc"· δυνάμει γὰρ ἄμφω ταὐτά. καὶ ἐν τῶι „οἱ φιλοτιμούμεθα μὲν ἐπὶ τοῖc τῶν προγόνων ἔργοιc" τὸ „καὶ τὴν πόλιν ἐκ τῶν τότε πραχθέντων ἐγκωμιάζειν ἀξιοῦμεν"· τὸ γὰρ αὐτὸ φιλοτιμεῖcθαί τε καὶ ἐπαινεῖν. καὶ ἐν τῶι „οὐδὲν δὲ τῶν αὐτῶν ἐκείνοιc πράττομεν" τὸ „ἀλλὰ πᾶν τοὐναντίον"· ἤρκει γὰρ αὐτῶν εἰρῆcθαι θάτερον. ἐξῆν δέ γε μίαν ἐκ τοῖν δυοῖν ποιῆcαι περίοδον καὶ cυντομωτέραν καὶ χαριεcτέραν· „τίc γὰρ ἂν ἄλλοθεν ἐπελθὼν οὐκ ἂν μαίνεcθαι νομίcειεν ἡμᾶc, οἱ φιλοτιμούμεθα μὲν ἐπὶ τοῖc τῶν προγόνων ἔργοιc, οὐδὲν δὲ τῶν αὐτῶν ἐκείνοιc πράττομεν;" πολλὰ τοιαῦτά ἐcτι παραπληρώματα καθ' ἑκάcτην ὀλίγου δεῖν περίοδον οὐκ ἀναγκαίαν ἔχοντα χώραν, ἃ ποιεῖ τὴν ἑρμηνείαν ἀμετροτέραν, τὴν δὲ περίοδον κομψοτέραν.

Diese Behandlung eines Isokratestextes durch Dionysios ist auch über eine allgemeine Kritik an Weitschweifigkeit und Wiederholung hinaus auf unsere Fragestellung ganz präzise anwendbar. Einige der oben besprochenen Kürzungen von Tragikerstellen sind dem hier auseinandergenommenen Isokratessatz in Hinsicht auf die kritisierten Wiederholungen außerordentlich ähnlich. Dabei gleicht Dionysios Kürzungsverfahren ganz besonders der bei dem dokumentarischen Fall *OT* 62–4 beobachteten Bearbeitung: εἰc ἕν(α) ... μόνον καθ' αὑτόν, κοὐδέν' ἄλλον wird auf εἰc ἕν(α) reduziert. Die hier zum Ausdruck kommende Abneigung gegen

[161] cτοχαζομένη (sc. ἡ διάλεκτοc) γὰρ τοῦ cαφοῦc ὀλιγωρεῖ πολλάκιc τοῦ μετρίου (*Dem.* 18).

[162] τὸ δ' ἐκ παντὸc ἡδύνειν τὰc ἀκοὰc εὐφώνων τε καὶ μαλακῶν ὀνομάτων ἐκλογῆι καὶ πάντα ἀξιοῦν εἰc εὐρύθμουc κατακλείειν περιόδων ἁρμονίαc καὶ διὰ τῶν θεατρικῶν cχημάτων καλλωπίζειν τὸν λόγον οὐκ ἦν πανταχῆι χρήcιμον (*Dem.* 18, 8).

als tautologisch empfundene zweigliedrige Perioden, die Dionysius auch an anderer Stelle (*Dem.* 25) als τὰ θεατρικὰ τὰ Γοργίεια brandmarkt, ist für manch andere gekürzte Sophoklesstelle ebenso relevant: ὁ δ' εὐθὺς ἐξῴμωξεν οἰμωγὰς λυγράς ... ἀλλ' ἀψόφητος ὀξέων κωκυμάτων ὑπεστέναζε (*Ai.* 317 ff.); κατείχεθ' ... οὐκ ἐλεύθερος, ἀλλ' ἐμποληθείς, > κεῖνος δὲ πραθεὶς ... ἐξέπλησεν (*Tr.* 248 ff.); οὔτ' ὀδυρμάτων ἐλείπετ' οὐδὲν ἀμφί νιν γοώμενος οὔτ' ἀμφιπίπτων στόμασιν, ἀλλὰ πλευρόθεν πλευρὰν παρεὶς ἔκειτο πόλλ' ἀναστένων > ᾤμωξεν (*Tr.* 932 ff.). Vielleicht darf man sogar *Tr.* 274 ff. hier anführen, wo wir eine Tilgung aus inhaltlichen Gründen erwogen hatten.

Auf einige andere gekürzte Sophoklesstellen direkt anwendbar ist folgende Anweisung des in puncto *brevitas* ähnlich wie Dionysios gesonnenen Auctor ad Herennium (1, 9, 14). Anläßlich einer Mahnung zur brevitas in der narratio fordert er:

> ne bis aut saepius idem dicamus cavendum est;
> etiam ne quid novissime quod diximus deinceps dicamus, hoc modo:
> Athenis Megaram vesperi advenit Simo;
> ubi advenit Megaram, insidias fecit virgini;
> insidias postquam fecit, vim in loco adtulit.

Der als abschreckendes Beispiel zitierte Text stammt bezeichnenderweise nicht aus der Prosa, sondern aus der Komödie (*Pal. inc.* 2 Ribbeck). Er illlustriert eines der hervorstechendsten Merkmale in einigen der oben behandelten Tragikerpassagen, die unmittelbare Wiederaufnahme des Vorhergegangenen (das „novissime quid diximus deinceps dicere")[163]. Man vergleiche: ἐκ τῆσδε δ' αὐτὴ γῆς ἀπαλλάσσου πόδα ... αὐτὴ δ' ἐάνπερ εἰς ἐμοὺς ἔλθῃς δόμους (E. *Med.* 727 ff., wo die Bearbeitung dokumentiert ist); ἕζετ' ... καὶ τὸν μὲν ἧστο πλεῖστον ... χρόνον (*Ai.* 309 ff.). Ähnliches könnte man für die Lücken in *Ant.* 1214 ff. und 407 ff. vermuten[164].

Greifen wir aus den weitverbreiteten und wohlbekannten Vorschriften antiker Rheotriktheorie zur Gestaltung der *narratio* noch einige im Kontext unserer Fragestellung besonders aussagekräftige Bemerkungen heraus! Kurz vor der eben zitierten Stelle aus der *Rhetorik ad Herennium* erhebt der Autor die Forderung nach Verzicht auf deskriptives Detail, indem er verlangt, die *narratio* solle die Ereignisse „summatim, non particulatim" schildern. Noch deutlicher äußert sich Quintilian (*Inst.* 2, 4, 3) wenn er sagt, die *narratio* dürfe nicht „sinuosa" sein, voll von „arcessitis descriptionibus in quas plerique imitatione poeticae licentiae ducun-

---

[163] Die Wiederaufnahme des vorhergehenden Verbums durch ein Partizip am Anfang des folgenden Satzes ist ein bei Herodot und Plato häufig zu beobachtendes Stilmittel. Bei Thukydides und Xenophon, im allgemeinen auch bei den attischen Rednern wird es vermieden, s. J. D. Denniston, *Greek Prose Style* (Oxford 1952), 95 f.; vgl. auch KG II 80.

[164] S. oben S. 40 f.

tur". Entsprechend fällt auch später im vierten Buch der *Institutio* (2, 40 ff.) seine Kritik einiger konkreter Beispiele für Mangel an *brevitas* aus. Mit diesen Forderungen einher geht das Streben nach Kompaktheit und folgerichtiger, übersichtlicher Anordnung im Interesse der cαφήνεια:

rerum atque temporum ordinem conservabimus ... ne quid perturbate, ne quid contorte, ne quid nove dicamus ... ne ab ultimo repetamus, ne longe persequamur (*Rhet. ad Her.* 1, 9, 15).

Die Quintessenz klassizistischer Stiltheorie zur διήγηcιc formuliert besonders glücklich Lukian (*Hist. conscr.* 55), wenn er fordert, ein Geschichtswerk müsse sich – insofern es ja im wesentlichen eine μακρὰ διήγηcιc sei – durch folgende insbesondere der *narratio* eigene Tugenden auszeichnen: λείωc τε καὶ ὁμαλῶc προιοῦcα muß die Erzählung sein, und dann heißt es:

τὸ cαφὲc ἐπανθείτω τῆι τε λέξει, ὡc ἔφην, μεμηχανημένον καὶ τῆι cυμπεριπλοκῆι τῶν πραγμάτων, ἀπόλυτα γὰρ καὶ ἐντελῆ πάντα ποιήcει, καὶ τὸ πρῶτον ἐξεργαcάμενοc ἐπάξει τὸ δεύτερον ἐχόμενον αὐτοῦ καὶ ἁλύcεωc τρόπον cυνηρμοcμένον, ὡc μὴ διακεκόφθαι μηδὲ διηγήcειc πολλὰc εἶναι ἀλλήλαιc παρακειμένας, ἀλλ' ἀεὶ τὸ πρῶτον τῶι δευτέρωι μὴ γειτνιᾶν μόνον ἀλλὰ καὶ κοινωνεῖν καὶ ἀνακεκρᾶcθαι κατὰ τὰ ἄκρα.

Hier sind die oben skizzierten Stilprinzipien der rhetorischen *narratio* auf die Großform eines ganzen Geschichtswerks angewendet und mit der Forderung nach organischer Gliederung verschmolzen. Lukian kommt bei seiner Betrachtung der Großstruktur nur wenig weiter unten (*Hist. conscr.* 57) auf beschreibende Exkurse zu sprechen und empfiehlt dem Historiker Maßhalten in der Beschreibung von Häfen, Befestigungen etc. Dabei wird Homer als lobendes Beispiel für Zurückhaltung in dieser Hinsicht hellenistischen Dichtern wie Parthenios, Euphorion und Kallimachos gegenübergestellt[165]. Aus einer ganz ähnlichen Haltung heraus kritisiert Dionysios von Halikarnass das Prooemium zum Geschichtswerk des Thukydides; er wirft ihm vor:

γέγονέ τε αὐτῶι τὸ προοίμιον, τοιαύταc εἰληφὸc ἀποδεικτικὰc τῆc προθέcεωc ἐξεργαcίαc, ἱcτορία τιc αὐτὴ καθ' αὑτήν (*Thuc.* 19).

---

[165] Μάλιcτα δὲ cωφρονητέον ἐν ταῖc τῶν ὀρῶν ἢ τειχῶν ἢ ποταμῶν ἑρμηνείαιc, ὡc μὴ δύναμιν λόγων ἀπειροκάλωc παρεπιδείκνυcθαι δοκοίηc καὶ τὸ cαυτοῦ δρᾶν παρεὶc τὴν ἱcτορίαν, ἀλλ' ὀλίγον προcαψάμενοc τοῦ χρηcίμου καὶ cαφοῦc ἕνεκα μεταβήcηι ἐκφυγὼν τὸν ἰξὸν τὸν ἐν τῶι πράγματι καὶ τὴν τοιαύτην ἅπαcαν λιχνείαν, οἷον ὁρᾶιc καὶ Ὅμηροc ὁ μεγαλόφρων ποιεῖ· καίτοι ποιητὴc ὢν παραθεῖ τὸν Τάνταλον καὶ τὸν Ἰξίονα καὶ τὸν Τιτυὸν καὶ τοὺc ἄλλουc· εἰ δὲ Παρθένιοc ἢ Εὐφορίων ἢ Καλλίμαχοc ἔλεγεν, πόcοιc ἂν οἴει ἔπεcι τὸ ὕδωρ ἄχρι πρὸc τὸ χεῖλοc τοῦ Ταντάλου ἤγαγεν; εἶτα πόcοιc ἂν Ἰξίονα ἐκύλιcεν κτλ. Zur Diskussion über Funktion und Berechtigung des historischen Exkurses s. Homeyer (München 1965) zur Stelle (S. 273 f.).

Er erklärt es für überflüssig περὶ τῆϲ Ἀθηναίων τρυφῆϲ, ᾗι τὸ παλαιὸν ἐχρῶντο, λέγειν, ὅτι κρωβύλουϲ τε ἀνεπλέκοντο καὶ χρυϲοῦϲ τέττιγγαϲ εἶχον ἐπὶ ταῖϲ κεφαλαῖϲ (I 6, 3); καὶ ὅτι Λακεδαιμόνιοι ἐγυμνώθηϲάν τε πρῶτοι καὶ εἰϲ τὸ φανερὸν ἀποδύντεϲ λίπα μετὰ τοῦ γυμνάζεϲθαι ἠλείψαντο (I 6, 5) κτλ. Daraufhin bietet er eine gekürzte Fassung des Prooemiums an, in der *Thuc.* I 2–20 einfach ersatzlos gestrichen werden.

Der Beschneidung der „poetica licentia", sich in „arcessitis descriptionibus" zu ergehen, sind wir in den oben diskutierten Kürzungen im Sophoklestext mehrfach begegnet. Banalisierende Ersatzfassungen wie etwa *Ai.* 314, 327 oder *Tr.* 932 sind dabei Quintilians Kontraktion einiger von ihm in dieser Hinsicht kritisierten Prosabeispiele recht ähnlich[166]. Auch das Streben nach Verdeutlichung, ohnehin eines der Hauptmotive von Interpolation, konnten wir etwa in *Ai.* 327, *Tr.* 252–3 und 932–5 beobachten. Einhaltung der zeitlichen Reihenfolge und Vermeidung des „ab ultimo repetere" erzielt etwa die Ausscheidung von *Tr.* 685–8[167]. Die Forderung nach Kompaktheit und folgerichtigem, organischem Aufbau auch in der Großform, wie wir ihr bei Lukian begegnet sind, illustriert die Tendenz, die wir hinter Kürzungen erkennen konnten, die die gesamte Struktur einer größeren Einheit betreffen. Zunächst wäre hier die Bearbeitung des Botenberichts in der *Elektra* zu nennen, wo eine ganze Episode (723 ff.) gestrichen wurde. Die Kritik größerer Strukturen hilft auch, die Umgestaltung der Handlungsführung in der Kürzung einer ganzen Szene in *Tr.* 402 ff. zu verstehen. Das Operieren mit inhaltlich und formal parallelen Blöcken, das die Erzählstruktur im Botenbericht der *Elektra* und die Handlungsführung im zweiten Epeisodion der *Trachinierinnen* beherrscht, konnte dem etwa bei Lukian erkennbaren Stilideal durchaus als unorganisch und episodenhaft erscheinen. Darüber hinaus ist das Verfahren, das Dionysios von Halikarnass in seiner Kürzung des thukydideischen Prooemiums anwendet, demjenigen unserer Sophoklesbearbeiter direkt vergleichbar. Bei seiner Ausscheidung eines langen Exkurses erzielt Dionysios einen glatten Anschluß, da er mit *Thuc.* I 21 genau dort ansetzen kann, wo der Faden von I 1, 3 gar noch in einem wörtlich anklingenden Satz wiederaufgenommen wird[168]. Ganz entsprechend gehen etwa die Bearbeiter von *Tr.* 402 ff. und *El.* 723 ff. vor. Auch Fälle wie E. *Phoen.* 407 ff., *Or.* 401 ff. und *Alc.* 803 ff. können

---

166 Das erste lautet etwa: „in portum veni, navem prospexi, quanti veheret interrogavi, de pretio convenit, conscendi, sublatae sunt ancorae, solvimus oram, profecti sumus." Dazu bemerkt Quintilian: „nihil horum dici celerius potest, sed sufficit dicere: ‚e portu navigavi'" (*Inst.* 4, 2, 41).

167 S. oben S. 38.

168 ἐκ δὲ τεκμηρίων ὧν ἐπὶ μακρότατον ϲκοποῦντί μοι πιϲτεῦϲαι ξυμβαίνει οὐ μεγάλα νομίζω γενέϲθαι οὔτε κατὰ τοὺϲ πολέμουϲ οὔτε εἰϲ τὰ ἄλλα (I, 1, 3). ἐκ δὲ τῶν εἰρημένων τεκμηρίων ὅμωϲ τοιαῦτα ἄν τιϲ νομίζων μάλιϲτα ἃ διῆλθον οὐχ ἁμαρτάνοι (I 21, 1). Dionysios kann einfach ersteren Satz durch letzteren ersetzen und ist schon mitten in c. 21.

verglichen werden, nur daß dabei im allgemeinen eine kleine Interpolation fällig wurde.

Die im vorigen zitierten stilistischen Forderungen sind selbstverständlich zunächst im Hinblick auf die Prosa gerade in ihrer Verschiedenheit zur dichterischen Praxis erhoben, und dies wird von Quintilian an einer der zitierten Stellen ja auch explizit zum Ausdruck gebracht, wenn er von der Vermeidung der „poetica licentia" spricht. Dennoch sind wir an vielen Stellen Beispielen aus der Dichtung begegnet, die neben solchen aus der Prosa stehen und ganz nach denselben Maßstäben gemessen werden. Ein besonders deutliches Zeugnis für die Anwendung der im vorigen besprochenen stilistischen Forderungen auf eine poetische *narratio* ist etwa Dionysios' Würdigung einer Passage aus der *Odyssee*[169], die ausdrücklich für die Schlichtheit und den Mangel an *ornatus* gepriesen wird; Homer wird, wie wir bereits feststellen konnten[170], ja auch von Lucian dem Historiker als löbliches Beispiel vorgehalten. Die Einbeziehung der Dichtung in den Bereich der formalen Rhetorik, die in diesen Zeugnissen als eine Selbstverständlichkeit zum Ausdruck kommt, reicht, wie wir unten sehen werden[171], durchaus bis ins vierte Jahrhundert zurück. Durchforschen wir einmal die spärlichere antike Evidenz für detaillierte Stilkritik von poetischen Texten, so begegnen wir dem oben besprochenen Stilideal der Rhetorik durchaus vergleichbaren Vorstellungen.

Hinweise auf ταυτολογία, διccολογία u. ä. finden sich häufig in verschiedenen Dichterscholien. Gelegentlich wird auch Kritik an derartiger Praxis geübt. Es ist wohlbekannt, daß in den Homerscholien die Wiederholung identischer Verse, aber auch Wortwiederholungen oder Weitschweifigkeit oft als Grund für Athetese[172] angeführt werden. Auch Dezenz und Moral werden häufig als Kriterien genannt[173]. Es ist für uns von zweitrangiger Bedeutung, inwieweit die in den Scholien genannten Tilgungsgründe im betreffenden Einzelfall tatsächlich den Motiven der für die Tilgungen verantwortlich gemachten alexandrinischen Grammatiker entsprechen. Wie dem auch sei, es darf zumindest festgehalten werden, daß die genannten Motive von dem jeweiligen Scholiasten für zureichende Gründe gehalten wurden, die jemanden zur Tilgung veranlas-

---

169 *Od.* 16, 1–16; D.H. *comp.* 3, 12ff.; für Homer als Muster von cυντομία vgl. auch Quint. *inst.* 10, 1, 49 und nicht zuletzt Hor. *A.P.* 146ff.

170 S. S.65.

171 S. unten S.75f.; vgl. auch D'Alton 438ff.

172 Ich verweise hier nur auf K.Lehrs, *De Aristarchi Studiis Homericis* (^{3}Leipzig 1882), 336f.; A.Roemer, *Aristarchs Athetesen in der Homerkritik* (Leipzig-Berlin 1912), 180ff., vgl. auch id., *Die Homerexegese Aristarchs* (Paderborn 1924), 249ff.; in neuerer Zeit Van der Falk 370ff., Nickau 61ff., 123ff.; vgl. auch West, ‚Transmission' 41ff.

173 S. Van der Valk, *loc.cit.*, Murray 125ff.; H.Steinmann 77f.; vgl. auch M.Pohlenz, *NAG* 1933, I 1, 16, 53–92 = *Kleine Schriften* (Hildesheim 1965), 100–139.

sen konnten. Was Gelehrte wie Zenodot und Aristarch angeht, so darf heute zumindest als sicher gelten, daß nicht nur der Überlieferungsbefund, sondern auch inhaltliche und stilistisch-sprachliche Kriterien sicher in Fragen der Echtheitskritik für sie eine Rolle gespielt haben; dabei hat insbesondere die Untersuchung Nickaus zur philologischen Methode Zenodots[174] bei allen unvermeidlichen Unsicherheiten im einzelnen gezeigt, daß wir bei den alexandrinischen Gelehrten mit einer weit subtileren Sprach- und Stilkritik zu rechnen haben, als bisher angenommen wurde. Daß man an wiederholten Versen, aber auch an Wortwiederholung und Mangel an *variatio* Anstoß nehmen konnte, ist gerade vor dem Hintergrund der literarischen Ästhetik des Hellenismus, wie wir sie im Kontrast zur dichterischen Technik der homerischen Epen etwa bei Apollonios beobachten können, einleuchtend[175]. Es würde den Rahmen dieser Untersuchung sprengen, uneinheitlich bezeugte oder von alexandrinischen Gelehrten athetierte Homerverse auf die hier in Frage stehende Kürzungspraxis hin zu untersuchen; es konnte hier nur auf die expliziten Zeugnisse für die Motive etwaiger Athetesen ankommen. Eine systematische Durchforschung uneinheitlich überlieferter Homerverse, die nicht nur die Methoden der Echtheitskritik alexandrinischer Homerphilologie, sondern das Phänomen der absichtlichen Textmanipulation überhaupt in den Blick nähme, verspräche gewiß nicht nur für die hier behandelte Kürzungspraxis und die Interpolationsforschung insgesamt reiche Ausbeute, sie würde auch die Beurteilung der Voraussetzungen und Methoden der alexandrinischen Philologie aus einer breiteren Perspektive heraus ermöglichen[176].

---

[174] Die insbesondere von G. M. Bolling (*The External Evidence for Interpolation in Homer* [Oxford 1925], *The Athetized Lines of the Iliad* [Baltimore 1944]; *Ilias Atheniensium : The Athenian Iliad of the Sixth Century B. C.* [Lancaster 1950]) vertretene These, daß Aristarch keine einheitlich bezeugten Verse aus rein inhaltlich-stilistischen Gründen getilgt habe, läßt sich sicher nicht aufrechterhalten, trotz der Unterstützung neuerdings durch M. J. Apthorp, *The Ms. Evidence for Interpolation in Homer* (Heidelberg 1980); neben den Arbeiten Van der Valks und Nickaus vgl. bereits Pfeiffer 108 Anm. 4; Turner 112 ff.; zu Apthorp auch S. West in ihrer Rezension in *CR* 32 (1982), 1. Vgl. auch unten Anm. 176.

[175] Zu Apollonios' Haltung zur Verswiederholung vgl. Herter, *Bursians Jahresbericht* 285 (1944–55), 325 und neuerdings Ciani, *BIFG* 2 (1975), 191–208; zur Variation des Ausdrucks bei Apollonios vgl. insbesondere Hunter in der Einleitung zu seinem Kommentar zum dritten Buch der Argonautika s. 39 f. und sein Kommentar zu Vv. 351–3 und 477–8; grundlegend zur variatio in der Aesthetik des Hellenismus Deubner, *NJbbPh* 47 (1921), 361–78 = *Kleine Schriften, Beiträge zur klassischen Philologie* (Meisenheim 1982), 236 ff., jetzt auch Heath 28 ff., 56 ff.

[176] Die notorische Schwierigkeit einer solchen Untersuchung besteht darin, daß sich zumeist nicht mit letzter Sicherheit entscheiden läßt, inwieweit bei einer uns überlieferten Textentscheidung alexandrinischer Philologen ein konjekturaler Eingriff oder die Bevorzugung einer Überlieferungsvariante vorliegt. Man hat freilich den Eindruck, daß im Rückschlag gegen Bollings extreme Position in der neueren Forschung das Pendel manchmal zu sehr in die entgegengesetzte Richtung ausgeschlagen ist (vgl. oben Anm. 174). Der Mangel

Was die Tragikerscholien anlangt, so haben wir oben[177] bereits zwei Fälle besprochen, wo in den Scholien Kritik an unorganischen Elementen der Großstruktur geübt wird: die Teichoskopie der Phoenissen oder die Schlußworte des *Oedipus Tyrannus* wurden als ἀνοίκεια bzw. als οὐ μέρη τοῦ δράματος gebrandmarkt, und wir haben in diesen beiden Fällen sogar Grund zu der Annahme gehabt, daß diese Kritik zur Tilgung der betreffenden Partien geführt haben könnte. Auch Hinweise auf ταυτολογία oder δὶς τὸ αὐτὸ ἐκ παραλλήλου finden sich gelegentlich in den Tragiker- und in den Aristophanesscholien; normalerweise wird derartiges als emphatisch, als poetische Lizenz oder als metrischer Zwang entschuldigt[178]. Darüber hinaus gibt es einige interessante Bemerkungen über dramatische Ökonomie und die Vermeidung von ταυτολογεῖν und δισσολογεῖν gerade in den Sophoklesscholien. Zu *Aias* 295 (καὶ τὰς ἐκεῖ μὲν οὐκ ἔχω λέγειν πάθας) aus dem Bericht Tekmessas gegenüber dem Chor geben die Scholien in LFNG zwei Erklärungen, warum Tekmessa nichts über *Aias'* Überfall auf die Herden erzählt:

---

an direkter Evidenz für die voralexandrinische Überlieferungsphase muß jede Erklärung rekonstruierter Überlieferungsvorgänge äußerst spekulativ machen. Dennoch scheint die Evidenz für athetierte und uneinheitlich überlieferte Verse zusammengenommen groß genug, daß eine geduldige Untersuchung unter dem Aspekt der typisierenden Interpolationsforschung zumindest in gewissem Umfang kumulative Evidenz für einzelne Merkmale der Textmanipulation ergeben dürfte. Um die methodischen Probleme zu veranschaulichen, will ich hier kurz auf eine Homerpassage eingehen, die eine bemerkenswerte Parallele zur Kürzungspraxis unserer Tragödienbearbeiter darstellt. Zu Hom. *Il.* 4, 88 f. (Πάνδαρον ἀντίθεον διζημένη [sc. Athene] εἴ που ἀφεύροι./εὗρε Λυκάονος υἱὸν ἀμύμονά τε κρατερόν τε) überliefern die Scholien, daß Zenodot die beiden Verse in einen Vers folgenden Wortlauts zusammengefaßt hat: Πάνδαρον ἀντίθεον διζημένη. εὗρε δὲ τόνδε (τόν γε Wecklein, *Über Zusätze und Auslassungen von Versen im Homerischen Text, SBAW* 1918, 7, S. 63, ist attraktiv, jedoch nicht sicher). Die Tatsache, daß diese Version auch in einem Papyrus auftaucht (P. Lit. London 10, vgl. West, *Papyri* 68 f.), macht es wahrscheinlich, daß Zenodot seinen Text nicht erfunden hat, sondern lediglich unter zwei überlieferten Versionen die kürzere wählte. Ich denke, es kann kaum Zweifel darüber bestehen, daß die längere Version der Vulgata die ursprünglichere ist. Daß die Wiederholung ἐφεύροι-εὗρε zu der Kürzung beigetragen hat, ist schon lange vermutet worden (s. H. Düntzer, *De Zenodoti studiis Homericis* [Göttingen 1848], 174; vgl. auch A. Roemer, *Über die Homerrecension des Zenodot, Abh. d. phil.-hist. Cl. d. Königl. Bayer. Akad. d. Wiss.* 17 [München 1886], 655 und West, *Papyri l. c.*, die die Begründung des Aristonikosscholiens zur Stelle zu Recht zurückweisen, anders nur Van der Valk 15); im Kontext unserer Beobachtungen zur Tragikerinterpolation leuchtet dies natürlich unmittelbar ein. Nun hat Nickau (101 f.) für Zenodots Text inhaltliche und formale Gründe vermutet, die mir im Kontext der Philologie Zenodots in der Tat höchst plausibel erscheinen. Freilich müssen wir in diesem Falle ja wohl unterscheiden zwischen den Motiven des kürzenden Bearbeiters und denen des Philologen, der sich für den kürzeren Text entschied. Ich denke, es gibt gute Gründe anzunehmen, daß Anstoßnahme an der Wiederholung die Motive des Bearbeiters, Nickaus Erklärung die des Zenodot trifft.

[177] S. S. 32 ff.

[178] S. W. G. Rutherford, *A Chapter in the History of Annotation* (London 1905), 315; vgl. auch Elsperger 80 ff.

τοῦτο μέν, ἀγνοεῖ ἡ Τέκμηcca λέγειν· τοῦτο δέ, προεῖπεν αὐτὰ ὁ ποιητήc, καὶ ἐνοχλεῖν οὐ δεῖ τὸν θεατὴν ταυτολογοῦντα[179].

Eine ähnliche Anmerkung lesen wir auch in den Scholien zu *Elektra* 660:

εὐκαίρωc ἥκει (sc. ὁ παιδάγωγοc) ἔξω οὐcῶν ἀμφοτέρων, πρῶτον ἵνα μὴ διccολογοίη πρὸc ἀμφοτέραc ἀπαγγέλλων, δεύτερον πρὸc τὸ δηλωθῆναι τὴν γνώμην ἀμφοτέρων.

In einem Scholien zu *Ai.* 784 (d) sieht sich jemand veranlaßt zu erklären, warum Sophokles in *Ai.* 719ff. nicht ebenso verfahren ist wie in der *Elektra*, und der Inhalt der Botenrede 719ff. noch einmal für Tekmessa im Dialog (784ff.) wiederholt werden muß:

τίνοc ἕνεκν οὐκ ἐποίηcεν ἐξιοῦcαν τὴν Τέκμηccαν, ἵνα μετὰ τοῦ χοροῦ ἀκούcηι τὰ περὶ τοῦ Αἴαντοc, ὡc ἐν τοῖc ἄλλοιc δράμαcιν, ἔν τε Ἠλέκτραι καὶ Οἰδίποδι ἅμα τῶι χορῶι τὰc τῶν γυναικῶν προόδουc ποιεῖ, ἵνα μὴ διccολογῶcιν οἱ ἄγγελοι.

Nachdem er die Ausnahme von der Regel entschuldigt hat, fährt der Scholiast fort:

εἰc ἀνάγκην δὲ γεγονὼc ὁ ποιητὴc τοῦ διλογῆcαι οὐδαμοῦ προcκορὴc ἐγένετο, ἀλλὰ τὰ δεύτερα διὰ βραχέων ἐξήνεγκεν.

διὰ βραχέων impliziert wohl dialogische Form, zumindest eine Wiederholung in einer ausführlichen Erzählung hat uns der Dichter erspart[180]. Man vergleiche etwa folgende Aussage der Scholien zum Prolog des *Aias* (38 a):

ἐν τοῖc ἀμοιβαίοιc κατὰ βραχὺ δηλοῦται ἡ ὑπόθεcιc. προcκορὲc ⟨γὰρ ἂν⟩[181] ἦν διηγηματικῶι εἴδει τὸ πᾶν διεξελθεῖν.

Die zuletzt zitierte Bemerkung illustriert die Kürzungspraxis insgesamt, die auf eine Beschränkung des narrativen Elements in der Tragödie abzielt. Der Unterdrückung von auf der Bühne abgelaufenen Ereignissen in einem Bericht, wie im Scholion zu *Ai.* 295a gefordert, sind wir in der Kürzung in *Tr.* 692–3 begegnet; die Vermeidung der Doppelung von Berichten über denselben Vorgang, wie in den Scholien zu *El.* 660 und *Ai.* 784d gefordert, konnten wir bei der Bearbeitung des zweiten Epeisodions der Trachinierinnen beobachten. Etwas weiter gefaßt läßt sich diese Maxime auch auf die Beseitigung der Parallelberichte allgemeiner Unfall – Unfall Orests im Botenbericht der *Elektra* anwenden.

Insbesondere läßt sich ein vergleichbares Vorgehen gerade in dem einzigen Fall beobachten, wo wir die Bearbeitungspraxis eines der genialsten

---

179 Für weitere z.T. ähnliche Äußerungen in den Scholien zur Tragödie sowie zur lateinischen Komödie s. Steinmann 40ff.

180 Vgl. auch das Scholion zu S. *El.* 1404; besprochen von Bremer in: *Miscellanea Tragica in honorem J. C. Kamerbeek* (Amsterdam 1976), 46ff.

181 ⟨γὰρ⟩ Christodoulou, ⟨γὰρ ἂν⟩ Lloyd-Jones.

antiken Regisseure und Theatermänner direkt nachprüfen können. Ich meine die Adaption des menandrischen Δὶς ἐξαπατῶν in Plautus' *Bacchides*. Das Problem ist erst vor kurzem von Zwierlein[182] in vorbildlicher Weise behandelt worden, und ich kann mich deshalb hier äußerst kurz fassen. Zwierlein[183] hat zu Recht auf Plautus' enge Anlehnung an die menandrische Vorlage abgehoben und betont, daß die Veränderung des Handlungsablaufs in der plautinischen Adaption wesentlich mit der Eliminierung des Chors aus der lateinischen Komödie zusammenhängt. Nicht nur durch diesen äußeren Faktor bedingt ist jedoch die Straffung der Handlungsführung, die Plautus durch die Beseitigung der beiden Dialoge zwischen Vater und Sohn (Vv. 47–90) erreicht. Für den zweiten Dialog ist uns das menandrische Original fast völlig verloren, doch liegt ganz unabhängig von vermutbaren expliziten Wiederholungen aus Vv. 47 ff. in den verlorenen Versen in jedem Falle eine strukturelle Parallele vor[184]. Wörtliche Anklänge an Vv. 18 ff. finden sich in dem auf den Abgang des Vaters folgenden Monolog des Sostratos[185], den Plautus ebenfalls ausgeschieden hat. Zudem hat die Beseitigung der beiden Dialoge gewiß mit der Tatsache zu tun, daß in dem ersten Gespräch zwischen Vater und Sohn erneut die zuvor von dem Sklaven breit ausgesponnene Lügengeschichte[186] über die Hinterlegung des Goldes zur Sprache kommen mußte. Hier liegt gewiß ein dokumentiertes Beispiel für die oft für Plautus vermutete Straffung seiner Originale im Interesse eines höheren dramatischen Tempos vor[187].

Es wäre ein leichtes, die Wirkung der oben aus der rhetorischen Literatur belegten stilistischen Forderungen auf die lateinische Dichtung der augusteischen und nachklassischen Zeit zu dokumentieren, und der Vergleich römischer Adaptionen mit ihren archaischen oder hellenistischen griechischen Vorbildern würde manche Parallele zu der im Text der attischen Tragödie beobachteten Bearbeitungspraxis zutage fördern. Was den Bereich echter schöpferischer Dichtung anbelangt, soll hier ein kurzer Hinweis auf die Umgestaltung homerischer Erzählstruktur und Motivik in Vergils *Aeneis* genügen; Vergils dichterische Technik im Umgang mit seinem Vorbild weist unübersehbare Parallelen zur Praxis unserer Sophoklesinterpolatoren auf[188]. Etwas länger verweilen will ich nur bei

182 S. Zwierlein I, 24 ff.

183 S. 35.

184 S. K. B. Frost, *Exits and Entrances in Menander* (Oxford 1988), 41.

185 S. J. Blundell, *Menander and the Monologue* (Göttingen 1980), 33 Anm. 14.

186 *Bacch.* 277 ff.

187 S. Zwierlein I, 231 ff., 271. Durch Terenz (*Ad.* 6 ff.) bezeugt, ist Plautus' Verzicht auf die Eröffnungsszene (verwendet in *Ad.* 155 ff.) in seiner Adaption von Diphilus' Συναποθνῄσκοντες.

188 Ich greife hier nur zwei besonders charakteristische Einzelstellen heraus, so etwa die Kontraktion der zweimaligen Erwähnung des unsichtbaren Odysseus in Hom. *Od.* 7, 14–17

zwei regelrechten Übersetzungen oder Nachdichtungen griechischer Vorlagen ins Lateinische, die einen direkten Vergleich mit ganz spezifischen Charakteristiken der Tragikerbearbeitung zulassen. Präzise Parallelen zu der hier in Frage stehenden Kürzungspraxis lassen sich in den Aratübertragungen Ciceros und Germanicus' beobachten. Das Streben nach variatio in der lateinischen Adaption schlägt sich in beiden Werken nicht nur in der Aufbietung einer reicheren Synonymik für häufig erwähnte Vorgänge nieder[189], wir begegnen auch der regelrechten Ausscheidung oder Kürzung von doppelt Erzähltem[190] sowie der Straffung der Erzählung im Interesse größerer Übersichtlichkeit und Folgerichtigkeit[191]. Kürzungen lassen sich auch bei Exkursen und in der ἔκφραϲιϲ beobachten[192], bei Cicero lassen sich gar Beispiele für die bei Sophokles beobachtete Schlußkürzung aufweisen[193]. Zur Illustration will ich hier eine sowohl von Cicero als auch von Germanicus auf je verschiedene Weise gekürzte Aratpassage ihren lateinischen Adaptionen gegenüberstellen:

Arat. *Phaen.* 408–430

ἀλλ' ἄρα καὶ περὶ κεῖνο Θυτήριον ἀρχαίη Νὺξ
ἀνθρώπων κλαίουϲα πόνον χειμῶνοϲ ἔθηκεν
εἰναλίου μέγα ϲῆμα· κεδαιόμεναι γὰρ ἐκείνηι
νῆεϲ ἀπὸ φρενόϲ εἰϲι, τὰ δ' ἄλλοθεν ἄλλα πιφαύϲκει
ϲήματ' ἐποικτείρουϲα πολυρροθίουϲ ἀνθρώπουϲ.
τῶι μή μοι πελάγει, νεφέων εἰλυμένον ἄλλων
εὔχεο μεϲϲόθι κεῖνο φανήμεναι οὐρανῶι ἄϲτρον,
αὐτὸ μὲν ἀνέφελόν τε καὶ ἀγλαόν, ὕψι δὲ μᾶλλον
κυμαίνοντι νέφει πεπιεϲμένον, οἷά τε πολλά
θλίβετ' ἀναϲτέλλοντοϲ ὀπωρινοῦ ἀνέμοιο·

und 39–42 in *Aen.* 1, 411–414 (vgl. G.N. Knauer, *Die Aeneis und Homer, Hypomnemata* 7 [1964], 161) oder die Beschränkung auf eine detaillierte Beschreibung der Charybdis in 3, 564–567 (3, 558–60 wird sie nur kurz erwähnt) gegenüber der doppelten Beschreibung des Ungeheuers in Kirkes Warnung (*Od.* 12, 103–107) und bei ihrem Anblick (12, 238–243), des weiteren Vergils Abbiegung der Wiederholung des Charybdisabenteuers (*Od.* 12, 426–446) in 3, 684–686 (vgl. Knauer 188ff.); ansonsten s. Knauer 153ff., 266f., 334f., 339f., passim, vgl. auch die allgemeinen Bemerkungen zu Vergils Darstellung und Komposition in R. Heinze, *Vergils epische Technik* (^{3}Leipzig–Berlin 1928), insbesondere 357ff. und 414ff. (zur Erzählung), 396ff. (zur ἔκφραϲιϲ), 424ff. (zur Disposition der Rede), 438ff.

[189] S. Leuthold 30f., Steinmetz, *Hermes* 94 (1966), 472.

[190] So läßt Cicero *Arat.* 535f., 562f. und 585 nach XXXIII 308 bzw. 343 und 363 weg, vgl. ferner Leuthold 26f., zu *Arat.* 535f. auch Soubiran im Anhang seiner Ausgabe (Paris 1972) S. 219 Anm. 15.

[191] Vgl. etwa Cic. *Arat.* XXXIII 464–469 (~ *Arat.* 679–689), dazu Ewbank 216.

[192] Vgl. insbesondere Germanicus' radikale Kürzung von *Arat.* 469–479 in Vv. 455–458, die Beschneidung des rein deskriptiven Elements unter gleichzeitiger Hervorkehrung des pathetisch-atmosphärischen Elements ist ja überhaupt eines der hervorstechendsten Merkmale der römischen Übertragungen. Vgl. ferner Leuthold 91 und 26f. (zu Cicero).

[193] *Arat.* 269–9 und 336f. werden von Cicero jeweils am Ende eines Abschnitts ausgelassen (nach *Arat.* XXXIII 71 [vgl. allerdings Ewbank 163] bzw. 119).

πολλάκι γὰρ καὶ τοῦτο νότωι ἔπι cῆμα τιτύcκει
Νύξ, αὐτὴ μογεροῖcι χαριζομένη ναύτηιcιν·
οἱ δ' εἰ μέν κε πίθωνται ἐναίcιμα cημαινούcηι
αἶψα δὲ κοῦφά τε πάντα καὶ ἄρτια ποιήcωνται,
αὔτικ' ἐλαφρότερος πέλεται πόνος· εἰ δέ κε νηΐ
ὑψόθεν ἐμπλήξηι δεινὴ ἀνέμοιο θύελλα
αὔτως ἀπρόφατος, τὰ δὲ λαίφεα πάντα ταράξηι,
ἄλλοτε μὲν καὶ πάμπαν ὑπόβρυχα ναυτίλλονται,
ἄλλοτε δ' αἴ κε Διὸς παρανιccομένοιο τύχωcιν
εὐχόμενοι, βορέω δὲ παραcτρέψηι ἀνέμοιο,
πολλὰ μάλ' ὀτλήcαντες ὅμως πάλιν ἐcκέψαντο
ἀλλήλους ἐπὶ νηΐ. νότον δ' ἐπὶ cήματι τούτωι
δείδιθι, μέχρι βορῆος ἀπ' ἀcτράψαντος ἴδηαι.

Cic. *Arat.* XXXIII 189–202 Soubiran
Hic tamen aeterno invisens loca curriculo nox
signa dedit nautis cuncti quae noscere possent,
commiserans hominum metuendos undique casus.
Nam cum fulgentem cernes sine nubibus atris
Aram sub media caeli regione locatam,
a summa parte obscura caligine tectam,
tum validis fugito devitans viribus Austrum.
Quem si prospiciens vitaveris, omnia caute
armamenta locans tuto labere per undas;
sin gravis inciderit vehementi flamine ventus,
perfringet celsos defixo robore malos,
ut res nulla feras possit mulcere procellas,
ni parte ex Aquilonis opacam pellere nubem
coeperit et subitis auris diduxerit Ara.

Germ. *Arat.* 394–413
Turibulum vicinum austris sacro igne videbis,
Arcturum contra; sed quanto tardius ille
Oceanum occasu tangit, tanto et magis artae
Turibuli metae; vix caelum suspicit, et iam
praecipiti tractu vastis demittitur undis.
Multa dedit natura homini rata signa salutis
venturamque notis cladem depellere suasit.
Inter certa licet numeres sub nocte cavenda
Turibulum, nam si sordebunt cetera caeli
nubibus obductis, illo splendente, timeto,
ne pacem pelagi solvat violentior auster.
Tunc mihi substricto spissentur cornua velo[194]

194 Zum Text s. Gain (London 1976) zur Stelle.

et rigidi emittant flatus per inane rudentes.
Quodsi deprensae turbavit lintea puppis
incubuitque sinu laxo, vel mergitur undis
prona ratis sorbetque inimicum Nerea prora,
vel si respexit servator Iuppiter, aegre
ultima persolvunt iactati vota salutis;
nec metus ante fugit, quam pars effulserit orbis,
quae Borean caelum spectantibus indicet ortum.

Ciceros Kurzfassung des Aratschen Originals darf nicht nur allgemein als Kürzung eines Exkurses gelten. Die Straffung des Gedankengangs wird erreicht durch konsequente Ausscheidung der Wiederholungen des Originals in 408–412 und 418–420 und der sparsameren ἔκφραϲιϲ bei der doppelten Erwähnung des Seesturms in 192–195 und 198–203 (~ *Arat.* 413–7 und 422b–430), wobei die Straffung des Schlußabschnitts zugleich als Beispiel für die oben erwähnte Schlußkürzung gelten darf[195]. Die verkürzende Übertragung derselben Passage durch Germanicus zielt auf ebendieselben Stilmerkmale wie die Ciceros, nur daß Germanicus in seiner Umgestaltung noch radikaler vorgeht. Er vermeidet nicht nur die Wiederholungen 408–412 und 418–420, sondern auch die doppelte Erwähnung des Seesturmes, indem er 408–417 insgesamt wegläßt und nur die inhaltlich unentbehrlichen Elemente der Partie in seine Übertragung von 418–430 in 399–413 einfließen läßt. Das von Cicero und Germanicus angewendetet Kürzungsverfahren ist dem unserer Sophoklesbearbeiter exakt vergleichbar, man denke nur an die Kürzungen der Rede Tekmessas in *Ai.* 305ff. oder des Berichts Deianeiras *Tr.* 686ff.

Eine umfassendere Betrachtung dieser und anderer Übertragungen oder Adaptionen griechischer Originale unter dem Aspekt der rhetorischen Überformung der Vorlage könnte sicherlich für die Interpolationsforschung äußerst fruchtbar sein, und natürlich könnte man dabei für expansive Interpolationspraktiken noch reichere Parallelen aufspüren als für die hier zur Diskussion stehende kürzende Bearbeitung[196]. Daß rhetorische Theorie sich direkt auch in Interpolation und Bearbeitung von Tragikertexten niedergeschlagen haben soll, ist durchaus nicht verwunderlich. Nigel Wilson hat in einem Beitrag zu schlechtbezeugten Lesun-

---

195 Dabei wird *Arat.* 429 (der springende Punkt der Passage!) bereits weiter oben in 195 wiedergegeben. Ewbank 182 fand 200–202 so weit von Arat entfernt, daß er die Echtheit der Verse anzweifelte.

196 Will man bei Aratimitationen bleiben, so denke man nur an die reiche explikative Interpolation in Avienus; zur melodramatischen Interpolation in der Tragödie bietet auch die rhetorisch-pathetische Ausgestaltung in Cicero und Germanicus eine Parallele. Selbst in einer Epitome wie der sogenannten *Ilias latina* finden sich Ausgestaltungen von Kampfszenen im Geschmack von Lucan, die als treffliche Parallele zu Tragikerinterpolationen wie e.g. *OT* 1279 angesehen werden dürfen.

gen in Sophokles[197] auf die Rolle von Dichtertexten, insbesondere der Tragödie im rhetorischen Schulbetrieb und der antiken Deklamation aufmerksam gemacht. Für die Einstellung zu und den Umgang mit diesen Texten in der Rhetorenschule ist folgende Bemerkung aus Ciceros *de Oratore*[198] instruktiv, wo Crassus von einer anscheinend durchaus weiter verbreiteten Redeübung sagt:

> In cotidianis autem commentationisbus equidem mihi adulescentulus proponere solebam illam exercitationem maxime, qua C. Carbonem nostrum illum inimicum solitum esse uti sciebam, ut aut versibus propositis quam maxime gravibus aut oratione aliqua lecta ad eum finem, quem memoria possem comprehendere, eam rem ipsam, quam legissem, verbis aliis quam maxime possem lectis, pronuntiarem.

Direkt in den Elementarunterricht in Rhetorik, der in Rom damals zu den Aufgaben des *grammaticus* gehörte, führt uns Sueton[199], wenn er von den ersten Lehrern der Rhetorik in Rom berichtet:

> Nam et dicta praeclare per omnes figuras, per casus et apologos aliter atque aliter exponere, et narrationes cum *breviter ac presse* tum latius et uberius explicare consuerant.

Den Stoff zu diesen Übungen lieferte zum guten Teil die Dichtung, insbesondere die Neue Komödie, namentlich Menander[200]; dabei wurden nicht nur eventuelle Tugenden poetischer Modelle zur Illustration rhetorischer Prinzipien herangezogen, Poesie wurde überhaupt vom formalrhetorischen Standpunkt aus gewürdigt und kritisiert. So wird etwa in Theons *Progymnasmata*[201] ein Beispiel aus Menander (Fr. 294 Körte–Thierfelder) folgendermaßen kommentiert:

> Ἐπιφωνεῖν δὲ διηγήcει ἐcτὶ τὸ καθ' ἕκαcτον μέροc τῆc διηγήcεωc γνώμην ἐπιλέγειν, τὸ δὲ τοιοῦτον οὔθ' ἱcτορίαι πρέπον ἐcτὶν οὔτε πολιτικῶι λόγωι, θεάτρωι δὲ καὶ cκήνηι μᾶλλον ἐπιτήδειον. διὸ καὶ παρὰ τοῖc τοιούτοιc ποιηταῖc ἐπιπλεῖcτόν ἐcτιν, ὡc παρὰ Μενάνδρωι πολλαχοῦ μὲν ἀλλαχόθι, καὶ ἐν ἀρχῆι δὲ τοῦ Δαρδάνου καὶ τοῦ ξενολόγου,
>
> ἀνδρὸc πένητοc υἱόc, ἐκτεθραμμένοc
> οὐκ ἐξ ὑπαρχόντων, ὁρῶν ᾐcχύνετο

[197] *Révue d'histoire des textes* 17 (1987), 1–13; vgl. auch Russell/Wilson, *Menander Rhetor* XXXIff., Russell, *PCPS* 205 (1979), 104ff.

[198] I 34, 154; nach Quintilian (*inst.* 10, 1, 27) hat bereits Theophrast den Nutzen der Lektüre poetischer Texte für den Redner hervorgehoben. Vgl. ferner G. Kennedy, *The Art of Rhetoric in the Roman World* (Princeton 1972), 312ff.

[199] *De gramm. et rhet.* 25, 8; vgl. auch Cic. *de or.* I 10 und 187; s. ferner Dihle, *AA* 23 (1977), 171f., Pfeiffer 324f.

[200] Vgl. e.g. Quintilian, *inst.* X 1, 67–71, ferner auch Herm. *Id.* II 3, 117 (S. 306 Walz, 352 Spengel).

[201] *Progymnasmata* IV 25 (S. 199 Walz, 91 Spengel).

τὸν παρέρα μίκρ' ἔχοντα· παιδευθεὶϲ γὰρ εὖ
τὸν καρπὸν εὐθὺϲ ἀπεδίδου χάριτοϲ καλόν.

ὁ γὰρ τελευταῖοϲ ϲτίχοϲ ἐκ περιττοῦ πρόκειται θηρώμενοϲ μόνον τὸν παρὰ τῶν θεατῶν ἔπαινον.

Es ist leicht vorstellbar, daß derartige Kritik Einfluß auf den Text eines Dichters genommen hat. Dabei muß ursprünglich durchaus keine Tilgungsabsicht vorgelegen haben. Eine Bemerkung wie περιττόϲ neben einen Vers an den Rand geschrieben könnte durchaus zu dessen Ausscheidung geführt haben; konnte doch gerade diese häufig anzutreffende Notiz auf ganz verschiedene Art verstanden werden, u. U. sogar als Hinweis auf mangelhafte Bezeugung[202]. Einige der Lücken, bei denen wir bewußte Tilgung eines Verses vermuteten, könnten u. U. auf diese Art entstanden sein.

Der Einfluß der formalen Rhetorik reichte jedoch über die poetische Literaturkritik hinaus und erstreckte sich auch direkt auf die poetische Produktion selbst. Rhetorische Ausbildung wurde nicht nur immer mehr zur Selbstverständlichkeit für jeden Gebildeten, ihre Unabdingbarkeit gerade auch für den Dichter wird von einem Schulmeister wie Theon ausdrücklich hervorgehoben[203]:

... ἵνα ἡμεῖϲ εἰδῶμεν, ὅτι πάνυ ἐϲτὶν ἀναγκαῖον ἡ τῶν γυμναϲμάτων ἄϲκηϲιϲ οὐ μόνον τοῖϲ μέλλουϲι ῥητορεύειν, ἀλλὰ καὶ εἴ τιϲ ἢ ποιητῶν ἢ λογοποιῶν ἢ ἄλλων τινῶν λόγων δύναμιν ἐθέλει μεταχειρίζεϲθαι.

Der Einfluß der Rhetorik gerade auch auf die Amateurdichtung, wie sie sich unter der zunehmenden Dominanz der Bildung durch die formale Rhetorik ausbreitete, ist bekannt[204]. Interpolation und Bearbeitung dürfen in gewissem Sinne als Amateurdichtung gelten, und insbesondere die Interpolation von Lesetexten könnte durchaus einmal im Zusammenhang hellenistischer und spätantiker Amateurdichtung behandelt werden.

Inwieweit wir mit reinen Leseinterpretationen aus später Zeit in unserem Sophoklestext zu rechnen haben, wird im folgenden Abschnitt noch zu besprechen sein, und es soll vorgreifend bereits angedeutet werden, daß dem Einfluß der Bühne in der Interpolation dramatischer Texte trotz

---

202 S. S. 33.

203 *Progymnasmata* II 9 (S. 168 Walz, 70 Spengel).

204 Vgl. D'Alton 450 ff., vgl. auch Barwick, *Hermes* 63 (1928), 282 ff.; Hooker, *Greece and Rome* 7 (1960), 151 ff. Ein Amateurpoet des zweiten nachchristlichen Jahrhunderts rühmt sich gar in seinem Epitaph: *Ne more pecoris otio transfungerer/ Menandri paucas vorti scitas fabulas/ et ipsus etiam sedulo finxi novas* (97, 1–3 Bücheler). Zur dramatischen Produktion römischer Dilettanten vgl. auch Plinius *Ep.* 6, 21. Einen Eindruck von der griechischen Produktion vermitteln insbesondere zahlreiche Oxyrhynchuspapyri mit Amateurprodukten; der letzte spektakuläre Fund ist die von P. J. Parsons veröffentlichte Elegie P. Oxy. 3723 in P. Oxy. 54 (1987), 58 ff.

wohlbegründeter Opposition einzelner im allgemeinen Bewußtsein immer noch ein viel zu hoher Rang eingeräumt wird. Es liegt jedoch auf der Hand, daß viele der im vorigen besprochenen Bearbeitungen gerade vom Standpunkt einer Bühnenbearbeitung aus sinnvoll erscheinen, und zumindest für tiefergreifende Eingriffe in Dialog- und Handlungsführung oder gar die systematische Umarbeitung eines Stücks, wie sich das für die *Trachinierinnen* vermuten läßt, wird man doch eher die Bühne und damit im wesentlichen die früheste Überlieferungsphase verantwortlich machen. Es erscheint deshalb sinnvoll, die zunächst aus der rhetorischen Spätzeit belegten stilkritischen Maßstäbe zu ihren Ursprüngen hin zurückzuverfolgen, bevor wir uns der Frage nach der Datierbarkeit der im vorigen Abschnitt behandelten Bearbeitungen und ihrem Weg in unseren Text zuwenden.

Daß sich die antike Stilkritik in Dichtung und Rhetorik im wesentlichen in denselben Bahnen bewegt, hängt nicht zuletzt damit zusammen, daß im Verhältnis zwischen Dichtung und Rhetorik erstere zunächst durchaus der gebende Partner war. Doch darf man bereits ab dem vierten Jahrhundert mit einem zunehmenden Einfluß auch der Rhetoriktheorie und der Schulrhetorik auf die dichterische Praxis selbst rechnen, und auch die Ursprünge der oben besprochenen Deklamationspraxis reichen wahrscheinlich bereits in diese Zeit zurück[205]. Was die Tragödie angeht, so denkt man zunächst an Dichter wie Aphareus, Astydamas und Theodektes, die sich teilweise auch als Redner betätigten und bei Isokrates gelernt haben sollen[206]. Ja selbst ohne explizite Evidenz ist es a priori einigermaßen wahrscheinlich, daß zumindest ab dem vierten Jahrhundert jeder literarisch Tätige, mithin Dichter und auch bearbeitende Schauspieler ein gewisses Maß an rhetorischer Bildung besaß, und was die Schauspielerzunft anbelangt, so bedarf es ja kaum eines Hinweises auf einen Mann wie Aeschines, um dies zu belegen. Die Voraussetzungen für einen Einfluß der Rhetorik auf die Bearbeitungspraxis waren von Anfang an gegeben.

Dionysios von Halikarnass sucht sich zwar, und dies nicht ganz zu Unrecht, gerade Isokrates für seine Kritik an mangelnder Knappheit aus, doch geht cυντομία als eine der Kardinaltugenden der διήγηcιc sicherlich zumindest bis in die Schule des Isokrates, höchstwahrscheinlich sogar

---

205 S. *Rhet. Alex.* 1436a 23ff.; vgl. auch M. Winterbottom, *Roman Declamation* (Bristol 1980), 10f.; bereits Papyri aus dem dritten nachchristlichen Jahrhundert enthalten Imitationen klassischer attischer Redner, s. K. Jander, *Oratorum et rhetorum fragmenta nuper reperta* (Bonn 1913), 31; die entscheidende Rolle der μίμηcιc literarischer Vorbilder in der späteren Rhetorik hat ihre Wurzeln ja bereits in der Schule des Isokrates, vgl. Isocr. *Soph.* 18.

206 Vgl. *TrGF* 73 T 1–6, 59 T 1, 72 T 1, 5–8, 10–12; zum Einfluß der Rhetorik auf die Tragödie des vierten Jahrhunderts vgl. auch G. Xanthakis-Karamanos 59ff.

noch weiter zurück[207]. In Platos *Phaedrus* tadelt Sokrates an Lysias' Rede über den Eros, daß er δὶϲ καὶ τρὶϲ τὰ αὐτὰ εἰρηκέναι (*Phaedr.* 235 a 4). Er wirft diese Aussage ohne jeden weiteren Kommentar oder Beleg aus dem Text ins Gespräch. Dabei ist es gar nicht leicht, Sokrates' Vorwurf in der von ihm formulierten Weise konkret im Text festzumachen. Phaedrus weist Sokrates' Kritik an Lysias zurück, protestiert jedoch nicht gegen Sokrates' Vorwurf der Weitschweifigkeit; im Gegenteil, er behauptet, daß gerade in der vollständigen Abdeckung des Themas und der Ausdrucksfülle die entscheidende Tugend der lysianischen Kunst liege[208]. Man gewinnt den Eindruck, daß hier ein Punkt angesprochen wird, der in der Sprach- und Literaturkritik der Zeit geläufig und ohne weiteres verständlich war.

In der Diskussion sophistischer rhetorischer Technik am Ende des Dialogs kommt Sokrates dann auch im Zusammenhang mit den μουϲεῖα λόγων des Polos auf etwas zu sprechen, was er διπλαϲιολογία nennt (*Phaedr.* 267 c 1). Damit ist sicher die sonst eher als διλογία bezeichnete Doppelung von Synonymen gemeint, der wir bereits im Dichterwettstreit in Aristophanes' *Fröschen* begegnen[209]. In seiner Kritik der aeschyleischen Prologe wirft Euripides dem dritten Vers des Prologs der *Choephoren*

ἥκω γὰρ ἐϲ γῆν τήνδε καὶ κατέρχομαι

die Tautologie ἥκω/ κατέρχομαι vor (*Ran.* 1155 ff.):

Ευ. δὶϲ ταὐτὸν ἡμῖν εἶπεν ὁ ϲοφὸϲ Αἰϲχύλοϲ.
Δι. πῶν δίϲ;
Ευ. ϲκόπει τὸ ῥῆμ'· ἐγὼ δέ ϲοι φράϲω.
ἥκω γὰρ ἐϲ γῆν, φηϲί, καὶ κατέρχομαι·
ἥκω δὲ ταὖτόν ἐϲτι τῶι κατέρχομαι.

Aeschylus bestreitet das natürlich und dabei erweist sich der Vertreter altväterlicher Sitte amüsanterweise als gelehriger Schüler des Prodikos und macht auf den feinen Unterschied in der Bedeutung der beiden

---

207 Vgl. Quintilian, *inst.* 4, 2, 31; s. ferner Navarre, *Essai sur la rhétorique grecque avant Aristote* (Paris 1900), 246; M. Sheehan, *De fide artis rhetoricae Isocrati tributae* (Diss. Bonn 1901), 27, 37; P. Wendland, *Anaximenes von Lampsakos* (Berlin 1905), 39 und unten Anm. 216. Die bei den Rednern geläufige Formel ὡϲ (ἂν δύνωμαι) διὰ βραχυτάτων u. ä. (vgl. e. g. Lys. 12, 62; 16, 9; Dem. 23, 102; 27, 3; 40, 5) ist bereits bei Antiphon (1, 18) vorgeprägt, freilich eingebettet in eine *praeteritio*.

Auch die Forderung nach Einhaltung der rechten Reihenfolge in der *narratio* mag auf Isokrates zurückgehen, vgl. Planudes zu Herm. *Id.* V 469, 19 ff. Walz.

208 τῶν γὰρ ἐνόντων ἀξίωϲ ῥηθῆναι ἐν τῶι πράγματι οὐδὲν παραλέλοιπεν, ὥϲτε παρὰ τὰ ἐκείνωι εἰρημένα μηδέν' ⟨ἄν⟩ ποτε δύναϲθαι εἰπεῖν ἀλλὰ πλείω καὶ πλείονοϲ ἄξια (*Phaedr.* 235 b 2–5).

209 S. Radermacher zu Ar. *Ran.* 1155 ff.

Verben aufmerksam. Dem nächsten Vers, den er aus demselben Prolog zitiert, geht es allerdings nicht besser (*Ran.* 1172 ff.):

Αι. τύμβου δ' ἐπ' ὄχθωι τῶιδε κηρύϲϲω πατρὶ
κλύειν, ἀκοῦϲαι.
Ευ. τοῦθ' ἕτερον αὖ δὶϲ λέγει,
κλύειν, ἀκοῦϲαι, ταὐτὸν ὂν ϲαφέϲτατα.

Von seinen eigenen Prologen dagegen behauptet Euripides (*Ran.* 1178 f.):

κἄν που δὶϲ εἴπω ταὐτόν, ἢ ϲτοιβὴν ἴδηιϲ
ἐνοῦϲαν ἔξω τοῦ λόγου, κατάπτυϲον.

Damit geht er über seine Kritik an der Wiederholung von Synonymen hinaus. Er verlangt, in einem erzählenden(!) Prolog, überhaupt Beschränkung auf das für die Sache Wesentliche. Wenn er dabei das Ausfüllen des Verses (ϲτοιβή) durch sinngemäß entbehrliche Elemente (ἔξω τοῦ λόγου) ablehnt, so erinnert dies ganz spezifisch an Dionysios Kritik an Isokrates' Aufblähung der Periode im Interesse des Wohlklangs und des Rhythmus[210].

In Lysias' oben erwähnter Erosrede im *Phaedrus* kann sich Sokrates' Kritik nicht auf die Wiederholung von Synonymen richten. Dies kommt in Lysias' Rede nicht vor. Sokrates' Vorwurf des δὶϲ καὶ τρὶϲ τὰ αὐτὰ λέγειν kann sich nicht auf die penetrante zweigliedrige, meist antithetische Periodenbildung richten[211], und in der Tat wird dieses berüchtigte Stilmerkmal gorgianischer Rhetorik bereits von Aristophanes in den *Ekklesiazusen* karikiert (*Eccl.* 171–240). Lysias' pueriles Bemühen, ταὐτὰ ἑτέρωϲ τε καὶ ἑτέρωϲ λέγων ἀμφοτέρωϲ εἰπεῖν ἄριϲτα ist sozusagen gedankliche διπλαϲιολογία. Sokrates spielt hier mit Kriterien sophistischer Rhetoriktheorie und macht sie in echt sokratischer Ironie seinen philosophischen Intentionen nutzbar. Ihm geht es eigentlich um das Versagen Lysias' im Inhaltlichen. Die gedankliche Leere des lysianischen Textes hinter dem rhetorischen Wortgeklingel versucht er zu entlarven, indem er sich auf den Standpunkt einer strikten Ökonomie im Ausdruck stellt. Phaedrus vertritt das entgegengesetzte Ideal: vollständige Erfassung des Themas in jedem Aspekt. Beiden Standpunkten begegnen wir in sophistischer Schulrhetorik als den beiden extremen Möglichkeiten sprachlicher Gestaltung, die der perfekte Redner beide zu beherrschen hat[212]. Die An-

---

[210] S. oben S. 63.

[211] Vgl. etwa in Lysias' Rede 230 e ff.: οὐ γὰρ ὑπ' ἀνάγκηϲ, ἀλλ' ἑκόντεϲ (231 a), οὐ τὴν παροῦϲαν ἡδονήν ... ἀλλὰ καὶ τὴν μέλλουϲαν ὠφελίαν ..., οὐχ ὑπ' ἔρωτοϲ ἡττώμενοϲ ἀλλ' ἐμαυτοῦ κρατῶν, οὐδὲ διὰ ϲμικρὰ ἰϲχυρὰν ἔχθραν ἀναιρούμενοϲ ἀλλὰ διὰ μεγάλα βραδέωϲ ὀλίγην ὀργὴν ποιούμενοϲ κτλ. (233 b/c).

[212] Nach *Phaedr.* 267 a/b (vgl. auch 268 c 5 ff.) haben bereits Teisias und Gorgias ϲυντομίαν τε λόγων καὶ ἄπειρα μήκη περὶ πάντων gelehrt (vgl. W. Süss, *Ethos, Studien zur griechischen Rhetorik* [Leipzig-Berlin 1910], 23 f.); auf derartige rhetorische Praxis spielt wohl bereits E. *Or.* 640 f. an (der Gedanke ist bereits bei Homer *Il.* 3, 213 ff. vorgeprägt); vgl.

tithese schlichter – gezierter Stil trägt ganz dieselben Züge wie die anfangs zitierte Kritik des Dionysios an Isokrates. Abgelehnt werden vom Advokaten der Schlichtheit allzu große Ausführlichkeit im Interesse vermeintlicher Klarheit, allzu große Konzessionen an Wohlklang und symmetrische Periodenbildung[213], die als repetitiv und tautologisch empfunden wird.

In diesem Zusammenhang sei an Aristoteles' Bemerkung in seiner Stillehre im dritten Buch der *Rhetorik*[214] erinnert, wo Asyndeton und τὸ πολλάκις τὸ αὐτὸ λέγειν für die γραφικὴ λέξις abgelehnt werden; in der λέξις ἀγωνιστικὴ sei dies jedoch wegen der prominenten Rolle der ὑπόκρισις in diesem Genus tragbar. Aristoteles' Unterscheidung von γραφικὴ und ἀγωνιστικὴ λέξις wird in Parallele zur dramatischen Dichtung entwickelt[215] und bezeugt eine geschärfte Sensibilität für die spezifischen Bedürfnisse des dramatischen Metiers bis hin zur Diktion. Entsprechend den höheren stilistischen Anforderungen an einen nicht durch ὑπόκρισις unterstützten Text empfiehlt Aristoteles in der *Poetik* (1460 b 2–4) dem Dichter Sorgfalt in der Diktion besonders ἐν τοῖς ἀργοῖς μέρεσιν des Stücks walten zu lassen.

Auch die oben angeführten Forderungen an die Disposition des Stoffes lassen sich zumindest bis ins vierte Jahrhundert zurückverfolgen. Aristoteles' Behandlung von Exkursen in der Dichtung[216] scheint rhetorische Theorie vorauszusetzen, die in Umrissen der insbesondere bei Lukian zum Ausdruck kommenden Anschauung entsprochen haben dürfte. Insbesondere die Forderung nach organischem Aufbau ist bereits in Platos *Phaedrus*[217] nachweisbar, und sie ist natürlich gerade für die aristotelische *Poetik* zentral.

---

ferner Pl. *Prot.* 334 e, 335 b mit Platons Parodie der präzisen, knappen Redeweise des Prodikos in Gegenüberstellung zu Hippias' Grandiloquenz in 337 a ff. und *Gorg.* 449 b/c mit Dodds Kommentar zur Stelle, *Rhet. Alex.* 1434 b; zum Weiterwirken dieses Gedankens in der Schulrhetorik vgl. die oben S. 75 zitierte Bemerkung Suetons (*gramm. et rhet.* 25, 8).

213 … ἀλλ' οὐκ ἐκείνηι μόνον (sc. δεῖ τὸν λόγον ἐπαινηθῆναι), ὅτι σαφῆ καὶ στρογγύλα, καὶ ἀκριβῶς ἕκαστα τῶν ὀνομάτων ἀποτετόρνευται (*Phaedr.* 234 e 7 f.).

214 Arist. *Rhet.* 1413 b 3 ff.; vgl. auch Aquila Romanus 30 (S. 31, 23 Halm).

215 ἔστι δὲ λέξις γραφικὴ μὲν ἡ ἀκριβεστάτη, ἀγωνιστικὴ δὲ ἡ ὑποκριτικωτάτη. ταύτης δὲ δύο εἴδη· ἡ μὲν γὰρ ἠθική, ἡ δὲ παθητική. δίο καὶ οἱ ὑποκριταὶ τὰ τοιαῦτα τῶν δραμάτων διώκουσι, καὶ οἱ ποιηταὶ τοὺς τοιούτους. βαστάζονται δὲ οἱ ἀναγνωστικοί, οἷον Χαιρήμων (ἀκριβὴς γὰρ ὥσπερ λογογράφος) καὶ Λικύμνιος τῶν διθυραμβοποιῶν. Vgl. dazu D'Alton 70 f.

216 *Poet.* 1459 a 35 ff., vgl. auch *Rhet.* III 14 und Isokrates' vorsichtige Entschuldigung für seine kleine Digression in der Einleitung zu seinem *Panegyricus* (12); vgl. ferner Heath 32 ff.

217 ἀλλὰ τόδε γε οἶμαί σε φάναι ἄν, δεῖν πάντα λόγον ὥσπερ ζῷον συνεστάναι σῶμά τι ἔχοντα αὐτὸν αὑτοῦ, ὥστε μήτε ἀκέφαλον εἶναι μήτε ἄπουν, ἀλλὰ μέσα τε ἔχειν καὶ ἄκρα πρέποντα ἀλλήλοις καὶ τῶι ὅλωι γεγραμμένα (*Phaedr.* 264 c 2–5). Vgl. auch Sicking, *Mnemosyne* 16 (1963), 225 ff.; C. O. Brink, *Horace on Poetry* II (Cambridge 1972), 77 ff., Heath 12 ff.

Das Streben nach Vermeidung von Bombast, wie es sich in der Streichung der Eingangsverse der Phoenissen und Sophokles' *Elektra* manifestiert, haben wir bereits in einigen zum Teil nur wenig später als ihr Vorbild verfaßten Imitationen des Phoenissenprologs zu erkennen geglaubt. Hier ist es überhaupt unnötig, auf rhetorische Literatur der Spätzeit zurückzugreifen, um die spezifischen Angriffspunkte dieser Verse aus der antiken Stilkritik zu illustrieren. Der gerade für *Phoen.* 1–3 entscheidende Punkt wird bereits in Aristoteles' Kritik am Bombast sophistischer Rhetorik zu Beginn des dritten Buches seiner *Rhetorik* angesprochen. Der poetisierende Stil des Alkidamas wird als ψυχρὸϲ getadelt (1406 a 18 ff.): οὐ γὰρ ὡϲ ἡδύϲματι χρῆται, ἀλλ' ὡϲ ἐδέϲματι τοῖϲ ἐπιθέτοιϲ οὕτω πυκνοῖϲ καὶ μείζοϲι καὶ ἐπιδήλοιϲ, οἷον οὐχ ἱδρῶτα, ἀλλὰ τὸν ὑγρὸν ἱδρῶτα; καὶ οὐκ εἰϲ Ἴϲθμια, ἀλλ' εἰϲ τὴν τῶν Ἰϲθμίων πανήγυριν, καὶ οὐχὶ νόμουϲ, ἀλλὰ τοὺϲ τῶν πόλεων βαϲιλεῖϲ νόμουϲ ... καὶ οὐχὶ μουϲεῖον, ἀλλὰ τὸ τῆϲ φύϲεωϲ παραλαβὼν μουϲεῖον, καὶ ϲκυθρωπὸν τὴν φροντίδα τῆϲ ψυχῆϲ κτλ. Nicht nur die Kritik an zu großer Häufigkeit (πυκνοῖϲ) der Epitheta, auch die an zu langen (μείζοϲι) und tautologischen (ἐπιδήλοιϲ) Epitheta oder attributiven Bestimmungen trifft die Eingangsverse der *Phoenissen* (ἄϲτροιϲ οὐρανοῦ, χρυϲοκολλήτοιϲιν). Die Kritik an poetischen Umschreibungen wie τὴν τῶν Ἰϲθμίων πανήγυριν u. ä. trifft auch τοῦ ϲτρατηγήϲαντοϲ ἐν Τροίαι ποτὲ (Ἀγαμέμνονοϲ) im ersten Vers der *Elektra.* Derartiger ὄγκοϲ am unrechten Ort wird später von Demetrius gerade anhand eines Sophoklesfragments getadelt[218].

Gerade in der Dichtungskritik läßt sich das im Attizismus zum Dogma erstarrte Stilideal der Schlichtheit und Natürlichkeit sehr weit zurückverfolgen. Die offenkundige Entwicklung des tragischen Sprechverses von archaischem Grandeur zur größeren Schlichtheit und Annäherung an die zeitgenössische Umgangssprache ist natürlich bereits der antiken Literaturkritik aufgefallen. Aristoteles etwa sieht diese Entwicklung in einer Linie mit dem Übergang vom trochäischen zum iambischen Vers als das dem natürlichen sprachlichen Ausdruck nächststehenden Maß[219]. Hauptvertreter des natürlichen Stils ist selbstverständlich Euripides[220]. Die Entwicklung zu größerer Schlichtheit glaubte man auch innerhalb der dichterischen Laufbahn des Sophokles beobachten zu können. Von einigem

---

218 *Eloc.* 114 (s. Anm. 234). Daß zuweilen auch Sophokles als Beispiel für Obskurität und Manierismus herhalten mußte, beweist Antiphanes' Ἀγροικὸϲ (fr. 1 Kock), wo der Koch seine poetischen Höhenflüge mit τραγωιδίαν περαίνω Σοφοκλέυϲ umschreibt (vgl. S. F 754 Radt), vgl. dazu Nesselrath 246 Anm. 15.

219 οὐδὲ γὰρ οἱ τὰϲ τραγωιδίαϲ ποιοῦντεϲ ἔτι χρῶνται τὸν αὐτὸν τρόπον, ἀλλ' ὥϲπερ καὶ ἐκ τῶν τετραμέτρων εἰϲ τὸ ἰαμβεῖον μετέβηϲαν διὰ τὸ τῶι λόγωι τοῦτο τῶν μέτρων ὁμοιότατον εἶναι τῶν ἄλλων, οὕτω καὶ τῶν ὀνομάτων ἀφείκαϲιν ὅϲα παρὰ τὴν διάλεκτόν ἐϲτιν, οἷϲ οἱ πρῶτοι ἐκόϲμουν, καὶ ἔτι νῦν οἱ τὰ ἑξάμετρα ποιοῦντεϲ (*Rhet.* 1404 a 29 ff.).

220 κλέπτεται δ' εὖ, ἐάν τιϲ ἐκ τῆϲ εἰωθυίαϲ διαλέκτου ἐκλέγων ϲυντίθηι· ὅπερ Εὐριπίδηϲ ποιεῖ καὶ ὑπέδειξε πρῶτοϲ (*Rhet.* 1404 b 24 f.).

Interesse ist hier das von Plutarch (*Mor.* 79b) Sophokles selbst in den Mund gelegte Wort über seine eigene Entwicklung:

ὥcπερ γὰρ ὁ Σοφοκλῆc ἔλεγε τὸν Αἰcχύλου διαπεπαιχὼc ὄγκον, εἶτα τὸ πικρὸν καὶ κατάτεχνον τῆc αὑτοῦ καταcκευῆc, τρίτον ἤδη τὸ τῆc λέξεωc μεταβάλλειν εἶδοc, ὅπερ ἠθικώτατόν ἐcτι καὶ βέλτιcτον, οὕτωc οἱ φιλοcοφοῦντεc, ὅταν ἐκ τῶν πανηγυρικῶν καὶ κατατέχνων εἰc τὸν ἁπτόμενον ἤθουc καὶ πάθουc λόγον καταβῶcιν, ἄρχονται τὴν ἀληθῆ προκοπὴν καὶ ἄτυφον προκόπτειν.

Bowra[221] hat Ions 'Επιδημίαι als Plutarchs Quelle vermutet. Selbst wenn dies zutrifft, so ist kaum feststellbar, ob Ion sich dabei tatsächlich auf authentische Dichterworte bezogen hat. Es ist ebenso unklar, inwieweit Plutarch seine Quelle korrekt wiedergibt, denn es ist unbezweifelbar, daß er oder sein Gewährsmann Ions Aussage in das Gewand hellenistischer Rhetorik kleidet. Wahrscheinlich ist gar die Feststellung einer Entwicklung von Sophokles' Stil nicht mehr als ein literaturkritisches Klischee[222]. Es ist angesichts der Beschränktheit unserer Kenntnis des sophokleischen Werkes sinnlos, angesichts des Fehlens einer gesicherten Chronologie geradezu kindisch, diese Aussage als bare Münze zu nehmen und auf erhaltene Dramen des Sophokles anzuwenden. Wenn Bowras Verdacht auf Ion als Quelle jedoch richtig ist, dann sind diese Worte nichtsdestoweniger ein beachtenswertes Zeugnis für die zeitgenössische Würdigung von Sophokles' Stil. Die Tatsache, daß solch ein Urteil sich anscheinend mühelos in spätere rhetorische Terminologie übersetzen ließ, dokumentiert einmal mehr die Kontinuität antiken literarischen Urteils und Geschmacks.

Die berühmteste Darstellung des stilistischen Gegensatzes archaischer Pomp-moderne Schlichtheit ist selbstverständlich Aristophanes' Gegenüberstellung der archaischen Tragödie des Aeschylus und der verfeinerten Urbanität des Euripides in den *Fröschen*[223]. Euripides behauptet da, die von Aeschylus ererbte Tragödie folgendermaßen umgestaltet zu haben (*Ran.* 939ff.):

ἀλλ' ὡc παρέλαβον τὴν τέχνην παρὰ coῦ τὸ πρῶτον εὐθὺc
οἰδοῦcαν ὑπὸ κομπαcμάτων καὶ ῥημάτων ἐπαχθῶν,
ἴcχνανα μὲν πρώτιcτον αὐτὴν καὶ τὸ βάροc ἀφεῖλον
ἐπυλλίοιc καὶ περιπάτοιc καὶ τευτλίοιcι λευκοῖc,
χυλὸν διδοὺc cτωμυλμάτων, ἀπὸ βιβλίων ἀπηθῶν ...

221 *Problems in Greek Poetry* (Oxford 1953), 108ff.; vgl. dazu die Korrekturen und Ergänzungen in H. Lloyd-Jones' Rezension in *JHS* 25 (1955), 158f. (= *Academic Papers* II [Oxford 1990], 364f.) und die folgende Anmerkung. Zu Ions 'Επιδημίαι auch Dover, *The Greeks and their Legacy* II, 6ff.

222 Vgl. Lefkowitz 1984, 148 mit Anm. 17, die Ion als Quelle der Anekdote ablehnt.

223 Vgl. auch *Nub.* 1367 mit Dover zur Stelle.

Das „Entschlacken“ (ἰϲχναίνειν) der „aufgeblähten“ (οἰδοῦϲαν) Redeweise ist zu einem Schlagwort der puristischen Rhetorik geworden, ebenso wie die λεπτότηϲ, deren Euripides weiter unten rühmt, zum Leitwort der neuen alexandrinischen Dichtung[224]. Inwieweit Aristophanes in seiner ‚Terminologie‘ von etablierter rhetorischer Theorie abhängt, ist dabei von untergeordneter Bedeutung. Wenn Euripides den archaischen Pomp der aeschyleischen Sprache und dessen ungeschickte Komposition aufs Korn nimmt, so reflektiert dies jedenfalls modernen Zeitgeschmack. Natürlichkeit und Schlichtheit der euripideischen Sprache werden von der antiken Stilkritik stets lobend hervorgehoben, und diesen Aspekt seiner Kunst wollte auch Aristophanes gewiß positiv gewürdigt wissen.

Kritisiert wird an Euripides sein gelegentliches Abgleiten in einen manierierten Stil[225]. Insbesondere seine überladene, am jüngeren Dithyrambus orientierte Lyrik wird von Aristophanes immer wieder karikiert[226]. Was die Sprechpartien anbelangt, so werden besonders die aufgeblähten Anredeformeln parodiert. Aristophanes’ Parodie von E. *Med.* 1121 haben wir oben bereits erwähnt[227]. Die Auftrittsformel des tragischen Boten erscheint auch sonst häufig in Aristophanes’ Paratragodia[228]. Besonders aufschlußreich ist Aristophanes’ Parodie einer euripideischen Botenszene in den *Thesmophoriazusen*. Kleisthenes tritt mit den Worten auf:

φίλαι γυναῖκεϲ ξυγγενεῖϲ τοὐμοῦ τρόπου·
ὅτι μὲν φίλοϲ εἴμ’ ὑμῖν, ἐπίδηλοϲ ταῖϲ γνάθοιϲ·
γυναικομανῶ γὰρ προξενῶ θ’ ὑμῶν ἀεί.
καὶ νῦν ἀκούϲαϲ πρᾶγμα περὶ ὑμῶν μέγα
ὀλίγωι τι πρότερον κατ’ ἀγορὰν λαλούμενον,
ἥκω φράϲων τοῦτ’ ἀγγελῶν θ’ ὑμῖν, ἵνα
ϲκοπῆτε καὶ τηρῆτε μὴ καὶ προϲπέϲηι
ὑμῖν ἀφάρκτοιϲ πρᾶγμα δεινὸν καὶ μέγα.

Der leere Formalismus und die inhaltliche Irrelevanz der Anredeformel wird wie auch in der Medeaparodie in den Vögeln dadurch unterstrichen,

---

224 S. Pfeiffer 173 mit Anm. 96. W. Wimmel, *Kallmachos in Rom, Hermes Einzelschriften* Heft 16 (Wiesbaden 1960), 115 Anm. 1.

225 Etwa Dionysios von Halikarnass in *de imit.* VI, 423, wo er über Euripides im Vergleich mit Sophokles sagt: καὶ Σοφοκλῆϲ μὲν οὐ περιττὸϲ ἐν τοῖϲ λόγοιϲ, ἀλλ’ ἀναγκαῖοϲ· ὁ δὲ Εὐριπίδηϲ πολὺϲ ἐν ταῖϲ ῥητορικαῖϲ εἰϲαγωγαῖϲ· καὶ ὁ μὲν ποιητικόϲ ἐϲτιν ἐν τοῖϲ ὀνόμαϲι, καὶ πολλάκιϲ ἐκ πολλοῦ τοῦ μεγέθουϲ εἰϲ διάκενον κόμπον ἐκπίπτων, οἷον εἰϲ ἰδιωτικὴν παντάπαϲιν ταπεινότητα κατέρχεται· ὁ δὲ οὔτε ὑψηλόϲ ἐϲτιν οὔτε μὴν λιτόϲ, ἀλλὰ κεκραμένηι μεϲότητι τῆϲ λέξεωϲ κέχρηται. Mit ὁ μὲν muß Euripides gemeint sein, obwohl korrekter sprachlicher Ausdruck auf Sophokles weisen würde. Die Überlieferung gibt unten tatsächlich auch ὁ δὲ Εὐριπίδηϲ οὔτε κτλ., doch tilgen Usener/Radermacher Εὐριπίδηϲ in ihrer Aussage (Leipzig 1904) zu Recht.

226 Zum Weiterwirken der Lyrikparodie in der μέϲη s. Nesselrath 245 ff.

227 S. oben S. 30.

228 Die entsprechenden Passagen sind zusammengestellt und besprochen bei Rau 144 f.

daß die Anrede als selbständiger Ausruf steht. Dem wird die Krone aufgesetzt, indem diese Anrede dann auch noch in einem folgenden Kausalsatz erklärt wird. 577–9 dürfen mit ihrer Häufung von ungeschickt um das Prädikat herum plazierten Partizipien geradezu als Kommentar zu *Phoen.* 1–3 gelten. Auch der *διλογία* begegnen wir gleich in zwei aufeinanderfolgenden Versen (579–80). Der Finalsatz 579–81 wiederholt die Aussage des Hauptsatzes; die Identität des Inhalts wird durch Wortanklänge wie πρᾶγμα ... μέγα (577)/ πρᾶγμα δεινὸν καὶ μέγα (581) und die penetrante Wiederholung von ὑμῖν bzw. ὑμῶν hervorgehoben. Dies illustriert ganz besonders Tilgungen wie die zu Beginn der Untersuchung diskutierten dokumentarischen Fälle E. *Phoen.* 1073 ff. und *Med.* 722 ff.

Am Anfang der *Ekklesiazusen* leitet folgende Anrede eine Parodie eines erzählenden Euripidesprologs ein:

Ὦ λαμπρὸν ὄμμα τοῦ τροχηλάτου λύχνου
κάλλιςτ' ἐν εὐςτόχοιςιν ἐξηυρημένον·

Wieder steht die Anrede als selbständiger Aussagesatz. Der Bombast der beiden vollen Verse wirkt durch die Anwendung auf das alltägliche Sujet um so deplazierter[229]. Die Stelle kommt dabei den Eröffnungsversen der *Phoenissen* nahe genug, daß es sich u. U. um eine Anspielung gerade auf diesen Prologanfang handeln könnte[230]. Damit wäre nicht nur die Echtheit von *Phoen.* 1–2 endgültig bewiesen, dies wäre neben *Med.* 1121 dann der zweite Fall, wo ein von Aristophanes verspotteter Vers einer antiken Tilgung zum Opfer gefallen wäre.

In diesem Zusammenhang ist auch Aristophanes' (*Ran.* 1298 ff.) Kritik an der syntaktischen Einförmigkeit und dramatischer Irrelevanz euripideischer erzählender Prologe zu erwähnen, die doch hauptsächlich hinter dem vieldiskutierten Witz des Aeschylus mit ληκύθιον ἀπώλεςεν stecken muß[231], selbst wenn dabei auch obszöne Untertöne mitschwingen[232]. Im übrigen hat Aristophanes nicht nur Spott über den narrativen Prolog des Euripides ergossen, er hat auch in seiner Dichtung, etwa in der exponierenden Prologrede des Strepsiades in den *Wolken*, selbst ein positives Beispiel für lebhafte dramatische Gestaltung der Prologerzählung geboten[233]. Dabei weist er geradezu auf die Technik Menanders in der Neuen

---

[229] Aristophanes' Parodie nimmt implizit Theophrasts klassische Definition der ψυχρότης vorweg: ὁρίζεται δὲ τὸ ψυχρὸν Θεόφραςτος οὕτως, ψυχρόν ἐςτι τὸ ὑπερβάλλον τὴν οἰκείαν ἀπαγγελίαν, οἷον ἀπυνδάκωτος οὐ τραπεζοῦται κύλιξ (S. F 611 Radt), ἀντὶ τοῦ ἀπύθμενος ἐπὶ τραπέζης κύλιξ οὐ τίθεται· τὸ γὰρ πρᾶγμα ςμικρὸν ὂν οὐ δέχεται ὄγκον λέξεως (Dem. *eloc.* 114; vgl. auch 119).

[230] Zur Angabe der Scholien (VT) zum Vorbild der Stelle s. D. Del Cornos Kommentar (Fondazione Lorenzo Valla 1989) zur Stelle.

[231] Vgl. Stanford zur Stelle.

[232] Vgl. Whitman, *HSCP* 73 (1969), 109 ff.; Griffith, *CPh* 74 (1970), 43 f.

[233] Vgl. Dover zur Stelle (S. 91) und *Aristophanic Comedy* (London 1972), 54.

Komödie voraus, auf die wir im folgenden gleich zu sprechen kommen werden.

Ein interessantes Dokument für die Entwicklung der erzählenden Prologform in der Komödie stellt ein zuerst von Kaibel[234] edierter Straßburger Papyrus des ersten nachchristlichen Jahrhunderts dar. Er enthält ein substantielles Fragment eines Komödienprologs (Adesp. nov. 252 Austin) in dem der Dichter in der sonst vor allem aus Terenz bekannten Manier durch die Prologfigur über seine Kunst spricht:

]ε μακρολόγοc θε[όc
α]κούονταc λάβηι.
]άρωc πειρωμένουc
]ο πρῶτον, ὃν τρόπον
]καὶ τὸ δεύτερον πά[λι]ν.
]ταίου δὲ καὶ τὰc αἰτίαc
κὰι τὰc ἀπ]οδείξειc· ἐξ ἀνάγκηc γίνεται
.......].ἀγκωνιcαμένοιc ῥῆcιν λέγειν
μακράν, ὀ]χληράν, ἐκδιδάcκονταc cαφῶc
κακτιθεμ]ένουc καθ' ἕκαcτον ὧν εὖ οἶδ' ὅτι
οὐθεὶc με]μάθηκεν οὐθέν, ἀλλὰ τοῦθ' ὁρᾶι,
.......]cιν. ὑμᾶc δ' ἐξ ἀνάγκηc βούλομαι
......ν]οῆcαι κτλ.

In dieser Kritik an übermäßig langen, geschwätzigen Prologreden, die den Zuschauer zum Einschlafen bringen[235] begegnen wir nun zum wiederholten Male den wohlbekannten Elementen: Kritik an zu großer Ausführlichkeit im Interesse der Deutlichkeit (ἐκδιδάcκονταc cαφῶc κακτιθεμένουc καθ' ἕκαcτον) und am „ab ultimo repetere" (τὰc αἰτίαc καὶ τὰc ἀποδείξειc). Hatte Aristophanes vor allem Steifheit, Formelhaftigkeit und Eintönigkeit euripideischer Prologreden angegriffen, so wendet sich unser Dichter hier offenkundig gegen erzählende Komödienprologe, die in der Nachfolge des Euripides in aufdringlich sorgfältiger Exposition (πρῶτον ... δεύτερον ... τελευ]ταίου Edmonds) und im Streben nach umfassender Information zu viel tun.

Leider erlaubt uns unsere mangelhafte Kenntnis der dramatischen Produktion des vierten Jahrhunderts nicht die Entwicklung des erzählenden Prologs von Euripides zu Menander im einzelnen zu verfolgen, doch vielleicht darf als ein Indiz für die steigende Beliebtheit der erzählenden Prologform in der nachklassischen Tragödie etwa die Tatsache gelten, daß der Rhesus, der ursprünglich auf einen erzählenden Prolog verzich-

---

234 *NGG* 1899, 549–55; spätere Ausgaben und weitere Literatur in Austin *CGF(P) ad loc.*

235 ἀγκωνιcαμένοιc ῥῆcιν λέγειν (8).

tete, nachträglich mit einem derartigen Prolog versehen wurde[236]. Ferner scheint auch in Euripides' letztem Werk, der *Aulischen Iphigenie*, der echte dramatische Prolog in Anapästen durch einen erzählenden Prolog à la Euripides in Iamben ersetzt worden zu sein[237]. Die Entartung dieser Prologform zu pedantischer Ausführlichkeit läßt sich in gewisser Weise an der großen Zahl von äußerst kindischen verdeutlichenden Interpolationen in euripideischen Prologen ablesen[238]. Die erzählenden Prologe dreier verlorener Euripidesstücke (*Archelaos, Meleager, Melanippe*)[239] scheinen gar einer weitgehenden Umgestaltung oder gar Ersetzung[240] durch einen anderen erzählenden Prolog zum Opfer gefallen zu sein, wobei die Bearbeitung immer in Richtung größere Ausführlichkeit geht. Murray[241] hat die ansprechende Vermutung geäußert, daß diese Tendenz mit dem Rückgang der Kenntnis des mythologischen Hintergrunds bei den Zuschauern des vierten Jahrhunderts zusammenhängt[242]. Die steigende Beliebtheit von obskuren Mythen in der Tragödie des vierten Jahrhunderts[243] wird die Verwendung des detaillierten erzählenden Prologs in der dramatischen Neuproduktion der Zeit jedenfalls nur begünstigt haben. Angesichts der Etablierung einer derartig operierenden dramatischen Technik bietet sich dann der erzählende Prolog gerade auch für Stücke mit erfundener Handlung als bequeme Exposition an[244].

Der oben ausgeschriebene Komödienprolog hat gewiß auch einige Relevanz für die narrativen Teile des Dramas überhaupt, und wenn sich auch in der Bearbeitung euripideischer Prologe im wesentlichen nur Zeugnisse für die kritisierte Entwicklung finden, und soweit ich sehe,

---

236 Bruchstücke aus beiden sind in der Hypothesis überliefert; vgl. Page 91, s. auch die eingehende Diskussion des Problems bei Ritchie 101 ff. (zur Hypothesis s. auch 4 ff.). Ritchies Annahme, der *Rhesus* habe ursprünglich tatsächlich einen iambischen Prolog besessen, kann ebensowenig gehalten werden wie seine Verteidigung der Echtheit des Stücks; die Diskussion über diese Probleme darf nach Fraenkels (1965) Bemerkungen als geschlossen gelten; zum Prolog s. unten S. 103 mit Anm. 303.

237 Vgl. Günther 1, 68 ff.

238 Vgl. etwa *Alc.* 16 (del. Dindorf), *El.* 17 (del. Nauck), *Tr.* 13–4 (del. Burges), *IT* 38 f., 41 und 59–60 (del. Murray, Monk; ich halte auch 20 b [ὅτι] – 24 a [θῦσαι] für interpoliert), *Phoen.* 11 (del. Paley), 26–27 (del. post Valckenaer Paley), 51–2 (del. post Valckenaer Leutsch), 60 (del. Valckenaer), 62 (del. Fraenkel), *Or.* 33 (del Herwerden), 51 (del. Nauck), vielleicht auch *IA* 64 f. (del. Klinkenberg).

239 S. Page 92 ff.; zum *Archelaos* vgl. auch A. Harder, *Euripides Kresphontes and Archelaos, Mnemosyne Suppl.* 87 (1985), 180 ff., s. auch unten Anm. 303.

240 Im Falle des *Meleager* mag *fr.* 515 Naucki ein späterer Zusatz zum echten Anfang des Prologs (= *fr.* 516 Nauck) sein.

241 In Page 94.

242 Vgl. Arist. *Poet.* 1451 b 23 ff. (ὥστ' οὐ πάντως εἶναι ζητητέον τῶν παραδεδομένων μύθων, περὶ οὓς αἱ τραγῳδίαι εἰσίν, ἀντέχεσθαι. καὶ γὰρ γελοῖον τοῦτο ζητεῖν, ἐπεὶ τὰ γνώριμα ὀλίγοις γνώριμά ἐστιν, ἀλλ' ὅμως εὐφραίνει πάντας).

243 Vgl. die treffende Charakterisierung der nacheuripideischen Tragödie bei Leo 228.

244 Vgl. die bekannte Klage des Antiphanes, der es so viel schwerer hat als die Tragiker, weil er nicht mit altbekannten Stoffen arbeiten kann (*fr.* 191 Kock).

außer der Streichung von *Phoen.* 1–2 keine Anzeichen von kürzender Bearbeitung vorliegen, so dürfen doch die Kürzungen in den narrativen Teilen der Tragödie allgemein, die wir bei Sophokles glaubten nachweisen zu können, als Evidenz für die Gegenströmung gelten, die unser anonymer Komödiendichter vertritt. Inwieweit der erzählende Prolog in der Neuen Komödie die Regel war, können wir nicht wissen. Menander hat eine narrative Exposition der Handlung offenbar sehr häufig angewendet, wenn auch nicht unbedingt im Prolog[245]. Vielleicht darf die enge strukturelle Verwandtschaft zwischen dem Prolog des plautinischen *Rudens* (nach Diphilos) und einem menandrischen Götterprolog[246] als Indiz für eine verbreitete formalisierte Konvention gelten. Dabei bietet gerade der Prolog des *Rudens* ein Beispiel für die unerfreuliche Ausuferung des narrativen Prologs in der Komödie, die unser Anonymus kritisiert[247]. Andererseits weisen Plautus' Komödien eine beachtliche Variationsbreite in der Prologgestaltung auf[248]; interessanterweise verzichtet Plautus zuweilen ostentativ auf eine narrative Exposition[249]; manche Stücke verzichten ganz auf einen Prolog. Terenz' Kritik am narrativen Prolog und seine Bevorzugung der dramatischen Exposition der Handlung ist wohlbekannt[250]. Gerade auch der oben ausgeschriebene griechische Komödienprolog zeigt, daß die ‚literaturkritischen' Prologe des Plautus und Terenz ganz in der Tradition griechischer Vorbilder stehen[251].

---

245 S. Gomme/Sandbach S. 20; vgl. auch Mette, *Lustrum* 10 (1965), 99 ff. und Büchner 487 ff.; ferner Hunter 24 ff., Zwierlein II, 7 f.

246 Vgl. Lloyd, *AJPh* 84 (1963), 146–161.

247 Vgl. Goldberg, *CPh* 78 (1983), 198.

248 Zu der dramatischen Exposition im Pseudolus und ihren griechischen Vorbildern vgl. jetzt Arnott 131 ff.

249 Zu *Asinaria, Trinummus*, vielleicht auch in der *Vidularia*; vgl. F. Leo, *Plautinische Forschungen* (Berlin ^{2}1912) 200 ff., 217 f., wo auch zur Echtheitsfrage alles Nötige gesagt ist (zur Interpolation jetzt Zwierlein I, 20, 41 ff., vgl. auch Goldberg 31 ff.); für eine Doxographie vgl. F. Bertini, *Plauti Asinaria, Publicazioni dell' Instituto di Filologia Classica dell' Universita di Genova* 22 (Genua 1968), 139 ff.; R. Calderan, *Tito Maccio Plauto, Vidularia* (Palermo 1982), 142 ff.

250 Für eine dramatische Exposition vgl. die erste Szene der Andria, zu der Donat bemerkt: „in hac scaena haec virtus est, ut < in > argumenti narratione actio scaenica videatur, ut sine fastidio longus sermo sit ac senilis oratio", und: „haec scaena pro argumenti narratione proponitur, sine officio prologi vel θεῶν ἀπὸ μηχανῆς, et periocham comoediae populus teneat et agi res magis quam narrare videantur". Vgl. dazu auch seine Bemerkung in der praefatio (I 2): „haec (sc. comoedia) maiori ex parte motoria est"; s. ferner Büchner 31 ff.

251 Zur Entwicklung der polemischen Prologrede und ihren Beziehungen zur alten Komödie s. Süss, *RhM* 65 (1910), 441, Hunter *l. c.*; vgl. ferner D. Bain, *Actors and Audience* (Oxford 1977), 185 ff. Es ist von untergeordneter Bedeutung, inwieweit die uns erhaltenen Prologe des Plautus oder Terenz direkt auf die griechische Vorlage des jeweiligen Stücks zurückgreifen oder nicht. Die Beziehungen der Terenzschen Expositionstechnik zu ihren Vorläufern in der Neuen Komödie sind gerade auch von dem konsequentesten Verfechter der Originalität des Terenz gut gewürdigt worden (s. E. Lefèvre, *Die Expositionstechnik in*

Soweit wir griechische Originale direkt beurteilen können, darf Menander bei all seiner narrativen Expositionstechnik als ein Dichter gelten, den die Kritik des Anonymus gewiß nicht träfe. Soweit wir die Gestaltung seiner erzählenden Prologreden beurteilen können, ist stets das Bemühen um lebhafte, abwechslungsreiche Präsentation erkennbar bei gleichzeitiger Beschränkung auf das Wesentliche und Vermeidung rhetorischen Schmucks[252]. Die Verlegung der Prologerzählung weg vom Anfang in die Mitte des Stücks[253] könnte ebenfalls als Versuch gewertet werden, die Erzählung stärker in das Stück zu integrieren oder sie zumindest nicht als isolierten, ablösbaren Vorspann erscheinen zu lassen. Berichte, wo sie sonst im Verlauf des Stücks auftreten, sind stets fest in Handlungsstruktur und Charakterzeichnung eingebunden; gelegentlich ist ein längerer Bericht auch von Dialog unterbrochen[254]. Dies steht in krassem Gegensatz zu den Botenberichten der klassischen Tragödie, die sich insbesondere bei Euripides immer mehr zum selbstgenügsamen Schaustück entwickeln können[255]. Wie immer es mit der Frage eines direkten Einflusses steht, die dramatische Technik Menanders trifft sich ganz mit den aristotelischen Forderungen nach organischer Gliederung und konsequenter Charakterzeichnung, und sie trägt insbesondere der zentralen Stellung der Handlungsführung (μυθοποιία) Rechnung, die ihr Aristoteles in der *Poetik* der Tragödie zukommen läßt[256].

den Komödien des Terenz [Darmstadt 1969], 103 ff., vgl. dazu aber auch Büchner, Goldberg *l. c.*); zur dramatischen Exposition in der griechischen und lateinischen Komödie s. Arnott *l. c.* und Anm. 249, 250. Zu Aristophanes oben S. 83 ff.

[252] „Three outstanding features of the *Dyskolos* prologue speech are the deliberate economy of detail, the neat strokes of character-portraiture, and the appropriateness of the speaker to the play: already Menander shows qualities which are characteristic of him", E. Handley, The Dyskolos of Menander (London 1965), 127; zum Prolog des *Dyskolos* vgl. auch Goldberg, *SO* 53 (1978), 57–68; eine gute Behandlung der Qualitäten von Menanders Prologerzählung bietet Ireland, *Hermes* 109 (1981), 178–88; vgl. ferner N. Holzberg, *Menander, Untersuchungen zur dramatischen Technik, Erlanger Beiträge zur Sprach- und Kunstwissenschaft*, Bd. 50 (Nürnberg 1974).

[253] S. oben Anm. 245, vgl. auch Anm. 258.

[254] Man denke nur an Daos' Bericht in der meisterhaften Gerichtsszene in den *Epitrepontes* (250 ff.); vgl. ferner Katsouris 36 und die folgende Anm.

[255] Der Unterschied zur Tragödie tritt auch in einem in Anspielung auf ein berühmtes Paradestück aus der Tragödie gestalteten Bericht wie *Sicyon.* 176 ff. hervor (vgl. Lloyd-Jones, *GRBS* 7 [1966], 139 ff. = Academic Papers II [Oxford 1990], 61 f.). Zwar übertrifft die Erzählung ihr tragisches ‚Vorbild' E. *Or.* 865 ff. noch um einige Verse an Länge, bei Menander ist jedoch fast die Hälfte davon als Dialog gestaltet. Interessante Vergleichsobjekte sind auch die anderen nur in lateinischer Adaption erhaltenen Anlehnungen Menanders an tragischer Botenberichte, die Katsouris 57 ff. zusammengestellt hat. Besonders lehrreich ist die Gestaltung des Berichts in Pl. *Stichus* 364 ff. (nach E. *Hel.* 1530 ff.), wo der Dichter schon nach acht Versen zu lebhaftem Dialog übergeht. Für das Streben nach Kürze im Botenbericht des römischen Dramas vgl. Accius *Did.* II 9–10 Warmington (5 Funaioli).

[256] Für Menanders Verhältnis zum Peripatos vgl. v. Arnim, *NJA* 25 (1910), 249; Ph. E. Legrand, *Daos. Tableau de la comédie grécque perdue de la periode dite Nouvelle* –

Inwieweit derartige Tendenzen in der tragischen Dichtung des vierten Jahrhunderts wirksam wurden, ist nicht mehr feststellbar. Immerhin lassen sich bereits in den spätesten Stücken des Euripides Experimente mit der Gestaltung der Prologform und mit dem Botenbericht beobachten[257]. Die *Andromeda* und die *Iphigenie in Aulis* verzichten auf den erzählenden Prolog und bieten statt dessen eine Dialogszene in Anapästen[258]. Im *Orest* wird ein Botenbericht durch eine höchst originelle Soloarie ersetzt, die ab und an von Sprechversen des Chors unterbrochen wird. Dabei ist der Phryger nicht mehr die schemenhafte Gestalt des tragischen Boten, sondern eine am berichteten Geschehen beteiligte, individuelle Persönlichkeit. Der Botenbericht im ersten Epeisodion der *Aulischen Iphigenie* ist mit Abstand der kürzeste in Euripides und in der Tragödie überhaupt. Die schematisierte Dialogführung, die dem Botenbericht bei Euripides normalerweise vorausgeht, ist aufgegeben: der Bote platzt in einen hochdramatischen Streitdialog zwischen Agamemnon und Menelaos, fällt letzterem ins Wort und beginnt ohne jede Vorbereitung mit seinem kurzen Bericht. Der unvermittelte Einsatz mitten im Trimeter sowie die knappe äußerst lebhafte Gestaltung erinnern an die Komödie. Die Partie ist auch kaum so von Euripides verfaßt[259], sie darf vielleicht als Zeugnis für den Einfluß eines an der Neuen Komödie geschulten Geschmacks auf die Bearbeitung der Tragödie angesehen werden. Daß die dichterische Technik der Neuen Komödie auf die Bearbeitung älterer Dramen Einfluß genommen haben soll, ist angesichts der oben[260] besprochenen Wertschätzung Menanders durch die Rhetorik kaum verwunderlich.

Ein interessantes Beispiel für die dramatische Technik einer späteren Zeit bietet in unserem Zusammenhang ein Papyrusfragment des dritten

---

Κωμωιδία Νέα (Lyon 1910), 303f.; Handley in der Einleitung zum *Dyskolos* S.6ff.; Gigante, ‚Menandro e il peripato' in: *Philomathes, Studies and Essays in Humanities in Memory of Philip Merlan* (ed. R.B.Palm and R.Hanton-Kelly) (The Hague 1971), 461–484; vgl. auch oben Anm.160.

257 Explizite Kritik des Euripides an dem über dreihundert Verse langen Bericht des Boten in Aeschylus' *Septem* (375ff.) hat man in E. *Phoen.* 751–3 und *Suppl.* 849f. zu erkennen geglaubt (s. etwa Grube 14, Craik [Warminster 1988] zu *Phoen.* 751), doch scheint mir die Annahme derart direkter literarischer Polemik in der Tragödie grundsätzlich höchst fragwürdig und in dem betreffenden Fall gewiß nicht erweisbar. Es lohnt sich, in diesem Zusammenhang Dennistons differenzierte Diskussion des berüchtigsten Falles derartiger Kritik in der Erkennungsszene der euripideischen *Elektra* (zu 520ff.) zu lesen (für eine Doxographie zu den Problemen der Passage s. Cropp [Warminster 1988] zur Stelle).

258 Zur *Iphigenie* s. oben Anm.237, zur Andromeda, Fraenkel in *Studi U.E. Paoli* (Florenz 1955), 303. In der *IA* wird die Exposition der Vorgeschichte im ersten Epeisodion nachgeholt, das weist auf die Technik des Binnenprologs bei Menander (s. Anm.249) voraus, vgl. dazu Günther 1, 69 Anm.69.

259 S. Page 151ff.; ich halte auch 378–401 für unecht und beabsichtige dies an anderer Stelle noch ausführlich zu begründen; inzwischen vgl. den kritischen Apparat meiner Ausgabe zu 376f.

260 S. oben S.75f.

nachchristlichen Jahrhunderts[261]. Es handelt sich um das Fragment einer Tragödie, das sich sehr eng an das erste Epeisodion der *Phoenissen* des Euripides (446 ff.) anlehnt. Charakteristisch für den Papyrustext ist dabei vor allem, daß der bei Euripides in einer ungeheuer langen Szene ausgebreitete Inhalt auf ein ganz knappes Dreiergespräch reduziert wird. Bei Euripides werden die Streitpunkte zwischen Eteokles und Polyneikes zunächst in einem Redeagon der Brüder mit anschließendem Vermittlungsversuch Iokastes (in einer dritten Rede) ausführlich exponiert, darauf folgt ein Streitdialog Eteokles-Polyneikes in Form einer Stichomythie, in die am Ende auch Iokaste eingreift (wobei das Metrum zu Trochäen wechselt). Mutatis mutandis läßt sich hier dasselbe Operieren mit inhaltlich parallelen Blöcken beobachten, das wir oben etwa im zweiten Epeisodion der Trachinierinnen[262] oder im Botenbericht der *Elektra*[263] als Anlaß für kürzende Bearbeitung vermutet haben.

Eben diese Technik vermeidet offenbar der Verfasser unseres Papyrusfragments. Der Text läßt sich wohl nicht mit letzter Sicherheit datieren, doch scheint mir Pages Ansatz im vierten vorchristlichen Jahrhundert doch der wahrscheinlichste[264]. Das Werk kann zwar nicht geradezu als Bearbeitung gelten, ist jedoch gewiß auch weniger als eine echt schöpferische Nachgestaltung und kann somit als Parallele zu regelrechten Bearbeitungen besondere Aufmerksamkeit beanspruchen.

Die einzige Tragödie des vierten Jahrhunderts, die wir vollständig besitzen, ist der pseudoeuripideische *Rhesus*[265]. In diesem Stück kann man bis zu einem gewissen Grade das Gegenbild zu der von Aristoteles geforderten organisch gebauten Idealtragödie sehen, das Aristoteles (*Poet.* 1451 b 33 ff.) von der Tragödie seiner Zeit entwirft. Zwar ist das Stück vielleicht nicht geradezu ἐπεισοδιώδης, und ganz gewiß ist der Verfasser kein φαῦλος ποιητής; in gewisser Hinsicht ist der *Rhesus* eine Kette brillanter kleiner ἀγωνίσματα, voll von der ποικιλία, die Astydamas der Jüngere in seinem Ἡρακλῆς σατυρικός einem σοφὸς ποιητὴς ans Herz legt (*TrGF* 60 F 1):

ἀλλ' ὥσπερ δείπνου γλαφύρου ποικίλην εὐωχίαν
τὸν ποιητὴν δεῖ παρέχειν τοῖς θεαταῖς τὸν σοφόν,

---

[261] *PSI* 1303 = *TrGF Ad.* F 665.

[262] S. oben S. 48 ff.

[263] S. oben S. 54 ff.

[264] *Greek Literary Papyri. Poetry* nr. 33; für eine Datierung vor dem Ende des 4. Jhs. spricht insbesondere die Metrik. Zur Annahme der *ed. princ.*, der Papyrus sei möglicherweise ein Autograph des Autors s. Gow, *CR* 49 (1935), 1 f. Webster, *Hermes* 82 (1954), 279 f. tippt auch die Οἰδιποδεία des Sokratesanklägers Meletos.

[265] Zur Frage der Echtheit s. oben Anm. 236; für eine ausgezeichnete Würdigung des Stücks s. Strohm, *Hermes* 87 (1957), 257–274, zu den beiden Botenberichten insbesondere 270 ff.; vgl. auch Fraenkel 1965, 239 und Lesky 527 ff.

ἵν' ἀπίῃ τις τοῦτο φαγὼν καὶ πιών, ὅπερ λαβὼν
χαίρει ⟨τις⟩ καὶ σκευασία μὴ μι' ᾖι τῆς μουσικῆς ...

Das Auseinanderfallen der diversen Teile verhindert der Verfasser des Rhesus durch Knappheit, straffe Szenenführung und geballte Dramatik. Bei Euripides vorgeprägte Formen werden geschickt neuen Zwecken dienstbar gemacht. In seiner ursprünglichen Form verzichtet das Stück auf einen erzählenden Prolog und greift die späteuripideischen einleitenden Anapäste auf mit deutlichen Anklängen an die *Iphigenie*[266]. Zwei Botenberichte fehlen nicht. Der erste (Vv. 264 ff.) hält sich an das euripideische Schema mit vorausgehendem Einleitungsdialog, doch geht der Dialog über die bloße summarische Vorwegnahme der Fakten hinaus und ist außergewöhnlich lang (33 Verse). Der zweite (754 ff.) verzichtet auf den einleitenden Dialog. Er ist, wenn auch etwas länger als der erste, immer noch recht knapp (47 Verse). Beschreibendes Detail ist in beiden Berichten sparsam verwendet, Gleichnisse fehlen. Mehr noch als der Phryger im *Orest* ist der zweite Bote im *Rhesus* eine am Geschehen auch emotional beteiligte Person. Dies spiegelt sich in der lebhaften Gestaltung des Berichts, die sich durch die Verwendung von Stilmitteln wie der rhetorischen Frage (V. 759) oder der Interjektion (V. 799) auszeichnet. Von der Sachlichkeit und epischen Breite sophokleischer und euripideischer Botenberichte ist diese Technik denkbar weit entfernt[267].

Bei aller gebotenen Vorsicht dürften uns die kärglichen zur Verfügung stehenden Daten mit den beiden Gegenpolen Rhesusdichter und Menander doch ein einigermaßen zuverlässiges Bild von der Bandbreite des Geschmacks des Theaterpublikums in der nachklassischen Periode vermitteln. Nicht viel anders als heutzutage bewegt er sich zwischen dem Bedürfnis der Masse nach bunter Unterhaltung und Spektakel und den verfeinerten Forderungen der Kenner nach organischer Form und konsequenter dramatischer Entwicklung und Charakterzeichnung, wenn man die Verhältnisse einmal auf ein derartiges Klischee vereinfachen darf[268] Beschneidung von dramatisch vermeintlich irrelevanten Elementen mußte beiden Parteien dieses Publikums ebenso selbstverständlich erscheinen

---

[266] S. Fraenkel 1965.

[267] Außerordentlich knapp wirken auch die Verse aus einem Bericht Karkinos' des Jüngeren *TrGF* 70 F 5 (vgl. Xanthakis-Karamanos 87 ff.; ihre Vermutung, das Fragment stamme aus einem Prolog, wird von Stephanopoulos 6 f. zu Recht in Zweifel gezogen). Daneben gibt es selbstverständlich auch die gegenläufige Tendenz, wobei geradezu hellenistische Kleinmalerei vorweggenommen wird; bezeichnenderweise stammen die deutlichsten Belege dafür aus Chairemon (71 F 1 und 14; vgl. Xanthakis-Karamanos 70 ff.), den Aristoteles als Paradebeispiel für einen ἀναγνωστικὸς ποιητής anführt (s. oben Anm. 215).

[268] Vgl. Aristoteles' Bemerkung über zwei Sorten von Theaterbesuchern in der *Politik* (1342 a 18–22): ἐπεὶ δ' ὁ θεατὴς διττός, ὁ μὲν ἐλεύθερος καὶ πεπαιδευμένος, ὁ δὲ φορτικὸς ἐκ βαναύσων καὶ θητῶν καὶ ἄλλων τοιούτων συγκείμενος, ἀποδοτέον ἀγῶνας καὶ θεωρίας καὶ τοῖς τοιούτοις πρὸς ἀνάπαυσιν. Vgl. auch *Rhet.* 1404 a 8 ff.

wie Generationen moderner Theaterbesucher. Formalisierte Relikte wie der Botenbericht der klassischen Tragödie bedürfen der Adaption, um solchem Geschmack erträglich zu sein. Die Statik, in die Sophokles das Pathos des Aias und der Trachinierinnen kleidet, versteht er ebensowenig wie moderne Gelehrte, die hier Anzeichen noch nicht voll entwickelter dramatischer Technik sehen wollen[269]. Die Voraussetzungen für kürzende Bearbeitungen, wie wir sie im vorigen für Sophokles zu erweisen versuchten, waren zweifellos bereits im vierten Jahrhundert vorhanden. Die Übereinstimmung der Kriterien für Kürzung mit stilistischen Anforderungen rhetorischer Theorie oft bis ins sehr spezifische Detail bedeutet natürlich nicht, daß diese Prinzipien alle zu dieser Zeit schon in der uns aus der Spätzeit vorliegenden Form formuliert waren. Unsere Bearbeiter haben ja auch, selbst wenn sie eine gewisse rhetorische Schulung besaßen, nicht unbedingt mit dem Rhetorikhandbuch in der Hand bearbeitet. Tendenzen des literarischen Zeitgeschmacks pflegen sich auch ohne theoretische Verankerung gerade in mittelmäßigen und unselbständigen literarischen Produkten Bahn zu brechen.

1.4. Ersatzfassungen und Kürzungen in der Überlieferung des Tragikertextes

Selbst in eher konservativen Kreisen wird die Existenz von Interpolationen in der Tragödie kaum grundsätzlich in Abrede gestellt, scheint man doch genügend externe Evidenz dafür zu besitzen, daß derartige Eingriffe von antiken Schauspielern tatsächlich vorgenommen worden sind. Einmal abgesehen davon, daß diese Evidenz wesentlich dünner ist, als man lange geglaubt hat[270], so ist sie in der Tat gut genug, es jenseits allen vernünftigen Zweifels zu stellen, daß die Tragödien der attischen Dichter Bearbeitungen durch Schauspieler ausgesetzt waren, und daß antike Philologen glaubten, in dem ihnen vorliegenden Text mit derartigen Eingriffen rechnen zu müssen. Daß man Schauspieler gerade auch in neuerer Zeit fast ausschließlich für bewußte Eingriffe in die originale Textgestalt des Dramas verantwortlich macht, hängt u. a. gewiß auch damit zusammen, daß die bislang umfassendste und verdientermaßen berühmte Studie zur Interpolation in der Tragödie von Page sich ganz

---

269 Man denke etwa an den Durchfall der *Hecyra* des Terenz oder Terenzens schüchterne Bitte im Prolog des *Heautontimoroumenos* (35ff.), doch auch einer „fabula stataria" Gehör zu schenken. Daß das Verhalten des griechischen Theaterpublikums unbedingt zivilisierter war, als wir das aus den Äußerungen lateinischer Dichter (vgl. auch Hor. *Ep.* II 1, 20ff., *A. P.* 81f., 113) für das der römischen Komödie annehmen dürfen, möchte ich bezweifeln.

270 Vgl. Anm. 41.

auf diese Ursache der Interpolation verlegt[271]. Nun soll die wichtige Rolle der Bühne in der Interpolation dramatischer Texte hier keinesfalls bestritten werden; welchen Entstellungen ein über längere Zeit weitgehend auf Bühnenexemplare angewiesener Text ausgesetzt war, und welchen Einfluß diese Überlieferungsphase auf die uns überlieferte Textgestalt hat, das zeigt etwa der Zustand des Plautustextes im Gegensatz zu dem des Terenz[272]. Allerdings hat seit langer Zeit insbesondere Jachmann[273] immer wieder darauf aufmerksam gemacht, daß Interpolation keineswegs ein auf die Tragödie oder das Epos beschränktes Phänomen ist. Interpolation und Bearbeitung betreffen die gesamte antike Literatur einschließlich der Prosa und können keineswegs auf die Aufführungsphase bestimmter Gattungen beschränkt werden[274]. Auch die häufig vorgetragene Behauptung, daß das Eindringen von Interpolationen in den Text

---

271 Vgl. neuerdings auch West, ‚Transmission' 35 mit Anm. 5.

272 Die Interpolation des Plautus, die jetzt von Zwierlein in so mustergültiger Weise aufgearbeitet wird, ist für die Geschichte des Tragikertextes so unstruktiv, da die Geschichte des Plautustextes dem der Tragödie weitgehend parallel ist (vgl. den im wesentlichen immer noch gültigen Abriß in F. Leos *Plautinische Forschungen* [Berlin 1895], neuerdings auch Tarrant in: L. D. Reynolds (ed.), *Text and Transmission* [Oxford 1983], 302 ff.), und wir zugleich den ziemlich gut dokumentierten Textbefund bei Plautus (s. Zwierlein I, 5 ff.; vgl. auch Zwierlein II, 228 ff.) mit dem bei dem von Anfang an wesentlich geschützter überlieferten Terenz vergleichen können (vgl. G. Jachmann, *Die Geschichte des Terenztextes im Altertum* [Basel 1924], Reeve in Reynolds [s. o.], 412 ff., J. N. Grant, *Studies in the Text and Tradition of Terence, Phoenix Suppl.* 20 [Toronto 1986]; zur Interpolation in Terenz vgl. jetzt Zwierlein I, 49 ff.).

273 Vgl. etwa *Binneninterpolation* I 541 ff. (= 136 ff.), II 551 ff. (= 186 ff.), insbesondere 558 (= 193) Anm. 1. Jachmanns vielfach in Vergessenheit geratene Einsichten wurden zuletzt gerecht gewürdigt von Reeve, 3, 242 ff.

274 Jachmanns zahlreiche Arbeiten zur Interpolation von Prosaschriftstellern oder anderen reinen Leseautoren sind jetzt leicht zugänglich in den beiden Bänden seiner Schriften, die die Gnilka in den *Beiträge zur Klassischen Philologie* (Heft 128 [1981] und 143 [1982]) zusammengestellt hat, und müssen hier nicht im einzelnen genannt werden. Es wäre an der Zeit, Jachmanns Beitrag zur Interpolationsforschung und zur Textgeschichte griechischer und lateinischer Autoren stärker ins allgemeine Bewußtsein zu rücken, wo sich doch gerade in jüngster Zeit viele seiner Grundthesen durch neuere Forschungen zur Überlieferungsgeschichte und neue Papyrusfunde glänzend bestätigt haben; besonders wichtig sind hier die Arbeiten von Haslam (neben den im Literaturverzeichnis genannten Arbeiten auch sein Beitrag zu den Apolloniospapyri, *ICS* 3 [1978], 47–73); zu nennen wäre auch S. West, *CQ* 33 (1983), 114 ff.; vgl. ferner meine Bemerkungen zur Demosthenesinterpolation in *P. Oxy.* 56 (1989), 91 f. Besonders verwiesen sei auch auf P. Maas, *Wochenschrift f. klass. Phil.* 20 (1903), 57 ff. (= *Kleine Schriften* [München 1973], 114 ff.) und *Philologus* 66 (1907), 468–71 (= 124–127), da das Problem hier in einem ganz anderen Zweig antiken Schrifttums (Apollonios Dyskolos) illustriert wird. Zur Interpolation von Lesetexten im Bereich der lateinischen Literatur nenne ich hier nur die neueren Arbeiten von Zwierlein zu Senecas Tragödien, *Hermes* 103 (1975), 252–5, *WJbb* 2 (1976), 181–217, *Prolegomena zu einer kritischen Ausgabe der Tragödien Senecas, Abh. Mainz* 1983. 3, 12, 25 f., 41 ff., 52; *Kritischer Kommentar zu den Tragödien Senecas*, ebd. Einzelveröffentlichung 6 (1986) passim, neuerdings auch Zwierlein II, 6.

nach der Erstellung einer definitiven und in der gelehrten Tradition perpetuierten Ausgabe, d. h. im Falle der Tragödie der alexandrinischen Ausgabe, nicht mehr möglich gewesen sei, kann nach dem heutigen Erkenntnisstand nicht aufrechterhalten werden. Interpolation muß als ein sich auf die gesamte antike Überlieferungsphase erstreckendes Phänomen angesehen werden; die Frage, ob sich etwas zum Ursprung und zum Datum einer Interpolation aussagen läßt, muß zunächst einmal in jedem Einzelfall geprüft werden, und dabei können selten sichere Ergebnisse erzielt werden.

Leider ist es keineswegs so, daß Datum und Ursprung einer Interpolation unbedingt zusammengehen müssen, wie man sich das vielleicht wünschen würde. Es liegt jedoch auf der Hand, daß die Mehrzahl der Interpolationen aus der voralexandrinischen Textphase aller Wahrscheinlichkeit nach auf die Bühne zurückgeht. Nun hat Dihle in seiner äußerst gelehrten Abhandlung nachzuweisen versucht, daß der Einfluß der Bühne auf unseren Tragikertext sich durchaus bis in spätere Zeit fortgesetzt hat. Unabhängig davon, ob man Dihles Beweisgang in allen Einzelheiten zu folgen vermag[275], hat seine Abhandlung in jedem Falle das große Verdienst, die Möglichkeit nachalexandrinischer Interpolationen mit aller Deutlichkeit herausgestellt und zugleich auf die zu wenig beachtete Tatsache hingewiesen zu haben, daß Tragödien der klassischen Zeit auch noch bis weit in die Spätzeit hinein auf die Bühne gelangten. Der mit großer Gelehrsamkeit ausgebreitete Leitgedanke von Dihles Untersuchung, die Werke der Tragiker seien für auszugsweise Aufführungen der Spätzeit umgestaltet worden, verdient zweifelsohne in Untersuchungen zur Interpolation der Tragödie stärker beachtet zu werden. Doch auch wenn man die Möglichkeit des Eindringens später Bühnenbearbeitungen in unseren Tragikertext nicht grundsätzlich leugnen will, so ist dennoch anzunehmen, daß in einer Zeit der abnehmenden Bedeutung des Theaters für die Verbreitung der Tragödie und der zunehmenden Prominenz des reinen Lesetextes Interpolationen im wesentlichen als Eingriffe in den Lesetext anzusehen sind. Ich denke die Gleichungen voralexandrinisch = Bühnenbearbeitung, nachalexandrinisch = Leseinterpolation können uns, mit der nötigen Zurückhaltung im Einzelfall angewendet, für die Masse der Interpolationen durchaus ein Stück weiter bringen.

Wollte man nach Kriterien fragen, anhand derer sich eine Schauspielerinterpolation von einer Interpolation in einem Lesetext unterscheiden ließe, so kann man leider nicht den bequemen Weg gehen, und Fälle von als solchen dokumentierten Schauspielerinterpolationen zusammenstellen. Zwar werden in unseren Scholien immer wieder Verse als von Schau-

[275] Zu Dihles Behandlung des Prologs der *Bakchen* vgl. auch Zuntz, *Hermes* 113 (1985), 119ff.

spielern interpoliert bezeichnet, doch hat eine neue Untersuchung der Evidenz[276] ergeben, daß diese Angaben aller Wahrscheinlichkeit nach ohne Grundlage sind. Derartige Angaben in den Scholien können als Indiz dafür betrachtet werden, was man in späterer Zeit, vielleicht was Didymus glaubte, Schauspielern zutrauen zu müssen, manches davon kann vielleicht auch einen Eindruck von kaiserzeitlicher Bühnenpraxis vermitteln, für die Identifikation von Schauspielerinterpolationen der Frühzeit sind die Angaben der Scholien irrelevant. Wenn wir nach äußerer Evidenz für die Art und Weise suchen, wie Schauspieler mit tragischen Texten umgingen, so sind unsere Quellen äußerst dürftig. Es gibt aber immerhin ein in relativ frühe Zeit zurückreichendes Zeugnis für die Tätigkeit der Schauspieler, das uns in der *Praeparatio sophistica* (p. 69 Borries) des Phrynichos überliefert ist:

Ἐπικαττύειν καὶ πτερνίζειν. τὰ παλαιὰ ἐπισκευάζειν. ἡ μεταφορὰ ἀπὸ τῶν τοῖς παλαιοῖς ὑποδήμασιν ἕτερα καττύματα καὶ πτερνὰς προσαπτόντων. λέγουσι δὲ ἐπὶ τῶν ⟨τὰ⟩ παλαιὰ τῶν δραμάτων μεταποιούντων καὶ μεταρραπτόντων.

Die vielzitierte Stelle ist zuletzt von Dihle[277] ausführlich besprochen worden; im Anschluß an Kock führt er das Lemma ἐπικαττύειν καὶ πτερνίζειν mit einiger Wahrscheinlichkeit auf die Komödie des 4. Jhs. zurück. Zwar ist bei der Interpretation eines derartigen Zeugnisses äußerste Zurückhaltung geboten, doch kann die Wahl der Begriffe καττύειν und πτερνίζειν uns vielleicht doch etwas für den Umgang der Schauspieler mit tragischen Texten lehren. Zunächst einmal darf man in dem Bild vom ‚Ausbessern von Schuhen oder Kleidern' den Gedanken des ‚Wiedergebrauchsfähigmachens von Altem', mithin des ‚Verbesserns von Obsoletem', des ‚Anpassens an den Zeitgeschmack' sehen. Diese für den antiken Umgang mit Texten so charakteristische Einstellung wird von Quintilian ganz explizit auf spätere Wiederaufführungen von aeschyleischen Dramen angewendet, wenn er sagt (*Inst.* 10, 1, 66):

Aeschylus ... sublimis et gravis ... sed rudis in plerisque et incompositus; propter quod correctas eius fabulas in certamen deferre posterioribus poetis Athenienses permisere.

Selbstverständlich ist Quintilians Evidenz für die tatsächlichen Vorgänge auf der frühen Bühne ebenso irrelevant wie unsere Scholiennotizen über Schauspielerinterpolationen, doch dürfen diese Worte zumindest als besonders explizites Zeugnis für jene grundlegende Tendenz im Umgang mit literarischen Texten angesehen werden, die, so fremd sie uns heute

---

276 S. Anm. 41.
277 S. 46 ff.

ist, doch letztlich hinter dem ganzen Interpolatorenunwesen der Antike steht[278].

ἐπικαττύειν oder πτερνίζειν sind recht plastische, konkrete Bilder für das Bearbeiten von dramatischen Texten. Können sie uns auch Anhaltspunkte für den im Bild dargestellten Vorgang des Bearbeitens im einzelnen geben? Vielleicht darf man sagen, daß der Vorgang des Flickens nicht unbedingt die Annahme von Interpolation im Sinne des bloßen Zusetzens nahelegt. Gewiß handelt es sich um den Vorgang des Aufsetzens von etwas Neuem, aber doch wohl des Aufsetzens auf etwas Zerschlissenes, nicht mehr intakt Befindliches: auf den Text eines Dramas angewendet, es handelt sich um das Zusammenkitten von disparaten Teilen, mithin nicht um bloßes Aufblähen des Grundbestandes, sondern um regelrechte Umarbeitung des Textmaterials zur Anpassung an die neuen Bedürfnisse. Dementsprechend spricht Phrynichos in seiner Erklärung ja auch von μεταποιεῖν oder, näher am Bild bleibend, μεταρράπτειν. Diese Bedeutung des Phrynichoszeugnisses ist von Böhme[279] korrekt herausgestellt worden, und die Tatsache, daß er es zusammen mit der oben zitierten Aussage Quintilians für eine abwegige Bearbeitungshypothese für Aeschylus mißbraucht hat, sollte uns dafür nicht blind machen.

Bezeugen Phrynichos und Quintilian die Vorstellung, daß es sich bei Bühnenbearbeitungen nicht so sehr um bloße Zusätze als vielmehr um durchgreifende Umarbeitungen handelte, so sprechen unsere Tragikerscholien fast nur von Zusätzen durch Schauspieler[280]. Dies hängt damit zusammen, daß es sich dabei um Erklärungen von Schwankungen im Versbestand der Überlieferung handelt, und die Problemlage die Erklärung bestimmt. Komplizierte Interpolationen oder Bearbeitungen aufzudecken, die nicht als bloße Zusätze ablösbar sind, dazu war die Tragikerkritik, die wir in unseren Scholien noch fassen, nicht mehr in der Lage und so ist dies zunächst einmal Indiz für die Primitivität der kaiserzeitlichen Philologie. Wenn kompliziertere Bearbeitungsmethoden wie das Verfertigen von Alternativfassungen in unsere Scholien nicht erwähnt

---

[278] Eine interessante Parallele zu Quintilians Aussage bietet Ciceros Urteil über die Leistung Catos als Redner (*Brut.* 68): „antiquior est huius sermo et quaedam horridiora verba: ita enim tum loquebantur. Id muta, quod tum ille non potuit, et adde numeros et, < ut > aptior sit oratio, ipsa verba compone et quasi coagmenta, quod ne Graeci quidem veteres factitaverunt: iam neminem antepones Catoni." Was eine derartige Einstellung zu archaischer Literatur für den Text bedeuten konnte, das zeigt nicht zuletzt die Überlieferung von Catos *de agricultura* vgl. Leo 272 mit Anm. 1; zumindest die Dubletten, die uns an die Plautus- und die Tragikerüberlieferung erinnern, sprechen eine zu deutliche Sprache, als daß man der konservativen Ansicht beitreten könnte, die neuerdings von A. E. Astin (*Cato the Censor* [Oxford 1978], 191–203) vertreten wurde, und die Modernisierung der Sprachform ist ja gar nicht zu bestreiten.

[279] *Bühnenbearbeitung aischyleischer Tragödien* I (Bern ^{2}1977), 11 f.

[280] Ausnahmsweise wird auch einmal eine Textvariante als Schauspielerinterpolation erklärt, vgl. etwa Σ E. *Phoen.* 264.

werden, so könnte dies u.U. auch dafür sprechen, daß derartige Bearbeitungen in der Mehrzahl früh anzusetzen sind, so daß man zu der Zeit der uns noch faßbaren Kommentatoren davon keine Vorstellung mehr hatte.

Die in der oben zitierten Phrynichosstelle angesprochene Umarbeitung klassischer Dramen auf der Bühne läßt sich in unserem Tragikertext in einigen wohlbekannten Fällen fassen. Die betreffenden unechten Partien sind umfangreich genug, um eine einigermaßen sichere Datierung zu erlauben, und zumindest in einem Falle läßt sich eine Bearbeitung vielleicht auch aufgrund äußerer Evidenz in die früheste Phase der Überlieferung datieren. Ich meine den ersten der beiden Iambenprologe zum pseudoeuripideischen *Rhesus*, dessen Anfangsvers in der Hypothesis erhalten ist, und von dem es heißt, daß Dikaiarch ihn zitiert habe[281]. Die unechten Iambenprologe zu diesem Stück haben wir bereits im vorigen Abschnitt[282] als Indiz für die zunehmende Beliebtheit des erzählenden Prologs à la Euripides in der Tragödie des vierten Jahrhunderts und in der Neuen Komödie besprochen. Sie gehören zusammen mit dem höchstwahrscheinlich unechten Iambenprolog der *Aulischen Iphigenie* und den Umarbeitungen der Prologe einiger anderer oben erwähnter Euripidesstücke. Der Iambenprolog der *Iphigenie* kann ebenso wie die meisten anderen unechten Partien dieses Stücks sowie der unechte Schluß der *Phoenissen* und der der *Septem* aus stilistischen Gründen in die Frühzeit datiert werden[283]. Daß wir jedoch selbst in spätester Zeit noch mit umfangreichen Bearbeitungen rechnen müssen, das zeigt nicht zuletzt der unechte Schluß der *Iphigenie in Aulis*, dessen Entstehung zwischen dem vierten und siebten nachchristlichen Jahrhundert durch West jetzt endgültig erwiesen worden ist[284]. Auch der unechte Eingang des zweiten

---

[281] ὁ γοῦν Δικαίαρχος ἐκτιθεὶς τὴν ὑπόθεσιν τοῦ Ῥήσου γράφει κατὰ λέξιν οὕτως· νῦν εὐσέληνον φέγγος ἢ διφρήλατος; vgl. Ritchie 29ff., 101ff. und Fraenkel 1968, 229f., 235.

[282] S. 85f.

[283] Es ist hier weder möglich noch nötig, auf die bis heute umstrittenen und auch gar nicht mit letzter Sicherheit lösbaren Fragen nach dem Ausmaß der Bearbeitung der *Phoenissen* und der Unechtheit des Schlusses der *Sieben* näher einzugehen. Was die *Phoenissen* anlangt, so wird man m.E. über Fraenkels grundlegende Untersuchung kaum hinauskommen. Der Konservativismus der beiden neuesten Herausgeber des Stücks (Mastronarde und E. Craik [Warminster 1988]) kann nur überraschen (neuere Beiträge zum Problem der Bearbeitung finden sich in Mastronardes umfangreicher Bibliographie; Fraenkels Thesen wurden erfolgreich gegen neuere Kritik verteidigt von Reeve 2, vgl. auch Diggle, *CR* 40 [1990], 9; neuerdings auch Hose, *WJbb* 66 [1990], 63ff.). Für den Schluß der *Septem* hat sich Schoells Tilgung von 1005ff. weitgehend durchgesetzt (zuletzt auch in der neuen Aeschylusausgabe von West [Stuttgart 1990], vgl. auch *Aeschylus* 6 Anm. 8). Es soll hier genügen auf die jüngste Diskussion des Problems in Hutchinsons Kommentar zu 1105–78 (mit Literatur) und den neuesten Beitrag Siers (*RhM* 134 [1991], 1–22) zu verweisen.

[284] Vgl. den Apparat meiner Ausgabe zu 1578–1629 und S. IX Anm. 3 der *praefatio*.

Epeisodions der *Iphigenie*[285] muß, wenn auch nicht annähernd so spät wie das Ende der Exodos, aus stilistischen und metrischen Gründen wesentlich später als die anderen uns faßbaren größeren Bearbeitungen im Tragikertext angesetzt werden.

Dieser kurze Überblick führt uns eine Reihe von zumeist der Bühne und der frühesten Überlieferungsphase angehörigen Bearbeitungen klassischer Tragödien vor Augen, bei denen es sich außer im Falle der Rhesusprologe nicht um einfach ablösbare Zusätze, sondern um regelrechte Umarbeitungen handelt, denen originale Textsubstanz zum Opfer gefallen ist. Zugleich weisen diese Bearbeitungen bei aller Inferiorität gegenüber einem Original des Euripides oder Aeschylus doch zum Teil einen respektabel Grad an sprachlich-stilistischer Kompetenz auf, und es handelt sich auch nicht einfach um stupide entstellende Zusätze, sondern die Umarbeitung verfolgt in den meisten Fällen ein durchaus verständliches Ziel. Es ist notwendig, dies ausdrücklich festzustellen, da die Tatsache, daß wir zumeist mit mehr oder minder stupiden Kleininterpolationen konfrontiert werden, leicht ein falsches Bild früher Bühnenbearbeitungen suggerieren kann. Man wird, ohne sich dessen unbedingt bewußt zu werden, leicht eine zu niedere Meinung von der Kompetenz aller Bearbeiter schlechthin haben, und mancher mag deshalb Bearbeitungshypothesen, die zu komplexe Gedankengänge des Bearbeiters voraussetzen, eher skeptisch gegenüberstehen.

Nun soll natürlich in keiner Weise bestritten werden, daß es auch im Bühnenbetrieb viele rein expansive Interpolationen gegeben hat; auch soll hier gar nicht versucht werden, ein umfassendes Bild antiker Bearbeitungspraxis zu geben. Dabei sind selbstverständlich ganz verschiedene Tendenzen und literarische Geschmacksurteile wirksam gewesen. Es konnte hier nur darum gehen, die Tatsache herauszustellen, daß gerade die evidentesten Spuren von frühen Bühnenbearbeitungen in unserem Tragikertext eine recht komplexe Bearbeitungstechnik erweisen, die durchaus in die originale Textsubstanz eingreift, und die zugleich auch ein durchaus respektables Stilniveau aufweisen kann. Was nun die rein expansive Kleininterpolation anbelangt, so ist es sicher in den meisten Fällen unmöglich, sie auch nur annähernd zu datieren, und die Frage, ob es sich dabei um eine Bühnen- oder Leseinterpolation handelt, ist zumeist nicht zu beantworten; vielleicht ist sie auch gar nicht sinnvoll. Außer in ganz wenigen Fällen könnten die Motive einer Interpolation grundsätzlich sowohl im Kontext einer Bühnenbearbeitung als auch für

---

285 Vgl. den Apparat meiner Ausgabe zu 590–639, 509–606, 633f., 636 und 638; die Bearbeitung verfolgt offenbar den Zweck, Klytaimnestra einen wirkungsvollen Auftritt mit großem Hofstaat zu gewähren; sie muß mit der gut belegten Vorliebe des hellenistischen Theaters für großes optisches Spektakel in Zusammenhang gesehen werden (vgl. Lefkowitz 1984, 150), man vergleiche insbesondere die Angabe der Hypothesis zur Inszenierung von A. *Ag.* 370–1 (dazu zuletzt Taplin 305).

die Interpolation eines Lesetextes verständlich sein. Ein besonders lehrreiches Beispiel ist in dieser Hinsicht der interpolierte Vers E. *Hel.* 1512 (ἄναξ τὰ κάκιστ' ἐν δόμοις ηὑρήκαμεν) in dem Kannicht[286] zu Recht eine Kurzfassung für eine vollere Einleitung des Botenauftritts vermutet hat. Die Prosodie des Verses datiert ihn eindeutig in nachchristliche Zeit. Dennoch liegt der Bearbeitung dasselbe Motiv zugrunde, das wir in der Tilgung von E. *Phoen.* 1–2, E. *El.* 1 und insbesondere E. *Med.* 1121 beobachten konnten[287]. Zumindest im Falle von *Phoen.* 1–2 lehrt ein Papyrus[288], der die kurze Fassung bietet, daß die Tilgung bereits vor dem ersten vorchristlichen Jahrhundert vollzogen war. Zudem haben wir festgestellt, daß die Kritik an derartig vollen Anreden insbesondere bei Botenauftritten bereits auf Aristophanes zurückgeht[289]. Das Beispiel zeigt, wie hinter zeitlich weit auseinanderliegenden Interpolationen dasselbe Motiv stehen kann. Dabei mag es sich durchaus im einen Falle um eine Bühnenbearbeitung, im Falle von E. *Hel.* 1512 vielleicht um eine Leseinterpolation handeln. Das Beispiel darf auch als Bestätigung dafür angesehen werden, daß wir sehr wohl Zeugnisse zur Stilkritik und Stilverbesserung aus der Spätzeit zur Illustration von Bearbeitungen einer früheren Zeit heranziehen dürfen. Bei der Datierung und Herkunftsbestimmung von Interpolationen sind wir freilich zu größter Vorsicht aufgerufen.

Dennoch ist man berechtigt zu fragen, ob es wahrscheinlich ist, daß die Masse der Kleininterpolationen eines oder weniger Verse in ihrer überwiegenden Zahl wirklich auf die Bühne zurückgeht. Bei aller gebotenen Vorsicht darf man vielleicht doch vermuten, daß insbesondere Fälle von Konkordanzinterpolation, jedoch auch die häufigen Beispiele für erklärende oder ähnliche stupide expansive Interpolationen, Interpolation von Gnomen oder auch Interpolationen zur Heilung eines korrupten Textes oder vermeintlich defektiver Syntax in ihrer Mehrzahl mit einiger Wahrscheinlichkeit zur Interpolation von Lesetexten gehören. Jedenfalls gibt es einige sehr typische Beispiele für derartige Interpolationen, die sich aufgrund der Metrik oder der Sprache eindeutig spät datieren lassen[290], obwohl dies nach dem eben Gesagten natürlich nicht unbedingt Rückschlüsse auf ähnlich andere Fälle zuläßt.

---

286 Im Apparat und Kommentar zur Stelle; zur Metrik s. unten Anm. 290.

287 S. oben 26 ff.

288 P. Edfou 3, 326 (1. Jh. v. Chr.), s. oben 26.

289 S. oben 30.

290 Im Falle von Konkordanzinterpolationen muß es sich selbstverständlich gar nicht um bewußt vorgenommene Textentstellungen handeln (vgl. zu diesem Problem Dovers grundlegende Bemerkungen in seinem Beitrag zur Aristophanesinterpolation). Für aus metrischen Gründen spät zu datierende explikative Interpolationen vgl. etwa S. *El.* 691 (ᾰ̆, vgl. oben 59 mit Anm. 152). E. *Phoen.* 1235 (ᾰ̆λις); gnomisch: *Hel.* 905 (ᾰ̆δικος), *Ion.* 616–7 (θανᾱσίμων), 632 (μέτρῑα); zur Metrik s. Jachmann, ‚CP' 343 (= 432) Anm. 19, *Binneninterpolation* I 134 (= 539) Anm. 1, West, *BICS* 28 (1981), 74 f.; vgl. auch Renehan 29.

Wenn wir nun die im vorigen diskutierten Kurzfassungen betrachten, so darf es grundsätzlich durchaus als möglich gelten, daß manche der kleineren Eingriffe, insbesondere die ersatzlose Auslassung von Versen (etwa in einem Gleichnis), oder u. U. auch kleinere Ersatzinterpolationen relativ spät zu datierende Eingriffe in einen Lesetext sind[291]. Hingegen sind Eingriffe in die Großstruktur, insbesondere die konsequente Bearbeitung eines ganzen Stückes, wie wir das bei den Trachinierinnen beobachten konnten, mit ziemlicher Sicherheit auf die Bühne zurückzuführen, und in den Trachinierinnen spricht ja insbesondere die kurze lyrische Partie für eine frühe Datierung. Gerade die Kürzung berichtender Reden ganz allgemein leuchtet unmittelbar als Bühnenbearbeitung ein, und diese Annahme wird durch die eindeutig früh zu datierende Parallele im ersten Epeisodion der *Aulischen Iphigenie* gestützt. Die Kürzungen von Botenberichten, insbesondere der *Elektra* wird man mit einiger Wahrscheinlichkeit hierhersetzen dürfen. Sicherlich führen jedoch rein innere Gründe in dieser Frage nicht viel weiter.

Die urkundliche Evidenz für Interpolationen im Tragikertext ist zwar nicht gerade überwältigend, jedoch durchaus beachtlich genug, um gewisse allgemeine Schlußfolgerungen zu erlauben. Schwankungen im Versbestand unserer Textzeugen, die nicht auf mechanischen Ausfall zurückzuführen sind, finden sich praktisch über die gesamte dokumentierte Überlieferungsphase bis hin zu den mittelalterlichen Handschriften[292]. Dane-

---

[291] S. etwa oben 93 f.; vgl. auch unten 103 f.

[292] Tragische Papyri betreffen fast alle die *Phoenissen*; einschließlich der oben (26) bereits besprochenen Papyruszeugen für die Kurzfassung des Anfangs ohne Vv. 1–2 gibt es bisher fünf Textzeugen zu diesem Stück, die nun Minusverse aufweisen, die ohne Schaden fehlen können (Mastronardes Π^{16} läßt neben Vv. 1–2 auch V. 52 und teilweise auch V. 11 aus [vgl. Mastronarde in der Praefatio S. XVIII] aus, 52 fehlt auch in Π^{17}, 291–2 und 307 in Π^{13} und 778 und 781 in Π^{10}), daneben finden sich auch einige kürzere Versionen lyrischer Passagen (vgl. dazu Haslam 2, Mastronarde l. c.). Diese recht hohe Konzentration von Auslassungen entbehrlicher Verse in Papyri zu demselben Stück macht die Annahme von mechanischem Ausfall (so Mastronarde l. c. für die meisten Fälle) extrem unwahrscheinlich. Außer am Anfang des Stückes, wo bewußte Tilgung hinter der kürzeren Version steht, sind alle anderen ausgelassenen Verse interpoliert (s. Haslam 3).

Was Sophokles angeht, bezeugt immerhin P. Oxy. 2180 die Interpolation von *OT* 531 (vgl. Sophoclea 92), und vielleicht fehlt auch *OT* 8 (s. *Sophoclea* 79). Die Auslassung von S. *Ai.* 65 in P. Oxy. 2053 ist wohl mechanisch zu erklären.

Zu Schwankungen im Versbestand der mittelalterlichen Handschriften vgl. oben 25 f. zu *Med.* 945 und 1121. Der beste Beweis dafür, daß es sich auch bei Auslassungen in mittelalterlichen Handschriften nicht unbedingt um mechanischen Ausfall handeln muß, sondern durchaus antike Schwankungen im Versbestand repräsentiert werden können, ist die Überlieferungslage zu E. *Hec.* 756–9, wo die Handschriften in größere Gruppen mit verschiedenem Versbestand zerfallen (s. Diggles Apparat), und es kann überhaupt kein ernsthafter Zweifel bestehen, daß diese Divergenzen auf die antike Überlieferungsphase zurückgehen; dies zeigt nicht zuletzt ein unpublizierter Oxyrhynchospapyrus des zweiten vorchristlichen Jahrhunderts (Diggles Π^{7}), der Minusverse gegenüber der vollsten Version aufweist, allerdings mit keiner Handschriftengruppe übereinstimmt.

ben stehen auch Nachrichten der Scholien, die beweisen, daß man auch in nachalexandrinischer Zeit derartige Schwankungen im Hinblick auf die Echtheitskritik registriert und wohl auch selbständig Kollationen durchgeführt hat[293]. Charakteristisch für den Überlieferungsbefund hinsichtlich des Versbestandes in der Tragödie ist dabei die Tatsache, daß einzelne Textzeugen fast immer durch Minusverse, so gut wie niemals durch Plusverse von der Vulgata abweichen[294]. Auch die Scholien sprechen stets davon, daß Verse unserer Vulgata in bestimmten Textzeugen, u. U. sogar in den ältesten oder gar in einer Mehrheit von Textzeugen fehlen[295]; niemals erfahren wir in den Scholien von Zusatzversen über die Handschriftenvulgata hinaus. In der Vulgata durch mechanischen Ausfall verlorene Verse finden sich in seltenen Fällen in der indirekten Überlieferung bis in späteste Zeit[296]. Dies zeigt, daß Versverlust auch in relativ später Zeit unsere gesamte Überlieferung befallen konnte, und daß wir durchaus damit rechnen dürfen, daß auch noch nachalexandrinische Tilgungen sich in Einzelfällen in unserem Text niederschlagen konnten. In der Masse ist dies angesichts der Tendenz der Vulgata zu Vollständigkeit jedoch äußerst unwahrscheinlich. Andererseits lehrt der Überlieferungsbefund, daß nicht einheitlich, ja sogar minderheitlich bezeugte Verse in der Regel in den Text der Vulgata integriert wurden; die Voraussetzungen zum Eindringen von Interpolationen waren jederzeit gegeben.

Die unterschiedlose Aufnahme von Plusversen in die Vulgata, die wir in der Tragikerüberlieferung beobachten können, ist durchaus keine Selbstverständlichkeit. In der Überlieferung anderer griechischer Autoren, die stärkere Schwankungen im Textbestand aufweist, begegnen wir durchaus auch anderen Tendenzen. So finden wir etwa in der Homer- oder auch der Hesiodüberlieferung immer wieder einzelne Textzeugen mit Plusversen, insbesondere Papyri, bis in die Spätzeit hinein[297]. Allerdings läßt sich in der besonders reich dokumentierten antiken Überlie-

---

293 Vgl. Reeve 1, 252 ff.

294 Plusverse finden sich nur ganz vereinzelt in einzelnen mittelalterlichen Handschriften (vgl. etwa S. *Phil.* 73); dabei handelt es sich jedoch fast immer um das Eindringen von Randbemerkungen, nicht um absichtliche Interpolation. Der betreffende Passus könnte erst in byzantinischer Zeit, vielleicht gar erst vom Schreiber einer derartigen Handschrift selbst aufgenommen worden sein; es liegt hier kaum antike Überlieferung vor. Die einzige Ausnahme ist vielleicht die Schlußformel ὦ μέγα σεμνὴ νίκη κτλ. am Ende des *Hippolytos* in A und V^3 (vgl. Barrett zur Stelle); doch selbst hier könnte es sich um die Aufnahme einer Randbemerkung durch den Schreiber von A oder seiner Vorlage handeln (V^3 könnte A gekannt haben!). Die beiden am Ende des sophokleischen *Aias* in D und O überlieferten Trimeter (s. Dawe, *Studies* I 118) sind keine Interpolation im eigentlichen Sinne und gehören nicht hierher.

295 S. oben Anm. 298; zur Hypothesis des *Rhesus* s. unten 103.

296 Etwa S. *Ant.* 1167 oder auch E. *IA* 394 a; für interpolierte Zusatzverse in Florilegien s. unten.

297 Etwa zu Hesiods *Erga* P. Genav. 94 (5. Jh. = ^{8} West) und P. Michigan (1. Jh. = Π^{19}); vgl. auch West zu den betreffenden Stellen und S. 77; s. auch unten die folgende Anm.

ferungsphase des Homertextes feststellen, daß zusätzlicher Textbestand sich im wesentlichen doch in Zeugen aus der frühalexandrinischen Periode findet[298]. Man darf wohl annehmen, daß die ungeheuer großen Divergenzen in der Textgestalt der frühalexandrinischen Homerüberlieferung es unmöglich machten, bei der Herstellung eines einheitlichen Textes alle Varianten zu berücksichtigen, ein derartiger Text wäre zu unhandlich geworden. Es war somit eine Auswahl unter den nicht einheitlich überlieferten Versen geboten.

Trotz einer inzwischen durchaus beachtlichen Anzahl von Tragikerpapyri der ptolemäischen Zeit ist es uns nicht möglich, die voralexandrinische Textphase des Tragikertextes auch nur in dem bescheidenen Ausmaß zu beurteilen, in dem uns dies bei Homer erlaubt ist. Insbesondere geben die voralexandrinischen Tragikerpapyri für etwaige Schwankungen im Versbestand nichts her[299]. Dennoch sind vielleicht einige Vermutungen zur Herstellung des Tragikertextes in der Ausgabe des Aristophanes von Byzanz möglich.

Die Tendenz zur vollständigen Bewahrung des überlieferten Textbestandes in der Tradition der Tragiker zeigt sich nicht nur in der fast ausnahmslosen Aufnahme von Plusversen in die Vulgata, sie tritt in einem weiteren Phänomen vielleicht noch krasser zutage. Wir haben bei unserem Durchgang durch die Kurzfassungen im Sophoklestext neben der gelegentlichen Auslassung einzelner Verse insbesondere immer wieder kürzende Ersatzfassungen angenommen, die in der Regel neben dem Original, das sie ersetzen sollen, in unserem Text überliefert sind, und wir haben im ersten Abschnitt unserer Untersuchung auch einige dokumentierte Fälle für diese Parallelüberlieferung beobachten können. Die Tatsache, daß unser Tragikertext sich gegenseitig ausschließende Alternativfassungen nebeneinander überliefert, ist ein längst bekanntes Phänomen, das sich ganz unabhängig von dem speziellen Problem der Kurzfassung immer wieder feststellen läßt, und das auch anderswo nicht ohne Parallele ist[300].

Man nimmt allgemein an, daß in diesen Fällen die alexandrinische Tragikerausgabe beide Fassungen in einem Text vereinigte und sie durch

---

298 Vgl. West, *Papyri* ‚Transmission' 45 ff.; vgl. auch Jachmann, *Vom frühalexandrinischen Homertext, Nachr. Akad. Göttingen, Phil.-hist. Kl.* Nr. 7 (1949), 167 ff. (= *Textgeschichtliche Studien* 826 ff.), Turner 107 ff., Pfeiffer 138 ff. Zu Hesiod sind bisher keine ptolemäischen Papyri bekannt geworden.

299 Die Tatsache, daß eine Anthologie wie der der berühmte Straßburger Liederpapyrus, P. Straß. WG 307 (Mastronardes Π^5) *Phoen.* 1710–1736 bietet, kann nicht mit Sicherheit als Indiz für das Fehlen von *Phoen.* 1737 ff. in einem Teil der handschriftlichen Überlieferung herangezogen werden (so etwa Friedrich 275 f. = 96 f.), doch bezeugt der Papyrus eine Interpolation in 1732, vgl. Mastronarde, *ZPE* 38 (1980), 36.

300 Ein besonders klarer, dokumentierter Fall einer Ersatzinterpolation ist der zwischen S. *Ai.* 554 und 555 in allen Handschriften überlieferte Vers (om. Stob.), der bereits von Valckenaer getilgt wurde und nicht in die heute gängige Verszählung eingegangen ist. Zu Ersatzfassungen in Plautus vgl. jetzt Zwierlein I, 17. 22 f., 40 ff. passim.

kritische Zeichen als Alternativen kennzeichnete[301] (etwa durch den Obelos bei der für unecht gehaltenen Version). Wie gesagt ist die voralexandrinische Textphase für die Tragikerüberlieferung kaum greifbar, doch sind immerhin einige indirekte Schlußfolgerungen möglich. Betrachten wir einmal die größeren, sicher voralexandrinischen Bühnenbearbeitungen, die wir in unseren Texten noch fassen, so stellen wir fest, daß im Falle der *Phoenissen* oder Aeschylus' *Septem* die alexandrinische Ausgabe offenbar die bearbeitete Version gab, ohne den gesamten Textbestand des Originals zu bewahren[302]. In diesen beiden Fällen kann man vielleicht annehmen, daß das Original den alexandrinischen Gelehrten nicht mehr zugänglich war. Man kann sich gut vorstellen, daß die Bearbeitung hier so erfolgreich war, daß sie das kürzere Original sehr früh völlig verdrängte. Diese Annahme wird u. U. bestätigt durch die Überlieferung der beiden Iambenprologe zum *Rhesus* in der Hypothesis. Was den ersten von Dikarch zitierten Prolog angeht, ist es ziemlich wahrscheinlich, daß den alexandrinischen Herausgebern eben nur der erste Vers aus Dikaiarchs Zitat bekannt war, und dabei könnte es sich u. U. sogar um den Anfangsvers des Prologs zum echten euripideischen *Rhesus* handeln, der den Alexanrinern offenbar nicht mehr erhalten war[303].

Es scheint jedoch durchaus auch einige Beispiele für ersatzlose Ausscheidung von unechtem Gut in der Tragikerüberlieferung zu geben. So liegt nicht unbedingt ein Grund dafür vor, warum der zweite unechte Iambenprolog zum *Rhesus* den Alexandrinern nicht erhalten gewesen sein soll, dennoch wird er nur in der Hypothesis unvollständig zitiert, fehlt jedoch in allen uns bekannten Textzeugen. Wir haben zwar oben festgestellt, daß die direkte Überlieferung uns in der antiken Textphase keine Plusverse in einzelnen Textzeugen bietet, dies gilt jedoch nicht ganz für die indirekte Überlieferung. Einem Beispiel für die Bewahrung einer unechten Alternativfassung alleine in der indirekten Überlieferung sind wir ganz zu Anfang unserer Untersuchung bereits begegnet, in der nur bei Stobaeus überlieferten Kurzfassung für S. *OT* 63–64[304]. Von der Vulgata stark abweichende Textfassungen sind auch zu zwei anderen Tragikerstellen, zu E. *Hcld.* 297–301 und *Suppl.* 433–7, in Stobaeus überliefert.

[301] S. Pfeiffer 221, 234; vgl. auch Zwierlein I, 6 Anm. 2, II, 235.

[302] Daß die Septem ursprünglich mit V. 1004 endeten, scheint mit mit Hutchinson zur Stelle unwahrscheinlich; viel fehlt wohl nicht, doch vermutlich sind einige wenige Verse der Bearbeitung zum Opfer gefallen.

[303] Diese Möglichkeit wird immherin erwogen von Ritchie 35 ff. Vermutlich war auch der echte Prolog zu Euripides' *Archelaos* (s. oben Anm. 244) den Alexandrinern nicht mehr vollständig bekannt. Das Scholion zu Ar. *Ran* 1206 ff. legt wohl doch die Annahme nahe, daß zumindest zu Aristarchs Zeit bereits die Ansicht bestand, die von Aristophanes zitierten Verse seinen der echte, nicht mehr vollständig erhaltene Prolog des Stücks. Dies spricht trotz Harders Gegenrede für Pages Bearbeitungshypothese.

[304] S. oben 22.

Die Funktion der bei Stobaeus überlieferten Ersatzvision ist in diesen beiden Fällen nicht ganz klar, es wäre u. U. möglich, daß es sich insbesondere im ersten Falle um eine erst im Rahmen der Aufnahme der Verse in ein Florilegium entstandene Interpolation handelt[305]. Die für *OT* 62–4 bei Stobaeus erhaltene Ersatzvision weist jedoch darauf hin, daß die Möglichkeit von nur noch in Stobaeus greifbaren Bearbeitungen durchaus nicht auszuschließen ist. In diesem Falle garantiert der Gewährmann des Zitats Teles voralexandrinischen Ursprung der Version, und in der Tat ist uns auch ein ins dritte vorchristliche Jahrhundert zu datierendes Papyrusfragment eines Florilegiums[306] erhalten, das einen stark entstellten Text einer Partie aus Euripides' *Hippolytos* samt einem sonst nirgends erhaltenen Plusvers bietet. Wir sind somit durchaus zu der Annahme berechtigt, daß Florilegien uns u. U. eine voralexandrinische Textgestalt überliefern können, und zumindest in den letzten beiden Fällen scheinen wir es mit von Aristophanes nicht in seine Ausgabe aufgenommenem unechten Material zu tun zu haben.

Ein Beispiel für die Erhaltung von zwei alternativen Prologen zu einem Stück im Text, und nicht wie in Falle des *Rhesus* nur in der Hypothesis, liegt wahrscheinlich in der *Aulischen Iphigenie* vor. Hier ist allerdings aus verschiedenen Gründen Vorsicht geboten. Zum einen besitzen wir die beiden Prologe in einer integrierten Form, zum anderen läßt die besondere Überlieferungslage der alphabetischen Stücke des Euripides nicht unbedingt eine Verallgemeinerung zu. Andererseits darf es doch als eher unwahrscheinlich gelten, daß beide Prologe überlebt haben sollten, wenn sie nicht in der alexandrinischen Ausgabe erhalten worden wären. Die Homerüberlieferung zeigt jedenfalls, daß die in der alexandrinischen Vulgata ausgeschiedenen Fassungen in der späteren Überlieferung in der Regel nicht mehr auftauchen, und es scheint somit wenig wahrscheinlich, daß uns der unechte Iambenprolog erhalten wäre, wenn die Alexandriner ihn ganz aus dem Text verbannt hätten. Es darf wohl angenommen werden, daß die alexandrinische Ausgabe die beiden Prologe hintereinander im Text beließ, zu späterer Zeit wurden sie dann von einem Bearbeiter, der, aus welchen Gründen auch immer, beide Prologe bewahren wollte, zu einem kohärenten Text vereinigt. Der Vereinigung zweier konkurrierender Textfassungen zu einem einheitlichen Text durch Umstellung sind wir auf kleinerem Raum bereits begegnet, insbesondere in dem dokumentierten Fall E. *Med.* 723 ff.[307]. Dieses per-

---

305 S. Zuntz 44 f. zu *Hcld.* 297 ff. und Collard zu *Suppl.* 433–7; anders Page 69, vielleicht zu Recht s. unten.

306 P. Berol. 9772 (*Berliner Klassiktertexte* V 2 [1907], 123 ff.; Diggles Π^4); vgl. auch Barrett S. 83.

307 S. oben 21 f. vgl. auch 55 ff. zu S. *Ai.* 961 und *El.* 709 ff. Ein weiteres Beispiel für die Integration einer Ersatzfassung durch Versumstellung bieten etwa E. *IA* 633–4, 631–2 (vgl. den Apparat meiner Ausgabe). Derartige Manöver sind ein eindeutiges Indiz für be-

verse Verfahren ist gewiß in eine spätere Zeit zu setzen, der die kritischen Zeichen unbekannt oder verloren waren, und die von dem Vorkommen von Ersatzfassungen keine Vorstellung mehr hatte[308]. Ähnlich wie mit dem Prolog dürfte es sich auch mit der Exodos der *Aulischen Iphigenie* verhalten. Das bei Aelian erhaltene Fragment der echten Exodos geht wahrscheinlich auf ein Zitat aus Aristophanes von Byzanz zurück[309], und selbst wenn dies nicht beweisbar ist, es ist in jedem Falle wieder wahrscheinlich, daß die echte Exodos in der alexandrinischen Ausgabe erhalten war, wenn Aelian bzw. sein Gewährsmann sie zitieren konnte. Der in nachchristlicher Zeit entstandene Schluß der Exodos weist darauf hin, daß zu dieser Zeit das Ende des Stücks wohl verloren war. Wahrscheinlich stand die echte Exodos hinter der in ihrem ersten Teil noch erhaltenen unechten Exodos und ging so vollständig verloren.

Zusammenfassend läßt sich sagen, daß die Alexandriner nicht nur bei Homer, sondern offenbar auch im Falle der Tragödie uneinheitlich bezeugtes Versgut nicht unbedingt in vollem Umfange in den Text aufgenommen haben. Ganz unabhängig von der verstreuten Evidenz für unechte Verse außerhalb unserer Vulgata ist es ja auch bezeichnend, daß wir nur in sehr wenigen Fällen in unserem Tragikertext noch Spuren einer durchgreifenden Bearbeitung eines ganzen Stückes finden. Es ist recht wahrscheinlich, daß nicht nur die *Phoenissen* oder die *Aulische Iphigenie* umfangreichen Bearbeitungen ausgesetzt waren, sondern auch manch anderes uns erhaltenes Stück. Dennoch finden sich im Text selbst eines so beliebten und häufig wiederaufgeführten Stückes wie etwa des *Orest* keine Spuren einer derart umfassenden Umgestaltung[310]. Man muß wohl annehmen, daß Aristophanes in der Regel derartige Bearbeitungen ignorierte, nur in wenigen Fällen lagen ihm offenbar keine Textzeugen vor, die ihm eine Eliminierung größerer unechter Teile erlaubten[311]. Bei weniger umfangreichen Interpolationen konnte er in der Regel jedoch konservativ verfahren und selbst alternative Fassungen einzelner Verse im Text belassen, solange dies die Handlichkeit des Textes nicht beeinträchtigte.

---

wußte Texteingriffe aus relativ später Zeit. Sie gehören zusammen mit Interpolationen zur Heilung eines korrupten oder defektiven Textes, man vgl. insbesondere die Interpolation von *IA* 652 und 665 zur Wiederherstellung der durch inkorrekte Versordnung gestörten Stichomythie (s. den Apparat meiner Ausgabe zur Stelle) oder die Herstellung eines kontinuierlichen Textes bei Versausfall in *IA* 394 und S. *Ant.* 1166 f.

[308] S. oben 102 ff.

[309] S. fr. I im Anhang meiner Ausgabe der *IA*.

[310] Nach der Einschätzung eines recht radikalen Herausgebers wie Willink S. LXII Anm. 113 bewegt sich der Anteil der interpolierten Verse im Dialog um 7%. Das ist unvergleichlich viel weniger als in den *Phoenissen* oder gar in der *Iphigenie*.

[311] Im Falle der *Aulischen Iphigenie* mag sich Aristophanes von Byzanz durchaus im Zweifel gewesen sein, welcher Prolog und welche Exodos echt waren.

2. Einzelprobleme

Aias

ὁθούνεκ' αὐτὸν ἐλπίcαντες οἴκοθεν 1052
ἄγειν Ἀχαιοῖc ξύμμαχόν τε καὶ φίλον,
ἐξηύρομεν ζητοῦντες ἐχθίω Φρυγῶν·

Lloyd-Jones/Wilson haben zu Recht ζητοῦντες verworfen[312] und Reiskes ξυνόντεc aufgenommen. Reiske ist in der Tat genau auf das richtige Verbum verfallen, doch läßt sich sein Text weiter verbessern. Der Bezug von ξυνόντεc auf das Subjekt scheint nicht unbedingt das Gebotene, trotz der erreichten Parallelität ἐλπίcαντες ... ἄγειν – ἐξηύρομεν ξυνόντεc. Besser wäre ἐφηύρομεν ξυνόντ' ἔτ'[313] ἐχθίω Φρυγῶν: „Wir, die wir einst glaubten, ihn zum Gefährten gewinnen zu sollen, mußten, als er dann unter uns war, leider feststellen, daß wir uns da ein schönes Kuckucksei ins eigene Nest gelegt hatten."

τὰν ἄπαυcτον αἰὲν ἐμοὶ δορυccοή-
των μόχθων ἄταν ἐπάγων
ἀνὰ τὰν εὐρώδη Τροίαν 1190
δύcτανον ὄνειδοc Ἑλλάνων;

1190 respondiert mit einem Glykoneus ὦ πόνοι πρόγονοι πόνων (1198). Wilamowitz[314] versucht die Überlieferung in 1190 zu retten, indem er Τροΐαν mißt[315]. Man muß dann aber zumindest ἂν für ἀνὰ einsetzen[316] (so bereits Ahrens, erwogen auch von Wilamowitz). Volle Responsion wäre erreicht, wenn man neben ἂν Musgraves kluges εὐρυεδῆ aufnähme[317]. Es ist jedoch eher unwahrscheinlich, daß ein ἅπαξ wie εὐρώδηc durch Korruptel entstanden ist. εὐρώδηc ist eine völlig legitime Erweiterung von εὐρύc[318]. Es ist weder nötig, zu phantastischen Neudeutungen

---

[312] Vgl. auch Dawe, *Studies* I 163f. Die häufig zur Verteidigung die Überlieferung ins Feld geführte Tatsache, daß ἐφευρίcκω ζητῶν eine so ungemein häufige Verbindung ist, erklärt nur die Korruptel s. *Sophoclea* 33.

[313] ζητοῦντ' ἔτ' ἐχθίω bereits van Eldik.

[314] Vgl. VK 511.

[315] Ob man dann Τροΐαν oder Τρωίαν schreibt, ist natürlich gleichgültig.

[316] Ein choriambischer Dimeter ⏑⏑––––⏑⏑– ist nur *IT* 1120 (⏕––––⏑⏑–) überliefert, doch ist der Text unsicher (vgl. Platnauer zur Stelle). Mit Musgraves εὐρυεδῆ (s. unten) ergäbe sich ein Glykoneus mit äolischer Basis ⏑⏑–; vgl. dazu Itsumi 74f.

[317] Vgl. Simonides 542, 24 LP.

[318] S. A. Debrunner, *Griechische Wortbildungslehre* (Heidelberg 1917), 195; vgl. auch C. A. Lobeck, *Phrynichi Eclogae* (Leipzig 1820), 541.

zu greifen[319], noch ist das Wort am geringsten verdächtig[320]. Gegen ἂν hat man eingeweandet, daß Apokope von ἀνὰ bei Sophokles nicht bezeugt ist[321]. Sie ist bezeugt bei Euripides und Aeschylus, und wenn ein vergleichsweise so seltenes Phänomen[322] bei Sophokles (mit fünf Bezeugungen für ἀνὰ) nicht vorkommt, so kann das Zufall sein. Zudem ist Apokope von ἀνὰ im Kompositum auch bei Sophokles dreimal belegt[323]. Es lassen sich jedoch gegen Wilamowitz' dreisilbiges Τροΐα mit kurzer erster Silbe Bedenken erheben. Dreisilbiges Τρωία mit langer erster Silbe (erleichtert durch das häufigere dreisilbige Τρωϊκόϲ) ist für die Tragödie in A. *Cho.* 363 zweifelsfrei belegt und für E. *El.* 440 und E. *Andr.* 305[324] konjiziert worden. Τροΐα mit kurzer erster Silbe ist selten; für die Tragödie ist es nur im *Rhesus* 231, 262 (wohl als Epizismus) belegt, und dort findet sich auch dreisilbiges Τροΐα (360). Daß kurzgemessenes Τροία bzw. Τροΐα tragischer Sprache an sich fremd ist, mag damit zusammenhängen, daß die Tragödie im Inlaut nur Kürzung von Diphthong, nicht von Langvokal vor Vokal zu kennen scheint. Man wird vorsichtig sein, Sophokles Τροΐα zuschreiben zu wollen. Ich schlage vor, zu τὰν εὐρώδε' ἀνὰ Τροίαν umzustellen[325].

ἐκεῖνοϲ οὔτε ϲτεφάνων
οὔτε βαθειᾶν κυλίκων 1200
νεῖμεν ἐμοὶ τέρψιν ὁμιλεῖν

~ καὶ πρὶν μὲν ἐννυχίου 1211
δείματοϲ ἦν μοι προβολὰ
καὶ βελέων θούριοϲ Αἴαϲ ...

1199 κεῖνοϲ FHXs^{pc}T
1211 πρὶν ⟨οὖν⟩ ἐννυχίου (om. καὶ) T

Wolff ergänzt in 1211 zu καὶ πρὶν μὲν ⟨αἰ⟩ὲν νυχίου, um Responsion herzustellen. Diese Lösung gehört zu der gar nicht geringen Zahl an Textergänzungen, die obwohl inhaltlich-stilistisch flach, allein wegen ihrer paläographischen Einsichtigkeit weitgehende Zustimmung gefunden haben. ἐννυχίου wird jedoch durch den Anklang in 1203 geschützt. Zunächst einmal ist hier zu fragen, ob wirklich in 1211 und nicht eher in

---

319 So Nuchelmans 51 f.; vgl. auch Breitenbach 40 f.

320 Verteidigt *Sophoclea* 35.

321 S. Ellendt-Genthe s.v. ἀνα.

322 S. Bond zu E. *HF* 389.

323 *Ai.* 416, *Tr.* 335, F 476, 2.

324 *El.* 440 darf Seidlers Τρωία für überliefertes Τροία als sicher gelten. Andr. 305 ist Murrays οὓϲ ἀμφὶ Τρωίαν πόνουϲ für unmetrisches μόχθουϲ οὓϲ ἀμφὶ Τροίαν sehr plausibel, wenn auch nicht sicher.

325 Die Langmessung vor anlautender Muta cum Liquida ist in der präpositionalen Gruppe nicht zu beanstanden, s. Barrett zu E. *Hipp.* 780. Τροίαν muß nicht kurz gemessen werden; zur Responsion ⏑‒~‒‒ am Ende des Glykoneus vgl. Itsumi 75, Barrett, *Hipp.* S. 299.

der Strophe in 1199 einzugreifen ist. Hermanns οὐ für οὔτε in 1199 ist eine höchst plausible Heilung; die Korruptel von οὐ zu οὔτε wäre durch das folgende οὔτε geradezu vorprogrammiert[326]. Grundsätzlich gibt es wohl keine Möglichkeit, den Sitz der Korruptel mit Sicherheit zu entscheiden. Solange für 1211 keine allseits schlagende Ergänzung gefunden ist, muß Hermanns Vorschlag als der beste gelten[327]. Es gibt freilich eine Möglichkeit, 1211 zu ergänzen, die paläographisch ebenso einleuchtend ist wie Wolffs Lesung, und die zugleich stilistisch so willkommen ist, daß sie zumindest als ebenso wahrscheinlich gelten darf wie Hermanns Text. Man lese καὶ πρὶν μὲν ⟨ἦν⟩ ἐννυχίου/δείματος, ἦν μοι προβολὰ καὶ βελέων „sed prius erat nocturnae sollicitudinis, erat mihi telorum quoque praesidium".

Emphatische Doppelung begegnet in derselben Passage nur wenig weiter unten[328], und sie steht dem Anfang einer Strophe besonders gut an. Das steigernde καὶ vor βελέων ist durchaus angebracht. ἐννυχίου δείματος nimmt das Thema der Strophe (1199–1210)[329] auf, βελέων geht darüber hinaus: nicht nur läßt das Vertrauen auf Aias' Stärke den Chor ruhig schlafen, Aias beschütze seine Mannen auch im wirklichen Kampfgeschehen.

Elektra

δράcω· τὸ γὰρ δίκαιον οὐκ ἔχει λόγον 466
δυοῖν ἐρίζειν, ἀλλ' ἐπιcπεύδειν τὸ δρᾶν.

Trotz Stintons neuerlicher Verteidigung der Überlieferung[330] haben Lloyd-Jones/Wilson sich im Apparat ihrer Ausgabe zu Recht unbefriedigt über diese Verse geäußert[331]. Die Änderung eines Buchstabens genügt, einen einfachen, verständlichen Text herzustellen:

δράcω· τί γάρ; δίκαιον. οὐκ ἔκει λόγον
δυοῖν ἐρίζειν, ἀλλ' ἐπιcπεύδειν τὸ δρᾶν.

---

326 Vgl. Denniston, *GP* 509f.; zur Korruptel vgl. etwa *El.* 139 mit *Sophoclea* 46.

327 Lloyd-Jones/Wilson ziehen Hermann Wolff zu Recht vor (*Sophoclea* 36); angesichts der Worttrennung möchte ich jedoch choriambische Auffassung der ionischen Gliederung der Oxfordherausgeber in jedem Fall vorziehen.

328 τίc μοι, τίc ἔτ' οὖν τέρψιc ἔτ' ἔcται (1215); ἔτ' ἔcται Blaydes für ἐπέcται (zu ἔτι ... ἔτι vgl. *Tr.* 829). Vgl. auch oben ἐρώτων ἐρώτων δ' ἀπέπαυcεν (1205). Die meisten Herausgeber lesen ἐρώτων δ' ἐρώτων (coni. Bothe, Hermann) mit **r**. Die besser bezeugte Lesung ἐρώτων ἐρώτων δ(ὲ) ist einwandfrei (vgl. Denniston, *GP* 188; er zitiert E. *Hel.* 331, 370; Ar. *Av.* 856) und darf als lectio difficilior gelten; vgl. auch Diggle, *Studies* 79.

329 Zur Verbindung ‚Nacht-Angst' vgl. Davies zu *Tr.* 149.

330 ‚Notes on Greek Tragedy' II, *JHS* 97 (1977) 131f. = *Collected Papers* 277f.

331 „locus obscurus", zu älteren Erklärungs- und Emendationsversuchen s. *Sophoclea* 46.

δυοῖν gehört zu ἐρίζειν, wie Hermann richtig gesehen hat[332]. Der Chor hat sich in der Auseinandersetzung der Schwestern bislang neutral verhalten (369 ff.); es ist durchaus verständlich, wenn sich Chrysothemis hier von der eindeutigen Unterstützung des Chors für Elektras Forderung in 464 f.[333] beeindruckt zeigt und sagt: „Es wäre unvernünftig euch beiden zu widersprechen, wo euer Verlangen so offenkundig recht ist, und ich muß dementsprechend handeln“[334].

ἄλεκτρ᾽ ἄνυμφα γὰρ ἐπέβα[335] μιαιφόνων
γάμων ἁμιλλήμαθ᾽ οἷςιν οὐ θέμις
πρὸ τῶνδέ τοί μ᾽ ἔχει
θάρςος μήποθ᾽ ἡμῖν
ἀψεγὲς πελᾶν τέρας
τοῖς δρῶςι καὶ ςυνδρῶςιν ...

492 ἐπέβαν R 496 θάρςος μήποθ᾽ r: θάρςος μήποτε μήποθ᾽ P: μήποθ᾽ LZc: μήποτε μήποθ᾽ rell. 496 ὑμῖν CN^c^T, Zc in lin. 497 ἀψευδὲς C in lin.

Der zweifellos korrupte Vers 496 (~ θάρςος ἁδυπνόων κλύου[ςαν 480) stellt uns vor die schwierige Wahl, von welcher der überlieferten Lesarten die Verbesserung ausgehen soll. Dawe hat sich zuletzt auf die Seite derer geschlagen, die das minderheitlich bezeugte θάρςος als Glosse ausscheiden; und er sieht sich dabei in einem Scholion in L bestätigt (λείπει τὸ ἐλπίς· ἢ θάρςος μ᾽ ἔχει κτλ.). Geht man von der Überlieferung der Mehrheit der Handschriften aus, so ist ἐλπὶς tatsächlich als Interlinearerklärung recht einleuchtend, und θάρςος könnte aus der Strophe stammen[336]. So erscheint auch ἐλπὶς in HNOPXr über der Zeile, und selbst θάρςος taucht neben φόβος in C auf. Andererseits spricht θάρςος in der Strophe aber auch für Beibehaltung von θάρςος hier[337]. Wenn GRP genuine Überlieferung bieten, so könnte das supralineare θάρςος in C durchaus Restitution einer ausgefallenen Lesung sein und das vielbezeugte ἐλπὶς Glosse dazu. Auch das Scholion in L muß nicht unbedingt in Dawes Sinne verstanden werden. Im Gegenteil, richtig betrachtet bedeuten die

---

[332] „Quod iustum est, non habet rationem, qua quis cum duobus contendat“, zur Stelle. Vgl. auch das Sprichwort οὐδὲ Ἡρακλῆς πρὸς δύο (*Paroem. gr.* I S. 140, Nr. 49, Pl. *Phaedr.* 89 c 5, auch *Leg.* 919 b 5).

[333] πρὸς εὐςέβειαν ἡ κόρη λέγει· ςὺ δέ,/ εἰ ςωφρονήςεις, ὦ φίλη, δράςεις τάδε.

[334] Zu τί γάρ; vgl. e. g. *OC* 546, E. *Su.* 51, *Or.* 482; zur Ellipse bei δίκαιον e. g. *Ant.* 471.

[335] Zur Lesung ἐπέβαν (R) vgl. Lloyd-Jones/Wilson, *Sophoclea* 52. Zur Neubildung ἁμίλλημα vgl. πάθημα *Tr.* 142; s. auch P. Chantraine, *La formation des noms en grèc ancien* (Paris 1933) 178; Breitenbach 28 f.; Ernst Fraenkel, *Griechische Denominativa in ihrer geschichtlichen Entwicklung und Verbreitung* (Göttingen 1906), 220 ff.; Nuchelmans 26.

[336] Für einen ähnlichen Fall einer aus der unmittelbaren Umgebung entnommenen Glosse vgl. Σ *Ai.* 1322 c (Christodoulou): νέμω aus 1331.

[337] Bei ὕπεςτί μοι θάρςος ἁδυπνόων κλύουςαν ἀρτίως ὀνειράτων (479–81) könnte man an οὐδ᾽ ἀποπτύςαι δίκαν δυςκρίτων ὀνειράτων θάρςος εὐπειθὲς ἵζει φρενὸς φίλον θρόνον (A. *Ag.* 980 ff.) denken. Auch da kehrt θάρςος in der Antistrophe, wenn auch nicht exakt an derselben metrischen Stelle wieder (οὔ το πᾶν ἔχων ἔλπίδος φίλον θράςος 992 f.).

Worte des Scholiasten eher: „Es fehlt ἐλπὶϲ (unter Aufnahme der Vulgata ohne θάρϲοϲ), oder man lese θάρϲοϲ μ' ἔχει". Unter Ausscheidung von ἔχει läßt sich auf der Grundlage von P ein voll befriedigender Text herstellen (πρὸ τῶνδέ τοι θάρϲοϲ μήποτε μήποθ' ἡμῖν[338]), und Interpolation von μ' ἔχει ist durchaus plausibel[339]. Folgt man dagegen der Vulgata und scheidet θάρϲοϲ aus, so führt dies zu einem syntaktisch und metrisch unmöglichen Text.

Neben Wunders Tilgung von μ' ἔχει ist noch eine weitere Möglichkeit zu erwägen. Die oben vorgeschlagene Interpretation des Scholions berechtigt uns θάρϲοϲ μ' ἔχει als Variante ernst zu nehmen. Man könnte versucht sein, πρὸ τῶνδέ τοι θάρϲοϲ μ' Є⟨C⟩XЄ ⟨T⟩I μήποθ' ἡμῖν herzustellen[340]. Dieser Text wäre gewiß anfällig für Korruption, und er trägt vielleicht den überlieferten Varianten am besten Rechnung. Die Umstellung in PGR wäre auf Restitution der ausgefallenen Lesung θάρϲοϲ zurückzuführen[341]. Auch die Doppelung von μήποτε in der Mehrzahl der Handschriften erklärt sich leicht als Interpolation einer Lücke. Diese Lösung hat einigen Anspruch, als Alternative zu Wunders Text bedacht zu werden[342].

Im folgenden hat sich der Verdacht zumeist auf ἀψεγὲϲ konzentriert[343]. Es ist aber nicht unbedingt wahrscheinlich, daß ein so seltenes Wort[344] aus einer Korruptel hervorgegangen ist, und grundsätzlich verspricht (μὴ) ἀψεγὲϲ (τέραϲ) „ein schreckliches Traumgesicht, das nicht ohne Tadel ist" hier guten Sinn. ἀψεγὲϲ reibt sich mit ἡμῖν, und dieses Wort ist neben dem zweiten, ganz offenbar nicht zu koordinierenden Dativ τοῖν δρῶϲι καὶ ϲυνδρῶϲι ohnehin verdächtig. Die Lesung in CN^cTZc, die Purgolds Konjektur ὑμῖν zu bestätigen scheint, muß durchaus ernst genommen werden. Es läßt sich so unter Aufnahme einer minderheitlich bezeugten Variante ein Text herstellen, der nicht von vornherein von der Hand zu weisen ist. Der Wechsel von der dritten Person zur Anrede ohne begleitenden Vokativ ist jedoch hart und für Sophokles so nicht zu belegen[345]. Wäre ὑμῖν hier einhellig bezeugte Überlieferung, so würde man es vielleicht tolerieren, die schwache Bezeugung, verbunden mit der Tatsache,

---

338 So Wunder, Wilamowitz (*VK* 512f.) und Pearson; zu μήποτε vgl. Campbell (*Essay*) § 24 γ 2, S. 14.

339 Zur Interpolation des Verbums vgl. Günther 1, 63 Anm. 34.

340 θάρϲοϲ μ' ἔϲχε τι entspricht ἐθάρϲηϲα; der ingressive Aorist steht wie *OT* 1023 oder *Phil.* 1259, s. Moorhouse 194 § 14; vgl. auch *El.* 897 und 1176.

341 Zur Störung der Wortfolge in Verbindung mit Ausfall vgl. Diggle, *CQ* 33 (1983), 352f., *The Textual Tradition of Euripides' Orestes* (Oxford 1991), 21 Anm. 15, passim.

342 Gestützt wird diese Lösung u. U. durch den Anklang an ἔχειϲ τι θάρϲοϲ in 412.

343 Angefangen mit ἀψευδὲϲ in C, wahrscheinlich eine Konjektur; Bergks recht populäres ἀψεφὲϲ (Hesych. α 8952 mit ἀφρόντιϲτον glossiert und Sophokles' *Phaedra* zugewiesen, vgl. Radt F 692) paßt nicht. μαψετὲϲ (Schneidewin) ist abenteuerlich.

344 Sonst nur im Adverb ἀψεγέωϲ (A. R. 2, 1022).

345 Zum Wechsel zwischen zweiter und dritter Person vgl. Sier 126 Anm. 15.

daß ὑμῖν für ἡμῖν ein leichter Fehler oder gar eine fast jedermann zuzutrauende Konjektur ist, berechtigt zu gesundem Mißtrauen[346]. Man sucht gewiß nach etwas Besserem als ὑμῖν. Ohne viel Aufwand ließe sich μήποτέ ϲφιν ἀψεγὲϲ πελᾶν τέραϲ herstellen. ϲφε in all seinen Formen ist wegen der Folge gerundeter Buchstaben notorisch anfällig für Ausfall[347] und Korruptel, um so mehr hier nach E.

Καί νιν πυρᾶι κέαντεϲ εὐθὺϲ ἐν βραχεῖ
χαλκῶι μέγιϲτον ϲῶμα δειλαίαϲ ϲποδοῦ
φέρουϲιν ἄνδρεϲ Φωκέων τεταγμένοι,
ὅπωϲ πατρῴαϲ τύμβον ἐκλάχηι χθονόϲ.

758 μεγίϲτου ϲώματοϲ. N in lin., s.l. LCP δειλαίαν ?$F^{ac}N^{2s}p^{2s}$, ϲπόδον s.l. $L^2P^2N^2$

Die vier Verse sind sprachlich anstößig und vertragen sich schlecht mit dem Folgenden. μέγιϲτον ϲῶμα δειλαίαϲ ϲποδοῦ „sein (einst) gewaltiger Körper, (jetzt) armselige Asche“, so oder ähnlich übersetzen Jebb und andere; korrekter Sprachgebrauch könnte dies allenfalls mit μ- ϲ- δειλαίαν ϲποδόν ausdrücken[348]. Neue hat das konjiziert, und es wäre gar keine schlechte Verbesserung, doch sind damit die Probleme in dieser Passage keineswegs erschöpft. Die Partizipialform κέαντεϲ[349] ist in der Tragödie nur A. *Ag.* 849 und *Rhesus* 97) belegt, und ἄνδρεϲ Φωκέων τεταγμένοι ist kein geeignetes Bezugswort für κέαντεϲ[350]; εὐθὺϲ verschärft das Problem noch. Streng genommen würde der Satz implizieren, daß dieselben Leute, die die Leiche nach Argos bringen, auch die Feuerbestattung vollzogen haben. Abgesehen davon, daß dies ohnehin kaum plausibel ist, wird diese Auffassung besonders unannehmbar, wenn man εὐθὺϲ mit Jebb zu κέαντεϲ zieht, d.h. der Leichnam sofort nach dem Unfall verbrannt wurde. Es empfiehlt sich nicht εὐθὺϲ mit Kamerbeek und, wenn man aus seiner Interpunktion schließen darf, auch Dawe zu φέρουϲιν zu ziehen; daß Orests grausam verstümmelter Körper sofort verbrannt wird, erklärt, warum nur noch die Asche, nicht der Körper des Toten nach Hause gebracht wird.

---

346 Zumal einer der Zeugen (C) für ὑμῖν auch für ἀψεγὲϲ eine Konjektur einzusetzen scheint (vgl. Anm. 343).

347 Vgl. Diggle, *Studies* 59.

348 Selbstverständlich kann ϲῶμα ϲποδοῦ bedeuten „der aus Asche bestehende Körper“, die Schwierigkeit liegt darin, daß der Gegensatz einst (μέγιϲτον) – jetzt (Asche) nicht in dem Genitiv hineingelesen werden kann. Kaibel hat Neues Konjektur akzeptiert.

349 κέαντεϲ Brunck: κή-, κεί-, καίαντεϲ codd., vgl. O. Lautensach, *Die Aoriste bei den attischen Tragikern und Komikern* (Göttingen 1911), 115f.

350 Kamerbeeks Anakoluth ist unmöglich. Ähnlich hatte bereits Jebb die Stelle zu erklären gesucht, doch seine Parallele Hdt. 8, 124 ist unbrauchbar, möglich sind nur Fälle wie die KG II 107f. (3) angeführten; zum Nominativus pendens und absoluten Nominativ in der Tragödie vgl. auch Günther 3, 409f.

Wenn Elektra an dieser Stelle gehört hat, daß der verbrannte Leichnam des Bruders zur Bestattung in die Heimat gebracht wird, ist es seltsam, daß sie in der anschließenden lyrischen Partie klagt: εἰ ξένοϲ/ ἄτερ ἐμᾶν χερῶν .../ *κέκευθεν* οὔτε του τάφου/ ἀντιάϲαϲ οὔτε γόων παρ' ἡμῶν (865–70). Diese Klage scheint von der Annahme auszugehen, Orest sei in der Fremde begraben worden. Hätte Elektra von der zu erwartenden Überbringung der Urne gewußt, sollte sie eher an ihren Schmerz bei deren Ankunft denken. Noch schwerer wiegt ihre Reaktion auf die Ankunft der Urne in 1108 ff. Nachdem Orest sich als Phoker ausgegeben hat, der Aegisth sucht (1108 f.), fragt Elektra: οἴμοι τάλαιν', οὐ δή ποθ' ἧϲ ἠκούϲαμεν/ φήμηϲ φέροντεϲ ἐμφανῆ τεκμήρια; Darauf erklärt Orest, er komme von Strophios und habe etwas zu melden (1110 f.)[351]. Wenn er dabei auf Elektras Andeutung mit den Worten reagiert οὐκ οἶδα τὴν ϲὴν κληδόν(α), und so tut als wisse er nicht, daß sein Gegenüber um den vermeintlichen Tod Orests weiß, so impliziert dies im Grunde genommen, daß es nicht abgesprochen war, daß der Pädagoge in seinem Bericht über den Unfall die Ankunft eines Boten mit der Asche ankündigen solle[352]. Und wenn Elektra in 1108 f. nicht nur eine naheliegende Vermutung aussprach, sondern tatsächlich auf einen von Strophios geschickten Überbringer der Asche des Bruders vorbereitet war, wie kann sie dann fragen: τί δ' ἔϲτιν, ὦ ξέν; ὥϲ μ' ὑπέρχεται φόβοϲ (1112)?

865 ff. und 1110 ff. setzen voraus, daß Orest und Pylades ohne vorherige Ankündigung mit der Asche erscheinen. Mit 1108 f. nimmt Elektra nicht auf eine derartige Vorankündigung Bezug, sondern spricht nur eine naheliegende Vermutung aus. 757–60 sind von jemandem interpoliert, der glaubte, 1108 f. motivieren zu müssen, ohne dabei zu bedenken, daß 1112 f. Elektras Unwissenheit voraussetzen. In der Formulierung lehnt sich der Interpolator an 1113 f. (ϲμικρὰ λείψαν' *ἐν βραχεῖ/* τεύχει θανόντοϲ ... κομίζομεν) and 1135 (τύμβου πατρῴιου κοινὸν εἰληχὼϲ μέροϲ) an[353].

... πρόδοτοϲ δὲ μόνα ϲαλεύει
'Ηλέκτρα τὸν ἀεὶ πατρὸϲ
δειλαία ϲτενάχουϲ', ὅπωϲ
ἁ πάνδυρτοϲ ἀηδών.

---

[351] οὐκ οἶδα τὴν ϲὴν κληδόν'· ἀλλά μοι γέρων/ ἐφεῖτ' 'Ορέϲτου Στροφίοϲ ἀγγεῖλαι πέρι.

[352] Orests Worte im Prolog (47 ff.) implizieren dies auch keineswegs.

[353] Vgl. auch ϲμικρὸϲ προϲήκειϲ ὄγκοϲ ἐν ϲμικρῶι κύτει (1142); ferner A. *Ag.* 441 ff. und *Cho.* 674 f. Der Gegensatz „kleine Urne/ Grab – großer Körper/ bedeutender Mann" ist überhaupt ein Topos des Grabepigramms s. Kaibel zur Stelle, Nisbet–Hubbard zu Hor. *Carm.* 1, 28, 2 (vgl. auch *A.P.* 7, 18 und 24); darauf beruht auch der Witz in Call. *ep.* 35 (*A.P.* 7, 447) und Ov. *Am.* 2, 6, 59 f. Zur übermenschlichen Größe von Heroen und ihren Gebeinen s. P. Von der Mühll, *Der große Aias*, Rektoratsrede der Universität Basel 1930, S. 12 = *Ausgewählte kleine Schriften* (Basel 1976) 443 f. mit Hinweis auf die einschlägige Literatur.

Den überlieferten Text τὸν ἀεὶ πατρὸς ... στενάχους(α) hat man auf zweierlei Art als elliptischen Ausdruck zu rechtfertigen gesucht: a) τὸν ἀεὶ = τὸν ἀεὶ χρόνον als adverbialer Akkusativ, oder b) τὸν ἀεὶ πατρὸς = τὸν ἀεὶ πατρὸς στεναγμὸν (aus στενάχουσα zu subintelligieren). Hier müssen zwei Erscheinungen auseinandergehalten werden, die zwar gemeinsamen Ursprung haben, in ihrer synchronen Anwendung jedoch zwei verschiedene Phänomene darstellen: 1) Die Ergänzung eines Objektbegriffes aus dem Verbum wie z.B. τὰν καλλίνικον ἀείδειν[354]; ein mit unserer Stelle vergleichbarer Fall von Artikel mit präpositionalem Ausdruck wäre etwa νεναυμάχηκε τὴν περὶ τῶν κρεῶν (Ar. Ran. 191). 2) die adverbiale Verwendung von femininen Adjektiven wie z.B. μακρὰν τείνειν[355]. Zwar geht 2) auf 1) zurück, wie nicht zuletzt die Tatsache zeigt, daß auch in 1) das Femininum vorherrscht, und es sich bei 2) in der Regel um Akkusative handelt, doch ist in 2) das zu ergänzende Substantiv so weit in den Hintergrund getreten, daß es aus dem Bewußtsein des Sprechers geschwunden ist, und man könnte mit Wilamowitz[356] rein deskriptiv von einer „Verwendung des Femininums für unbestimmte Abstrakta" sprechen. Da 2) das Femininum erfordert, scheidet a) für unsere Stelle aus. Diese Deutung ist ohnehin höchst suspekt, da sie uns zwänge neben einem in seiner adverbialen Funktion wenig klaren adverbialen Akkusativ τὸν ἀεὶ das Verbum στενάχουσα ausnahmsweise mit dem Genitiv πατρὸς zu konstruieren. Alternative b) ist noch eher erwägenswert. Hier wäre freilich die Kombination *ἀεὶ* πατρὸς ein so seltsames Attribut zu στεναγμὸν, daß kaum jemand auf den Gedanken kommen wird, diesen Begriff aus dem Verbum zu subintelligieren.

Unter Einhaltung des Metrums scheint es kaum möglich, ein geeignetes Objekt zu στενάχουσα allein aus τὸν oder τὸν ἀεὶ zu gewinnen. Man dehnt deshalb die Korruptel auf 'Ηλέκτρα aus und betrachtet den Namen als eingedrungene Interlinearerklärung. Heaths ἁ παῖς οἶτον ἀεὶ für 'Ηλέκτρα τὸν ἀεὶ hat so viel Beifall gefunden, daß man weitgehend darauf verzichtet hat, weiter zu raten. Vielleicht kann man aber doch zu einer besseren Lösung kommen. Es ist erforderlich, daß Elektra hier unmißverständlich gegenüber Chrysothemis identifiziert wird. ἁ παῖς scheint mir insbesondere nach τέκνων (für beide) in 1071 dafür nicht unbedingt besonders geeignet. Wenn der Name Elektra hier nicht genannt war, dann kann ich mir nur einen Ausdruck vorstellen, der Elektra eindeutig bezeichnet und zugleich kurz genug ist, um uns hier weiterzuhelfen: ἅδε „die hier anwesende (Elektra)" gegenüber der abgegangenen Chrysothemis[357]. Nach ἅδε

---

[354] Vgl. KH II 558f.

[355] Vgl. Kaibel zu *El.* 1062, Fraenkel zu A. *Ag.* 916 mit Literatur.

[356] Zu E. *HF* 681.

[357] Zu ἅδε in einem Chorlied für eine auf der Bühne gebliebene stumme Person vgl. A. *Eum.* 316, S. *OC* 1239. Vgl. auch Ritchie 116, M. Griffith, *The Authenticity of Prometheus Bound* (Cambridge 1972), 124; Taplin 110ff.

benötigen wir einen trochäischen Zweisilbler mit konsonantischem Anlaut oder allenfalls einen amphibrachischen Dreisilbler mit vokalischem Anlaut. Allzu groß ist die Auswahl an geeigneten Begriffen nicht. Dindorfs πότμον hat gute Chancen, das Ursprüngliche zu treffen. Eine Alternative dazu wäre κῆρά τ' ἀεὶ πατρὸϲ κτλ.[358]. Diese Lösung würde u. U. sogar die Annahme einer Interpolation des Namens unnötig machen. ἅδε κῆρά τ' ἀεὶ könnte über attische Vokalisierung ΗΔΕΚΗΡΑΤΕ⟨Α⟩ΑΕΙ zu ΗΛΕΚΤΡΑΤΟΝΑΕΙ korrumpiert sein, insbesondere in diesem Kontext.

Oedipus Tyrannus

Τε. οὐχὶ ξυνῆκαϲ πρόϲθεν; ἦ 'κπειρᾶι λέγειν;
Οι. οὐχ ὥϲτε γ' εἰπεῖν γενωϲτόν, ἀλλ' αὖθιϲ φράϲον.

ἦ Lloyd-Jones/Wilson : ἢ codd.

Angesichts der Tatsache, daß von 357 bis 365 jeder Vers der Stichomythie ein Verbum des Sagens aufweist, ist es unwahrscheinlich, daß das sicher korrupte λέγειν[359] in 360 ganz als Eindringling aus 358 (ϲὺ γάρ μ' ἄκοντα προυτρέψω λέγειν) auszuscheiden ist, wie Lloyd-Jones/Wilson vermuten[360]. Wir benötigen einen Ausdruck des Sagens der ποῖον λόγον und λέγ(ε) aus 359 aufnimmt. Vorschläge, die eine Form von λέγειν bewahren wie Heaths λέγων oder Madvigs (ἐ)κ πείραϲ λέγειν sind in der Tat unbefriedigend. Besser ist Campbells λόγωι[361], wenn man bereit ist (ἐ)κπειρᾶι λόγωι insgesamt als Verbum des Sagens gelten zu lassen. Vielleicht wäre aber der in derartigen Wendungen gewöhnlichere häufigere Plural λόγοιϲ vorzuziehen[362].

ἀλλά μοι δυϲμόρωι γᾶ φθίνου-
ϲα τρύχει ψυχὰν καὶ τάδ' εἰ κακοῖϲ κακὰ
προϲάψει τοῖϲ πάλαι τὰ πρὸϲ ϲφῶιν.

~ ὅϲ τ' ἐμὰν γᾶν φίλαν ἐν πόνοιϲ
ἀλύουϲαν κατ' ὀρθὸν οὔριϲαϲ,
τανῦν δ' εὔπομποϲ εἰ δύναιο γενοῦ.

692 γ OPa 697 τ' a

Gegen Pages (apud Dawe) Herstellung der Responsion in 666 durch κῆρ für ψυχὰν καὶ hat man eingewendet, daß die einsilbige Form in der

358 Zur Bedeutung von κὴρ vgl. Diggle in: *Dionysiaca* (Cambridge 1978), 161.

359 Selbst wenn ἐκπειρᾶϲθαι λέγειν sprachlich möglich wäre, würde es προυτρέψω λέγειν aus 358 in unerträglicher Weise wiederholen.

360 Sie favorisieren etwas wie τί μου (Blaydes) oder ϲύ μου (S. J. Harrison); dies wäre im Hinblick auf 361 sicher attraktiv, vgl. *Sophoclea* 87.

361 S. *Paralipomena* 94.

362 Vgl. etwa *Ai.* 501, *Phil.* 55, 579, auch A. *Pe.* 215, E. *HF* 1255, *IT* 773.

Tragödie nicht belegt sei. Ich sehe jedoch keinen Grund, warum κέαρ weniger kontrahiert werden können sollte als e. g. θεόϲ, θεὰ u. ä., und A. *Cho.* 410 ist κέαρ nach der Überlieferung in der Antistrophe einsilbig zu messen[363]. Ob κέαρ oder κῆρ zu schreiben ist, kann bei einsilbiger Messung letztlich nicht entschieden werden[364]. Pages Lösung ist an unserer Stelle die ökonomischste, da sie erlaubt κακὰ zu halten, das etwa bei Hermanns καρδίαν oder anderen Änderungen für ψυχὰν καὶ gestrichen werden müßte. Zudem wird κέαρ/ κῆρ durch den Anklang in der Antistrophe in V. 689 gestützt. Ich halte Pages Text für so gut wie sicher.

In 696 stellt man im allgemeinen mit Bergk γένοιο aus δύναιο γενοῦ her. Lloyd-Jones/Wilson nehmen dann zu Recht auch Blaydes' αὖ für εἰ auf. Das ist zu weit von der Überlieferung entfernt, als daß man darauf verzichten könnte, nach Alternativen zu suchen. Wie steht es mit εὔπομποϲ εἶ, δύναι ⟨γάρ⟩?[365] Man sollte dazu in 694 und 697 τ(ε) aufnehmen. γενοῦ stammt vielleicht aus einer inkorrekten Interlinearerklärung zu εἶ.

μήπω μ' ἐρώτα· τὸν δὲ Λάιον φύϲιν
τίν' εἶχε, φράζε, τίνα δ' ἀκμὴν ἥβηϲ ἔχων.

Sicher können εἶχε und ἔχων nicht nebeneinander bestehen[366]. Es ist jedoch fraglich, ob man, wie allgemein üblich, unbedingt an εἶχε ändern soll[367]. εἶχε scheint mir ein geeigneteres Prädikat als Schneidewins populäres εἶρπε, und Hartungs ἔτυχε führt zu einer äußerst verqueren Wortstellung. War εἶχε das Prädikat zu beiden Akkusativen, so ist ἔχων wohl als Interlinearerklärung auszuscheiden, die ein Verbum zum zweiten Teil der Frage ergänzen sollte. Wir können somit nur noch raten, was durch ἔχων verdrängt wurde. Möglich wäre entweder etwas wie γύναι[368] oder vielleicht τότε.

τίϲ ἔτι ποτ' ἐν τοῖϲδ' ἀνὴρ θυμοῦ βέλη
ἔρξεται ψυχᾶϲ ἀμύνειν;
εἰ γὰρ αἱ τοιαίδε πράξειϲ τίμιαι,
τί δεῖ με χορεύειν;

892 ἐν τούτοιϲ FHNOZrt θυμοῦ N^{pc}VD^{s}Xs^{s} : θυμῶι rell.
894 ἔξεται H : ἐρξ- sive ἔρξ- rell.

[363] Garvie lehnt die Überlieferung πευκάεντ(α) in 386/7 ab und kehrt zu Dindorfs einst sehr populärem πυκάεντ' zurück; Page und Sier haben die Überlieferung zu Recht gehalten. Zur Metrik vgl. Sier 95.

[364] κέαρ ist ja eine archaisierende Rückbildung aus κῆρ, vgl. *DÉLG* s. v. καρδία.

[365] Zu δύναι γὰρ s. West zu Hes. *Th.* 420, Garvie zu A. *Cho.* 372–4; zur Form δύναι vgl. S. *Phil.* 849.

[366] Vgl. Dawe zur Stelle, *Sophoclea* 97.

[367] „... ἔχων is more likely to be corrupt than εἶχε", richtig Campbell zur Stelle. An ἔχων, nicht an εἶχε ändern auch J. M. Fraenkel - P. Groeneboom (Groningen 1935), doch ihr Vorschlag ἰὼν ist wenig ansprechend.

[368] Zu γύναι vgl. J. Wackernagel, *Programm zur akademischen Preisverleihung* (Göttingen 1912), 25 f. - *Kleine Schriften* II (Göttingen), 992 f.

Über den Text dieser, einer der berühmtesten Stellen aus einem sophokleischen Chorlied herrscht heute vielleicht weniger Einigkeit als je zuvor. Allerdings erfreut sich Hermanns θεῶν für das überlieferte θυμῶι bzw. θυμοῦ in 892 immer noch großer Beliebtheit; so wird diese Lesung auch von Herausgebern, die sie nicht in den Text setzen, mit einiger Sympathie betrachtet, so von Dawe[369] und zuletzt auch von Lloyd-Jones/Wilson[370]. Dies mag damit zusammenhängen, daß man für den Text mit einer Form von θυμὸϲ[371] vielfach abwegige Deutungen angeboten hat, Hermanns θεῶν dagegen einen glatten, problemlosen Text zu bieten schien. Dennoch ist diese Änderung nicht nur unnötig, Hermanns Konjektur wird dem Kontext in keiner Weise gerecht.

In der zweiten Strophe des Lieds (882ff.) beklagt sich der Chor über das unerhörte Verhalten der Frevler, die auf die göttliche und menschliche Ordnung keinerlei Rücksicht nehmen. Von diesem Verhalten distanziert er sich in der Antistrophe (897ff.) entschieden, und betet zu Zeus, es nicht zuzulassen, daß die Erfurcht vor dem Göttlichen zu Boden liegt. Zuversicht, daß der Missetäter dem Zorn der Götter nicht entgehen kann, ist an der Stelle von 892f. völlig unangebracht. Wie gerade auch die unmittelbar folgenden Verse (895f.) zeigen, geht es hier um das Verhältnis des Frevlers zu seiner menschlichen Umwelt. Der Gedanke, der für 892ff. zu fordern ist, lautet: „Wie kann ein Mensch, der in solchen Verbrechen lebt, nicht die Empörung aller Rechtschaffenen auf sich ziehen?" θυμοῦ βέλη steht nicht, wie oft angenommen, für Pfeile göttlichen Zorns", sondern bedeutet „Pfeile des Zorns der (rechtschaffenen) Mitmenschen"[372]. Der jeweils andere Bezug von θυμοῦ und ψυχᾶϲ in θυμοῦ βέλη ... ψυχᾶϲ ἀμύνειν „Pfeile des Zorns (der anderen) von seinem eigenen Leben abwehren" findet eine Parallele in *Ant.* 1084f., die denselben Bildbereich illustriert: τοιαῦτά ϲου ... ἀφῆκα θυμῶι καρδίαϲ τοξεύματα „in (meinem) Zorn habe ich solche Pfeile für dein Herz abgeschossen"[373]. Unabhängig von den anderen syntaktischen Bezügen von θυμῶι und καρδίαϲ in *Ant.* 1085 stützt diese Stelle θυμοῦ und ψυχᾶϲ im *OT*[374].

---

[369] In seinem Kommentar zur Stelle.

[370] Sie geben einige Sympathie mit Kennedys βέλη θεῶν zu erkennen, vgl. *Sophoclea* 100f.

[371] Man muß dann selbstverständlich die schlechter bezeugte Variante θυμοῦ aufnehmen.

[372] Richtig erkannt von Schneidewin (zur Stelle), doch seine Konjektur θυμῶν ist unnötig.

[373] Teilweise mißverstanden, vgl. Jebb zur Stelle; zum Bildbereich e.g. *Ant.* 1033, Catull 116, 3f., 5f., auch *OT* 170.

[374] Für θυμοῦ βέλη und gegen Hermann hat sich unter Berufung auf *Antigone* 1005 bereits Denniston, *CR* 47 (1933), 165 ausgesprochen; gegen seine Auffassung von θυμοῦ βέλη analog zu καρδίαϲ τοξεύματα in der *Antigone* hat Dawe, *Studies* III 245 zu Recht inhaltliche Bedenken geltend gemacht.

In 894 ist wohl nicht mit letzter Sicherheit zu entscheiden, ob bei ἔρξεται oder ἀμύνειν zu ändern ist[375]. Lloyd-Jones/Wilson machen zu Recht auf das unerwünschte Periodenende nach βέλη aufmerksam; dies gibt Hölschers τεύξεται für ἔρξεται, das sie in den Text gesetzt haben, eine hohe Wahrscheinlichkeit.

τάδ' ἐκ δυοῖν ἔρρωγεν οὐ μόνου κακά,
ἀλλ' ἀνδρὶ καὶ γυναικὶ cυμμιγῆ κακά.

Dindorfs Tilgung des Verspaares hat zu Recht keine Nachfolge in den maßgeblichen Ausgaben gefunden[376]. Es wäre allerdings zu erwägen, ob nicht 1281 allein zu streichen ist. Dies erlaubt es, die Überlieferung in 1280 zu halten, und 1281 sieht ohnehin ganz nach einer kindischen verdeutlichenden Interpolation aus.

Trachinierinnen

ὧι γὰρ τὸν ἐνδυτῆρα πέπλον ἀρτίωc
ἔχριον, ἀργῆc οἰὸc εὐείρωι πόκωι,
τοῦτ' ἠφάνιcται, διαβόρον πρὸc οὐδενὸc
τῶν ἐκτόc[377], ἀλλ' ἐδεcτὸν ἐξ αὑτοῦ φθίνει,
καὶ ψῆι κατ' ἄκραc cπιλάδοc· ὥc δ' εἰδῆιc ἅπαν
ἧι τοῦτ' ἐπράχθη, μείζον' ἐκτενῶ λόγον.

καὶ ψῆι κατ' ἄκραc cπιλάδοc „it crumbled down from the surface of a stone", so die Übersetzung Jebbs. Daran scheint mir die sonst nicht belegte intransitive Verwendung von ψῆι weniger problematisch als die Bedeutung von cπιλάc. Normalerweise hat das Wort die Bedeutung „Riff, Klippe", nicht einfach „Stein". Bei Theophrast. *CP* 2, 4, 4 scheint cπιλὰc sc. γῆ) etwas wie „steiniger Boden" zu bedeuten[378]. Es ist jedoch mehr als zweifelhaft, ob man diesen von Theophrast vielleicht selbst geschaffenen Terminus technicus für unsere Stelle heranziehen darf. Direkt läßt sie die bei Theophrast vorliegende Bedeutung jedenfalls nicht anwenden;

---

375 εὔξεται war Musgraves lange Zeit beliebte Lösung; ἀμύνων Erfurdt.

376 „Dindorf's deletion is not the best way to deal with the problem presented by these lines; we must have a couplet summing up what has preceded before the general comment beginning at 1282", Lloyd-Jones/Wilson, *Sophoclea* 110.

377 So Herwerden für überliefertes ἔνδον; vgl. Davies zur Stelle.

378 In einem Theokritepigramm (4, 6) wird das Wort katachrestisch für „Fels" gebraucht (immerhin noch in der Verbindung mit Wasser!). Die Bedeutung „Grotte, Höhle", die in einem hellenistischen Simonides zugeschriebenen Epigramm auftaucht, geht auf die etymologische Verbindung des Wortes mit cπῆλυγξ, cπήλαιον (vgl. Σ Hom. *Od.* 5, 405; auch Apion *fr.* 125 Neitzel) zurück. Zur korrekten Bedeutung des in der antiken Homerexegese verschieden erklärten Wortes s. Hainsworth zu *Od.* 5, 405; vgl. auch Jebb bei Pearson zu S. fr. 371.

„steiniger Boden“ paßt nicht zu ἄκραϲ. Die singuläre Verwendung des Wortes bei Theophrast kann nicht den Bedeutungsansatz „Stein“ für ϲπιλὰϲ rechtfertigen, schon gar nicht an unserer Stelle, wo jeder verständnisfördernde Zusatz fehlt. Daß erst Dawe sich dazu durchringen konnte, καὶ – ϲπιλάδοϲ in Kreuze zu setzen, liegt vielleicht daran, daß bislang nicht nur keine überzeugende Verbesserung gefunden ist[379], man kann sich überhaupt schlecht vorstellen, wie der Wortlaut geheilt werden kann. Einerseits sind ϲπιλὰϲ und ψῆι doch wohl zu ausgesucht, um ganz auf Korruptel zu beruhen, andererseits sehe ich nicht, wie ϲπιλὰϲ in den gegebenen Kontext integriert werden kann.

Weiter unten wird das Sich-Auflösen der Wollflocke noch einmal beschrieben; dabei wird ein Verbum derselben Wurzel (κατέψηκται 698) verwendet. Die unmittelbaren Folgen der Auflösung werden folgendermaßen geschildert:

... ἐκ δὲ γῆϲ ὅθεν 701
προύκειτ᾽ ἀναζέουϲι θρομβώδειϲ ἀφροί,
γλαυκῆϲ ὀπώραϲ ὥϲτε πίονοϲ ποτοῦ
χυθέντοϲ ἐϲ γῆν βακχίαϲ ἀπ᾽ ἀμπέλου.

Ich vermute, daß auch in 676 ff. die Auflösung der Wollflocke in einem Gleichnis beschrieben wurde, und 678 gehört in den Kontext des Gleichnisses. Ein in der Dichtung häufig auftauchendes Bild ist das Sich-Brechen der Meereswoge am Strand oder an Felsen sowie das Schäumen des angespülten Wassers. Wie gut 678 in ein derartiges Bild passen würde, illustrieren insbesondere folgende Beispiele:

A.R. 4, 788:
κύματά τε ϲκληρῆιϲι περιβλύει ϲπιλάδεϲϲι

περιβλύει entspricht ἀναζέουϲι in *Tr.* 702 recht genau. Man vergleiche auch folgende Stellen:

A.R. 2, 568–70:
κοῖλαι δὲ ϲπήλυγγεϲ ὑπὸ ϲπιλάδαϲ τρηχείαϲ
κλυζούϲηϲ ἁλὸϲ ἔνδον ἐβόμβεον, ὕψοθι δ᾽ ὄχθηϲ
λευκὴ καχλάζοντοϲ ἀνέπτυε κύματοϲ ἄχνη.

A.R. 4, 941:
ὑψοῦ δ᾽ ἐπ᾽ αὐτάων ϲπιλάδων καὶ κύματοϲ ἀγῆϲ

und Hom. *Od.* 5, 401–3:
καὶ δὴ δοῦπον ἄκουϲε ποτὶ ϲπιλάδεϲϲι, θαλάϲϲηϲ.
ῥοχθεῖ γὰρ μέγα κῦμα ποτὶ ξερὸν ἠπείροιο
δεινὸν ἐρευγόμενον, εἴλυτο δὲ πάνθ᾽ ἁλὸϲ ἄχνη.

---

379 Vgl. Jebbs Appendix und Davies zur Stelle.

Die angeführten Stellen legen es nahe, daß 678 tatsächlich aus einem Gleichnis stammt. Vor dem Vers ist eine Lücke anzusetzen. Unter dieser Voraussetzung fällt es auch leicht, ψῆι plausibel zu verbessern. Man kann dann einfach ψῆται schreiben; καὶ ψῆι dürfte auf eine Interpolation der nach dem Ausfall fehlenden Satzverbindung zurückgehen.

ὦ παῖ τοῦδ' ἀνδρόϲ, τοὖργον τόδε μεῖζον ἀνήκει
ἢ κατ' ἐμὰν ῥώμαν· ϲὺ δὲ ϲύλλαβε· ϲοί τε γὰρ ὄμμα
ἔμπλεον ἢ δι' ἐμοῦ ϲώζειν.

Die Fülle der zum Teil phantastischen Konjekturen zu 1019f. in Jebbs Appendix scheint nur Dawes Urteil zu bestätigen: „emendatio nulla arridet“. Wenn überhaupt etwas an dem überlieferten Text sicher heil ist, dann ist es die formale Struktur der Aussage: Gegenüberstelluntg ‚du eher als ich‘. Auf dieser Grundlage hat kaum jemand darauf verzichtet, aus ἔμπλεον einen Komparativ ἐϲ πλέον (oder zumindest πλέον) herzustellen[380]. Von einem Grundgerüst ϲοὶ ... ἐϲ πλέον wird eine Prädikatsaussage benötigt, zu subintelligierendes ἐϲτὶν genügt nicht. Will man ἢ halten, bleibt kaum etwas übrig als ἐμοὶ aus ἐμοῦ herzustellen und ϲώζειν in eine finite Verbform zu verwandeln. Der Komparativ könnte aber auch durch den bloßen Genitiv ἐμοῦ aufgenommen werden[381].

Welcher Weg einzuschlagen ist, kann nur unter Berücksichtigung des Gesamtzusammenhangs entschieden werden. Wie steht es zunächst mit dem Anfang des Satzes? Der Kontext lehrt, daß es bei dem Vergleich zwischen ‚Ich‘ und ‚Du‘ um den Unterschied in körperlicher Kraft zwischen ‚Jung‘ und ‚Alt‘ geht. Der alte Mann ist zu schwach, Herakles aufzurichten, der junge kräftigere Hyllos muß mit zupacken. ὄμμα ist kaum der geeignete Körperteil in diesem Zusammenhang, und es ist kaum zu sehen, wie dieses Wort in welcher übertragenen Bedeutung auch immer in den Sinnzusammenhang zu integrieren sein könnte. Sicher ist auch die Verbindung τε γὰρ unmittelbar davor korrupt[382]. Unter den bisher vorgeschlagenen Verbesserungen für ὄμμα verdient nur Purgolds ῥώμα Erwähnung. Das verspricht wenigstens guten Sinn, und die Wiederholung vom Anfang des Verses spricht nicht unbedingt dagegen. Es ist freilich nicht ganz leicht, die Doppelkürze zwischen ϲοι und ῥώμα sinnvoll zu füllen. Purgolds ϲοί τέ γε ῥώμα geht jedenfalls nicht. Besser als ῥώμα wäre ϲῶμα. ϲῶμα/ὄμμα ist eine häufige Verwechslung[383]. Mit ϲῶμα könnte man ϲοὶ δὲ τὸ ϲῶμα schreiben. Ursache der Korruptel wäre das Eindringen der Glosse γὰρ zu δέ[384].

---

380 Nur ganz wenige Kritiker (seidler, Herwerden, Wecklein: letztere mit zwei ganz phantastischen Umgestaltungen des Textes) verzichten auf den Komparativ und auf ἐμοῦ.

381 Zum komparativen Genitiv für ἢ + Dativ vgl. Bruhn 28 § 43 a:

382 S. Denniston, *GP* 536.

383 Vgl. Günther 2, 121 Anm. 40.

384 Vgl. West, *Aeschylus* 105.

Der ganze Satz ist zu korrupt, um selbst eine an sich so einleuchtende Änderung wie ϲῶμα für ὄμμα für sicher zu halten, es ist jedoch sinnvoll, einmal die oben erwähnten Alternativen für die Verbesserung von 1020 auf der Grundlage von ϲοὶ δὲ τὸ ϲῶμα in 1019 abzuwägen. Unter Beibehaltung von ἢ könnte man etwa an ϲωκεῖ für ϲῴζειν denken[385]. Das ergäbe ϲοὶ δὲ τὸ ϲῶμα ἐϲ πλέον ἢ +δι'+ ἐμοὶ ϲωκεῖ. Das Problem liegt darin, für δι(ὰ) einen passenden kurzen Einsilbler zu finden. Die zweite Alternative muß zwar auf ἢ verzichten, sie erlaubt jedoch ἐμοῦ zu halten. Falls sich aus ἢ δι(ὰ) ein Prädikat gewinnen läßt, das es erlaubt, ϲῴζειν zu halten, darf eine solche Lösung als ökonomischer gelten. Ich denke etwa an ϲοὶ δὲ τὸ ϲῶμα ἐϲ πλέον ἡβᾶι[386] ἐμοῦ ϲῴζειν [H[B]AI⟩HΔI).

Antigone

Vv. 55–57 s. Günther 3, 405–7.

Vv. 106–109 *l. c.* 407 f. Zur Responsion cho ia s. Denniston, *Greek Poetry and Life. Essays presented to G. Murray* (Oxford 1936), 412 f., vgl. auch Kannicht zu *Hel.* 1147 (S. 299 Anm. 51).

Ζεὺϲ γὰρ μεγάληϲ γλώϲϲηϲ κόμπουϲ
ὑπερεχθαίρει, καί ϲφαϲ εἰϲιδὼν
πολλῶι ῥεύματι προϲνιϲομένουϲ[387]
χρυϲοῦ καναχῆϲ ὑπεροπτίαϲ
παλτῶι ῥιπτεῖ[388] πυρὶ βαλβίδων
ἐπ' ἄκρων ἤδη
νίκην ὁρμῶντ' ἀλαλάξαι.

129 προϲνιϲϲομένουϲ Vt 130 ὑπερόπταϲ s. l. La : ὑπερόπτα Zo : ὑπεροπτείαϲ K : ὑπεροπλίαϲ rec.

Vauvielliers ὑπεροπλίαιϲ in 130 durfte lange Zeit weitgehend als *textus receptus* gelten (eine bemerkenswerte Ausnahme war Pearson, der ὑπερόπταϲ aufnimmt), bevor Lloyd-Jones/Wilson Musgraves kaum beachtetes ὑπεροπτείαιϲ in ihren neuen Oxfordtext gesetzt haben[389]. Wie immer

---

[385] ἠδὲ πλέον ϲωκεῖϲ bereits Herwerden.

[386] Vgl. ἐγὼ ϲθένοϲ ἡβῶν (E. *HF* 436).

[387] Solange die Bildung von νίϲ(ϲ)ομαι nicht sicher erklärt ist (s. *DÉLG* s.v. νέομαι), muß die korrekte Orthographie unsicher bleiben. In der Tragödie ist einfaches ϲ besser bezeugt, neben unserer Stelle vgl. E. *Tr.* (-νιϲϲο- P : -νιϲο- rell.), *Hel.* 1482 (νιϲο- LP), S. *OC* 689 (νιϲο- in lin. Lr.), A. *PV* 530 (νιϲϲο- WVN : νιϲο- rell.). Der Laurentianus hält nicht nur in Sophokles und Aeschylus, sondern auch in Apollonius an einfachem ϲ in νίϲομαι fest (s. Vian in der Einleitung zur Ausgabe von A. R. I/II [Paris 1976], S. LXXXV).

[388] Zu ῥιπτεῖν (ῥίπτειν Erfurdt) vgl. Kannicht zu E. *Hel.* 1095–6.

[389] Verteidigt *Sophoclea* 120.

man zur Frage exakter Responsion zwischen 110–116 und 127–133 steht[390], der Anklang an ὑπερέπτα (113) macht es einem nicht ganz leicht von ὑπερόπτ- in 130 abzugehen, auch wenn man zugeben wird, daß auch das Element ὑπερ- alleine an 113 anklingen kann.

ὑπεροπτείαιϲ befriedigen zwar die unmittelbaren Bedürfnisse von 130, es bleibt jedoch in der ausgeschriebenen Passage ein weiteres wenig beachtetes Problem offen. In 133 wird Kapaneus ohne Namensnennung mit dem artikellosen Partizip ὁρμῶντ(α) eingeführt. Jebb verweist auf substantiviertes Partizip ohne Artikel, ὁρμῶντα von einer bestimmten, nicht näher bezeichneten Person ist jedoch besonders hart. Wenn ὁρμῶντ(α) nicht zu verbessern ist, dann muß ein Bezugswortvorangegangen sein. Der Verdacht drängt sich auf, daß dieses Bezugswort in ὑπερόπταϲ steckt (richtig erkannt von Kamerbeek zur Stelle), ist ὑπερόπταϲ doch eine ideale Bezeichnung gerade für Kapaneus[391]. Man lese in 130 χρυϲοῦ καναχῆι, ϲ⟨ὺν δ'⟩ ὑπερόπταν[392]. Der Ausfall zwischen identischen Vokalen ist leicht. Die Variante ὑπεροπτίαϲ ist ein Versuch den Dimeter zu füllen. Die Beseitigung katalektischer anapästischer Dimeter ist nicht erst eine Spezialität des Triklinius[393].

Vv. 138–140 s. Günther 3, 408 f.
Vv. 422–423 s. *l. c.* 409 f.
Vv. 465–468 s. *l. c.* 410–2
Vv. 648–649 s. *l. c.* 412 f.
Vv. 795–799 s. *l. c.* 413 f.
Vv. 834–837 s. *l. c.* 414 f.
Vv. 844–849 s. *l. c.* 415–7

Vv. 940–943 s. *l. c.* 417 f. Die Tilgung von 941 hinterläßt einen Hiat, den Dindorf durch κοιρανίδαι ⟨μ'⟩ schließt. Daß in 932/3 und 936/7 die Synaphie in der unmittelbaren Umgebung zweimal verletzt ist, bleibt bemerkenswert, auch wenn dort Sprecherwechsel vorliegt, und sollte zu denken geben. Besonders auffällig ist es, daß zwischen 936 und 941 genau 3½ Dimeter stehen, ebensoviel wie zwischen 932 und 936. Verletzung der Synaphie an einer der unsrigen exakt parallelen Stelle ist *OC*

---

390 Vgl. Günther 3, 415.

391 Mit ὑπερόπταϲ haben bereits andere operiert, etwa Emperius, der es als Akkusativ Plural auffaßt und χρυϲοῦ καναχῆι θ' ὑπερόπταϲ schreibt. Die Auffassung von ὑπερόπταϲ als Nominativ (zu Ζεύϲ) paßt nicht zu der eindeutig negativen Konnotation des Wortes. In jedem Falle ist der Paroemiacus für Sophokles wie auch für Euripides (im Gegensatz zu Aeschylus) bei so enger syntaktischer Verbindung unmöglich (vgl. Günther 1, 63 Anm. 33). Gegen das Wort ὑπερόπταϲ ist gewiß nichts einzuwenden, auch wenn es sonst erst wieder Thuc. 3, 38 belegt ist. Sophokles kennt ὑπέροπτοϲ (*OT* 883) und Bildungen auf -όπτηϲ wie παντόπτηϲ (*OC* 1086) oder ὑπόπτηϲ (*Ph.* 136).

392 Für adverbiales ϲὺν (δὲ) vgl. A. *Cho.* 908, S. *Ai.* 1280, *Ant.* 85, E. *Hipp.* 1269.

393 Vgl. A. *Pers.* 532, *Ag.* 1334, S. *El.* 216(?), 222(?), *Ant.* 113, *OC* 1776(?), E. *Alc.* 135, *Med.* 1414(?), 1419, *Andr.* 1288, *Hec.* 196(?).

188/9 überliefert, und es scheint mir fraglich, ob dem durch Musgraves παῖ⟨c⟩ abzuhelfen ist (so Lloyd-Jones/Wilson, *Sophoclea* 223), ganz unabhängig davon, ob παῖ hier den Hiat rechtfertigt oder nicht. Der Hiat scheint mir hier wie dort glänzend in den emotionalen Kontext zu passen. Dindorfs μ(ε) ist möglicherweise richtig, jedoch keineswegs unabdingbar.

Vv. 966–970 s. *l. c.* 418 f.
Vv. 1289–1292 s. *l. c.* 419 f.

Philoktet

ἅ μοι προcελθὼν cῖγα cήμαιν', εἴτ' ἔχει
χῶρον πρὸc αὐτὸν τόνδ', εἴτ' ἄλληι κυρεῖ,
ὡc τἀπίλοιπα τῶν λόγων cὺ μὲν κλύηιc,
ἐγὼ δὲ φράζω, κοινὰ δ' ἐξ ἀμφοῖν ἴηι.

22 εἴτ'] ἐνὶ S 23 τόνδ⟨ε γ'⟩ **a** : om. GRS
25 ἴηι Camerarius : εἴη codd.

Unter der Handvoll Stellen, wo die Überlieferung eine Verletzung der *lex Porsonia* bei Elision bezeugt[394], scheint unser Vers 22 der Fall zu sein, der sich einer Heilung am hartnäckigsten verschließt. Dies kann aber kein Grund dafür sein, den überlieferten Text einfach zu akzeptieren, und man kann sich nur wundern, daß erst Dawe und jetzt auch Lloyd-Jones/Wilson sich zu einer *crux* durchringen konnten. Angesichts der offenbar geringen Chancen mit einer reinen Buchstabenkonjektur weiterzukommen[395], ist Dawes[396] Vermutung, daß cήμαιν(ε) auf eine Glosse zurückgehen könnte, recht plausibel. Sein Vorschlag μάνθαν(ε) könnte durchaus in die richtige Richtung gehen, ließe sich das Textproblem auf diesen Vers eingrenzen. Es besteht jedoch kein Zweifel, daß der folgende Vers korrupt ist, und man könnte vielleicht einmal darüber nachdenken, ob das metrische Problem in 22 und die Verderbnis in 23 nicht in Verbindung stehen könnten.

Man hat die beiden Verse 22/23 in der Vergangenheit auf zweierlei Arten verstanden und konstruiert, je nachdem ob a) ἅ oder b) Philoktet das Subjekt zu ἔχει (22) und κυρεῖ (23) ist. Vertreter von a) wie Hermann,

---

394 S. West, *Metre* 85, vgl. auch S. L. Schein, *The Iambic Trimeter in Aeschylus and Sophocles* (Leiden 1979), 40 f.; die schwierigsten Stellen sind: S. *Ai.* 1101 (ἡγεῖτ' οἴκοθεν] ἦγετ' οι- anon. ante Elmsley: ἦγεν Porson), E. *Hcld.* 529 (καὶ cτεμματοῦτε καὶ κατάρχεcθ' εἰ δοκεῖ] κατάρχετ' Elmsley). Der heißdiskutierte erste Vers des Ion hat sich inzwischen erledigt (s. Luppe in *Cronache Ercolanesi* 13 [1983], 45 f. und Diggle im Apparat des *OCT* II). Dies ist schwache Evidenz für die Duldung einer Ausnahme, vgl. *Sophoclea* 179, Dawe, *Studies* III 122, Diggle in *CR* 34 (1984), 67.

395 Zu den Vorschlägen Porsons und Naucks s. unten Anm. 405.

396 Studies III 122.

Schneidewin, Radermacher, Webster, Dain-Mazon akzeptieren den überlieferten Text in 23 mit τόνδε γ(ε) aus **a**[397]. Das ist weder sophokleisches Griechisch, noch ergibt diese Version besonders guten Sinn im Textzusammenhang. Nach V. 16 (... cκοπεῖν θ' ὅπου 'cτ' ἐνταῦθα δίcτομοc πέτρα) ist Odysseus sicher, daß sich Philoktets Höhle ungefähr an dieser Stelle befindet. Nur um die genaue Lokalisierung scheint es ihm zu gehen. Unter der Annahme b) läßt sich der Text plausibel verbessern zu χῶρον τὸν (Blaydes) αὐτὸν τόνδ' ⟨ἔτ'⟩ (Elmsley), εἴτ' ἔχει κτλ.[398]; allerdings ist dieser Text immerhin mit zwei Eingriffen in einem Vers erkauft, und darf wohl kaum als so sicher gelten, daß man darauf verzichten dürfte, über Alternativen nachzudenken[399].

Insbesondere muß es nachdenklich stimmen, daß der überlieferte Text in 23 durchaus sinnvoll zu konstruieren und unter Aufnahme der Lesung in **a** metrisch einwandfrei ist, nur ist die Sprache eben nicht sophokleisch. Lokativisches πρὸc mit Akkusativ ist nachklassisch[400]. Die ungeschickte

---

397 Nur Radermacher setzt zudem Canters ἐκεῖ für ἔχει ein.

398 Blaydes' τὸν αὐτὸν für πρὸc αὐτὸν ist wesentlich besser als Pages bereits von Tournier antizipiertes προcάντη (aufgenommen von Dawe). Es macht den Gedanken zumindest klarer, während Pages Text ein neues, wenig passendes Epitheton einführt (trotz ἐξυπέρθε in 29; der halblahme Philoktet dürfte sich kaum einen χῶροc προcάντηc für seinen Behausung wählen). πρὸc könnte aus προcελθὼν im vorangehenden Vers stammen. Neben Jebb und Dawe haben auch Campbell (*Paralipomena*) und Kamerbeek für Philoktet als Subjekt plädiert, wollen aber den überlieferten Text halten. Dies ist sicher unmöglich.

399 Vielleicht darf man auch darauf hinweisen, daß die Annahme, Philoktet könnte seinen Wohnsitz geändert haben, im folgenden Gespräch zwischen Odysseus und Neoptolemos keine Rolle mehr spielt. Es scheint vielmehr so zu sein, daß es Odysseus nur um die genaue Lokalisierung der Höhle ging. Odysseus hatte gesagt: „Hier irgendwo muß eine so und so beschaffene Höhle sein, die mußt du finden." Darauf Neoptolemos: „Da muß ich nicht lange suchen, ich sehe schon so eine Höhle." „Wo genau? Oben oder unten?" „Da oben." Dann erst fügt Neoptolemos mit dem Auffinden einer Höhle mit den genannten Eigenheiten seine Aufgabe für erfüllt hält (... τοὔργον οὐ μακρὰν λέγειc./ δοκῶ γὰρ οἷον εἶπαc ἄντρον εἰcορᾶν), und auch Odysseus fragt darauf nur weiter nach der genauen Lokalisierung, er befiehlt nicht, zu prüfen, ob Philoktet auch immer noch dort haust, und im folgenden ist er auch sofort sicher, daß es sich bei der Höhle um Philoktets Wohnung handelt.

Ich lese in 29 mit Mudge und Diggle (*Studies* 104) καὶ cτίβου γ' οὐχ εἷc τύποc. Auch Lloyd-Jones/Wilson (*Sophoclea* 179) erkennen an, daß unter Aufnahme von τύποc Mudges οὐχ εἷc für überliefertes οὐδεὶc gefordert ist, entscheiden sich dann aber für L's κτύποc, mit dem sie meinen οὐδεὶc halten zu können. Von dem Problem mit γε einmal ganz abgesehen, scheint mir dieser Text inhaltlich wenig passend. Warum sollte Neoptolemos bei Identifizierung der Höhle es für nötig befinden, Odysseus darauf hinzuweisen, daß er keine Schritte hört? Dies ist doch im Augenblick völlig bedeutungslos, denn Neoptolemos hat sich ja noch nicht vergewissert, ob Philoktet nicht in der Höhle ist (zunächst die naheliegendste Vermutung), in welchem Falle vielleicht Geräusche, kaum jedoch Schritte des in seiner Behausung herumgehenden Lahmen einen Hinweis auf seine Anwesenheit geben könnten.

400 S. E. Mayser, *Grammatik der griechischen Papyri aus der Ptolemäerzeit* (Berlin/Leipzig 1934) II 2. S. 371, 11; 373, 17; 498, 43 (γ); Blass-Debrunner 107 § 239, 1 mit Anhang S. 41.

Häufung der Pronomina ist typisches Interpolatorengriechisch[401]. Das sinnentleerte Füllsel γε[402] setzt dem Ganzen die Krone auf. V. 23 ist mit größter Wahrscheinlichkeit interpoliert[403].

Selbstverständlich kann der Vers alleine nicht ohne weiteres ausgeschieden werden. Zumindest εἴτ' ἔχει aus 22 muß mitgehen. Es ist gut vorstellbar, daß der echte Ausgang von 22 der Interpolation zum Opfer gefallen ist. Für diesen Vorgang gibt es möglicherweise eine Parallele in E. *IA* 107[404]. Gehört εἴτ' ἔχει zur Interpolation, so erledigt sich das metrische Problem in 22 fast von alleine. Wir können nur noch raten, wie es nach σῆμαιν[weiterging. Lassen wir einmal weiter reichende Spekulationen beiseite, und nehmen an, daß nur das Ende dieses Verses von der Interpolation verdrängt, und kein weiterer Vers verlorengegangen ist. Dann hat Porsons σημαίνειν als imperativischer Infinitiv[405] beste Aussichten, das Ursprüngliche zu treffen; u. U. wird diese Lösung durch die Variante ἐνὶ in S sogar gestützt[406]. Man könnte weiter zu σημαίνειν σαφῆ ergänzen[407], und dies wäre ja gar nicht allzu weit von σήμαιν' εἴτ' ἔχει entfernt. *-ЄNC[A]ΦH* mag zu etwas wie *-ЄITЄXH()ЄI)* geworden sein. Vielleicht ist somit gar nicht das Ende von 22 wegen einer Interpolation ausgeschieden worden, sondern ein durch Korruption entstellter Text hat Anlaß zu Interpolation gegeben. Mangelndes Verständnis des imperativischen Infinitivs mag Korruption begünstigt haben. Wie immer sich der Vorgang im einzelnen abgespielt hat, ein mißverstandener Infinitiv

---

401 Vgl. Jachmann, *Binneninterpolation* II 189 (= 554), ‚Caesartext' 182 (= 218), ‚CP' 336 f. (= 425 f.).

402 Der Text der a-Klasse ist guter Interpolatorenjargon, und er dürfte das Richtige treffen, selbst wenn er auf Konjektur beruhen sollte. Wenn ein Interpolator und ein antiker oder byzantinischer Konjekturalkritiker sich gut verstehen, kann das niemanden wundern.

403 Nach dem Amsterdamer Verzeichnis der Sophokleskonjekturen wurden 22 f. bereits von Metzger verdächtigt. Es war mir allerdings nicht möglich, die bibliographische Angabe zu verifizieren.

404 S. Günther 1, 64 Anm. 44 und den Apparat meiner Ausgabe Vitellis Heilung der Überlieferung ist ingeniös, doch sind derartige versübergreifende Verderbnisse im Sprechvers doch eher unwahrscheinlich (für eine Störung der Versgrenze vgl. aber immerhin E. *HF* 138 f. mit Diggle, *ZPE* 24 [1977], 291–4 und *IA* 1251 f.). Ein weiterer Fall wäre S. *Ai.* 841, wenn Dawe mit seiner Tilgung von 841 b (τῶς αὐτοσφαγεῖς)–842 recht hätte. Wahrscheinlich sind jedoch mit Lloyd-Jones/Wilson 839–42 insgesamt zu tilgen.

405 Vgl. *Ph.* 57; s. auch Moorhouse 243. Unter Beibehaltung von 23 ist σημαίνειν (oder Naucks σημανεῖς) ἔχει/ … εἴτ' ἄλλῃ κυρεῖ aber wohl doch zu hart; s. Jebb im Appendix S. 23.

406 Dies wäre nicht die einzige Stelle, wo S alleine genuine Überlieferung bietet. Besonders eindrucksvolle korrekte, oder zumindest möglicherweise korrekte Lesungen bietet S etwa *Ant.* ?422, 449, 567, 877, *Ph.* 496, ?1085, 1096 (mit Q). In unserem Zusammenhang fast noch interessanter sind Stellen, wo die Korruptel in S von der Korruptel der Vulgata unabhängig ist wie etwa *Ant.* 1289 (s. Günther 3, 419 f.) oder der Wahrheit näher kommt als die Vulgata wie etwa *Ph.* 853 (s. unten S. 134).

407 *Genaue* Lokalisierung, eben darum geht es ja. Vgl. auch S. *El.* 41 (in vergleichbarer Situation), ferner *Ant.* 34, *El.* 1366.

wäre ein glänzender Anlaß für einen Interpolator, tätig zu werden. Vermeintlich defektive Syntax ist eine der geläufigsten Ursachen für Interpolation[408].

ἀλλ' ἢ 'πὶ φορβῆϲ νόϲτον ἐξελήλυθεν 43
ἢ φύλλον εἴ τι νώδυνον κάτοιδέ που.

Der Ausdruck (ἐ)πὶ φορβῆϲ νόϲτον ἐξελήλυθεν ist viel diskutiert und bis in jüngste Zeit immer wieder verdächtigt worden. Dabei ist weder der überlieferte Text korrekt erklärt worden, noch hat man die Gründe, warum die Überlieferung zweifelhaft ist, präzise formuliert. Die meisten Verteidiger der Überlieferung verweisen darauf, daß νόϲτοϲ nicht unbedingt „Rückkehr, Heimreise", sondern auch einfach „Hinfahrt, Reise" bedeuten könne. „Food journey" für φορβῆϲ νόϲτον Jebb, Webster; „in viam, qua victum quaereret, se contulit" ist die vielzitierte Erklärung Hermanns, und Jebb versucht ἐπὶ φορβῆϲ νόϲτον auf ἐπὶ φορβῆϲ ζήτηϲιν zurechtzubiegen[409]. Mit der Bedeutung „Heimkehr" operiert dagegen Wilamowitz („zur Heimkehr der Speise"), und Radermacher versucht dies gar mit dem Hinweis auf Trypho bei Athen. 618 d[410] zu stützen. Selbst wenn die Athenäusstelle etwas für Wilamowitz' Übersetzung hergäbe - νόϲτοϲ ist dort ja „Ertrag", d.h. das Produkt selbst[411] -, wir benötigen doch wohl, wenn schon, „Heimbringen", nicht „Heimkehr" der Speise[412].

Es ist natürlich völlig richtig, daß νόϲτοϲ nicht in allen Fällen mit „Rückkehr" übersetzt werden kann. Falsch ist, daß νόϲτοϲ „Reise" oder gar „Weg" im konkreten Sinne bedeuten kann. νόϲτοϲ scheint ursprünglich etwa „glückliches Ankommen (in der Regel zu Hause)" zu bedeuten[413], und diese seine Grundbedeutung „Ankunft"[414]. bewahrt es in ei-

---

[408] S. Günther 1, 63 Anm. 34.

[409] „The poet has not said, ἐξελήλυθε φορβῆϲ νόϲτον (cognate acc.) but ἐξελήλυθεν ἐπὶ φορβῆϲ νόϲτον, thus making that νόϲτον denotes, not merely the act of going out, but the purpose of the act, viz., a quest. In other words the presence of ἐπὶ before it already tinges νόϲτον with the sense of ζήτηϲιν."

[410] ὁ νόϲτοϲ ... τῶν ἀλευρῶν „das, was von der Aussaat des Frühlings im Herbst zu den Scheuern zurückkommt".

[411] Zu νόϲτοϲ und νόϲτιμοϲ „Ertrag" bzw. „ertragreich, saftig" s. Chantraine, *RPh* 15 (1941), 129–133; vgl. auch H. Frisk, *Griechisches Etymologisches Wörterbuch* (Heidelberg 1970) s. v. νέομαι.

[412] Campbell erwog bereits „for the purpose of a return with food"; das verlangt dem Genitiv zuviel ab. In den Paralipomena scheint er diesen Gedanken wieder aufgegeben zu haben.

[413] Zur Etymologie von νέομαι „se sauver" vgl. C. J. Ruigh, *Études du grec Mycenien* (Amsterdam 1967), 369 § 335.

[414] Vgl. Curtius, *Leipziger Studien* 1878, I 143 ff. Zwar ist auch Curtius nicht ganz präzise, seine Darlegung zu νόϲτοϲ ist aber weit besser als alle unten erwähnten neueren Abhandlungen zu diesem Wort. Auch für unsere Stelle zeigt Curtius (146 f.) das Problem klarer auf als jeder Kommentar zum *Philoktet.* Im allgemeinen zitiert man für νόϲτοϲ „Fahrt"

nigen Fällen neben der gewöhnlichen Bedeutungsentwicklung zu „Rückkehr, Heimreise“. ἐπὶ φορβῆς νόστον könnte nur aufgefaßt werden als „zur Ankunft bei der Speise“ für „um zu Speise zu gelangen“. Dies klingt im Deutschen so seltsam wie der griechische Ausdruck dem Griechen geklungen haben dürfte. Es ergeben sich aber auch folgende konkrete Probleme. ἐπὶ mit Akkusativ in finalem Sinne hat in der älteren Sprache das konkrete Objekt des Strebens, nicht ein *nomen actionis* bei sich[415]; als welches φορβὴ anstelle eines Ortsbegriffes ist schon an sich ungewöhnlich. Der Genitiv statt einer Richtungsangabe ist in dieser Verbindung kaum verständlich. Burges (ἐ)πὶ φορβὴν νόστον ἐξελήλυθεν begegnet diesen Problemen mit Minimalaufwand. νόστος kann auch in der Bedeutung ‚Ankunft‘ als innerer Akkusativ zu einem Verbum der Bewegung treten[416]. νόστον ἐξελήλυθεν ist besonders hart, man könnte aber immerhin noch auf OC 1400f. (οἷον ἆρ' ὁδοῦ τέλος/ Ἄργους ἀφωρμήθημεν) verweisen. Das Ergebnis ist aber doch für einen Text, der auf Emendation beruht, zu schlecht. Letztlich liegt das Problem auch nicht in der Konstruktion von νόστος. Wie immer man die Sache dreht, νόστος ist hier – für Philoktets kleinen Ausflug – einfach nicht das richtige Wort. Dennoch, Burges Vorschlag zeigt, in welcher Richtung eine Lösung zu suchen ist[417]. Wir verlangen (ἐ)πὶ φορβήν. Danach wäre ein innerer Akkusativ

---

Hom. *Od.* 5, 344; E. *IT* 1112 (s. unten), *IA* 966, 1262, *Rhes.* 427 (in diesem Zusammenhang vgl. auch A.R. 4, 739 mit Livreas Kommentar zur Stelle und Vian. *REA* 75 [1973], 92f.). Besonders deutlich wird die Bedeutung „Ankunft“, nicht „Hinfahrt, Reise“ in Pi. *P.* 1, 35 (καὶ τελευτᾶι φερτέρου νόστου τυχεῖν) und Hom. *H.* 3, 472 (νόστου ἱέμενοι). Seltsamerweise sind gerade die beiden neueren Behandlungen dieser beiden Stellen durch Von der Mühll (*MH* 22 [1968], 229 = *Ausgewählte Kleine Schriften* [Basel 1976], 247) und Verdenius (*Mnemosyne* IV 22 [1969], 195 besonders unklar. Die einzige Stelle, wo in der Tat eher „Fahrt“, nicht „Ankunft“ für νόστος zu passen scheint, ist *Rhes.* 427 (μέλλοντι νόστον τὸν πρὸς Ἴλιον περᾶν). Hier muß wohl dem Verfasser dieses Stücks ein leicht inkorrekter Sprachgebrauch zur Last gelegt werden. Es dürfte *IA* 965f. (εἰ πρὸς Ἴλιον/ἐν τῶιδ' ἔκαμνε νόστος) ungeschickt adaptiert haben (zur Benutzung der *IA* im *Rhesus* vgl. Fraenkel 1965, 235)

415 Vereinzelt in älterer Prosa (Hdt. 1, 37; Thuc. 2, 87; 2, 83 ist aber wohl mit der a-Klasse ἐπὶ ναυμαχίαι zu lesen), gewöhnlich aber erst seit der Prosa des 4. Jahrhunderts. Ohne weiteres möglich sind Abstrakta bei dem häufigeren und im Bedeutungsumfang weiteren ἐπὶ mit Dativ im übertragenen Sinne. Der finale Dativ hat hier die Übertragung von ἐπὶ aus der konkret örtlichen Grundbedeutung erleichtert. Mit Akkusativ emanzipiert sich ἐπὶ nur langsam aus dem konkret örtlichen Gebrauch.

416 Vgl. νόστον βάρβαρον ἦλθον ἔνθα κτλ. (E. *IT* 1112).

417 Unter den älteren Besserungsversuchungen für νόστον ist Weckleins (ἐ)πὶ φορβὴν νῆστις der beste. Mit Toups μαστὺν (aufgenommen von Lloyd-Jones/Wilson) müßte man zumindest zu (ἐ)πὶ φορβὴν μαστὺν weiter bessern. μαστὴρ kommt immerhin *Tr.* 733, *OC* 456 vor; μαστὺν ist aber wohl hellenistisch, vgl. ähnliche Bildungen wie θελκτύν, κλειτὺν etc. s. B. Wyss, *Antimachus* (Berlin 1936), S. XXXII. Die Behauptung von Lloyd-Jones/Wilson, Kallimachos könne ein solches Wort nicht – nach epischem Vorbild – gebildet haben (*Sophoclea* 180), scheint mir angesichts der Evidenz für Bildungen auf *-τυ-* fraglich. Ein Blick in Schwyzer, *GG* I 506 lehrt, daß ein großer Teil dieser Bildungen erst hellenistisch belegt ist, und ich sehe keinen zwingenden Grund, über die Evidenz hinauszugehen. In

durchaus angebracht; wenn nicht νόϲτον, dann vielleicht (ἐ)πὶ φορβὴν οἶμον[418].

ὦ παλάμαι θνητῶν 177
ὦ δύϲτανα γένη βροτῶν,
οἷϲ μὴ μέτριοϲ αἰών.

Die überwiegende Mehrzahl der Herausgeber[419] hat in 177 Lachmanns θεῶν für θνητῶν akzeptiert, ein erstaunlich großer Konsens für eine so einschneidende Änderung. Dabei ist weder die freie Responsion mit 188[420] noch die Wiederholung θνητῶν - βροτῶν ein zwingender Grund, in den Text einzugreifen. Inhaltlich scheint mir Lachmanns Herstellung im Kontext höchst unbefriedigend. Der Chor spricht in 169–190 von der Unbegreiflichkeit des Leiden Philoktets: unbegreiflich, wie er damit fertig wird[421], unbegreiflich, wie sie jemanden von Philoktets Rang treffen konnten[422]. Daß Philoktets Geschick nichtsdestoweniger gottgesandt ist, das spricht erst Neoptolemos in 191 ff. aus. Der vorsichtige Tenor seiner Worte[423] wäre ganz und gar unpassend, wenn der Chor zuvor schon selbst von παλάμαι θεῶν gesprochen hätte.

Erfurdt hat 177 übersetzt: „quam parum valent artes mortalium ad pellendas miserias et morbos." Jebb versteht den überlieferten Text eher als Ausdruck der Bewunderung von Philoktets Fähigkeit zu überleben (er verweist auf das erste Stasimon der *Antigone*). Beide haben recht. παλάμαι im Sinne von μηχαναὶ muß zunächst der Aussage eine eher positive Färbung verleihen. Der folgende Vers kehrt dies jedoch um, indem er sozusagen das Gewicht der Aussage auf die Qualifikation θνητῶν verlagert: die παλάμαι sind eben doch nur παλάμαι θνητῶν, die

---

der Tragödie kommen Bildungen auf -τυ- sehr selten vor, und ich kenne keine derartigen Neubildungen.

Broadheads (Tragica [Christchurch, New Zealand 1968], 96 f.) (ἐ)πὶ φορβήν ἐϲτιν ἐξεληλυθὼϲ ist bemerkenswert plump.

418 Vgl. F 314, 174; zum Spiritus asper in οἷμον vgl. Pfeiffer zu Call. *fr.* 1, 27, s. auch *DÉLG* s.v.

419 E.g. Dindorf-Mekler, Jebb, Radermacher, Webster, Dawe, Lloyd-Jones/Wilson; selbst Campbell, der ursprünglich die Überlieferung verteidigt hatte (allerdings mit falscher Übersetzung), bekehrte sich später zu θεῶν (*Paralipomena* 200). Auf der Gegenseite unter den Neueren immerhin Pearson.

420 ἁ δ' ἀθυρόϲτομοϲ ('Αχώ) (s.u.); in dochmischem Kontext ist diese Responsion problemlos zu belegen, in äolischem Kontext finde ich sie nicht (vgl. immerhin S. *El.* 853 ~ 864 in nicht-dochmischer Umgebung). Angesichts der Seltenheit der vorletzten Länge im Kurzvers ed(ite regibus) (tragisch nur E. *Hec.* 637) muß das nicht bedeuten; die Responsion –⏑– am Ende des Glyconeus und des Telesilleion ist gut bezeugt, vgl. Anm. 325.

421 πῶϲ ποτε πῶϲ δύϲμοροϲ ἀντέχει (175).

422 Vgl. 180 ff. (unten ausgeschrieben).

423 θεῖα γάρ, εἴπερ κἀγώ τι φρονῶ
καὶ τὰ παθήματα κεῖνα πρὸϲ αὐτὸν
τῆϲ ὠμόφρονοϲ Χρύϲηϲ ἐπέβη, ... (192–4).

den Wechselfällen des Schicksals ausgeliefert sind. Eben dies wird durch die penetrante Wiederholung βροτῶν unterstrichen. Philoktet vermag selbst in seiner extremen Lebenssituation zu überleben, doch was für ein Leben ist das? Die παλάμαι θνητῶν des *Philoktet* sind ebenso ambivalent wie das δεινὸν in der *Antigone*.

οὗτοϲ πρωτογόνων ἴϲωϲ
οἴκων οὐδενὸϲ ὕϲτεροϲ,
πάντων ἄμμοροϲ ἐν βίωι
κεῖται μοῦνοϲ ἀπ' ἄλλων,
ϲτικτῶν ἢ λαϲίων μετὰ
θηρῶν, ἔν τ' ὀδύναιϲ ὁμοῦ
λιμῶι τ' οἰκτρόϲ, ἀνήκεϲτα μεριμνήματ' ἔχων. βαρεῖ-
α δ' ἀθυρόϲτομοϲ
'Αχὼ τηλεφανὴϲ πικρᾶϲ
οἰμωγᾶϲ ὑπόκειται.

Die alte *Crux* in 186 f., die eine wahre Flut von Konjekturen ausgelöst hat, ist von Page[424] mit ἀνήκεϲτ' ἀμερίμνητά τ' ἔχων βάρη./ ἁ δ' ἀθυρόϲτομοϲ κτλ. so elegant verbessert worden, daß sein Text heute als allgemein anerkannt gelten darf[425]. Daß Page mit ἀμερίμνητοϲ die griechische Sprache um ein neues Wort bereichert, fällt kaum ins Gewicht. Die Bildung und die angenommene Bedeutung „uncared for" sind akzeptabel[426]. Dennoch, trotz unbestreitbarer Vorzüge ist Pages Lösung unbefriedigend. ἀμερίμνητα „(Beschwernisse) um die sich niemand kümmert" ist nach dem viel gewaltigeren ἀνήκεϲτα „unheilbare (Leiden)" unerträglich lahm. ἀμερίμνητα wäre eine platte Wiederholung des seit V. 169 ausgebreiteten Themas Einsamkeit, ἀνήκεϲτα ist eine eindrucksvolle Steigerung. In Pages Text ist auch die Verbindung der beiden Adjektive, die besser asyndetisch stünden, durch τ(ε) nach τ(ε) ... τ(ε) (185 f.) unschön. Insbesondere die Verbindung ἀνήκεϲτα μεριμνήματ(α) – nach der Einsamkeit und äußeren Bedrohung (180 ff.) die eigene unbewältigbare Existenzangst – ist viel zu ausgesucht, um auf einer Korruptel zu beruhen. Vergleicht man die Wucht des überlieferten ἀνήκεϲτα μεριμνήματ' ἔχων mit Pages ἀνήκεϲτ' ἀμερίμνητά τ' ἔχων βάρη, so kann kaum zweifelhaft sein, welcher Text hier den Vorzug verdient. Die Überlieferung ἀνήκεϲτα μεριμνήματα ist zu gut, als daß man sie einer, wenn auch noch so attraktiven Heilung von βαρεῖα δ(ὲ) zuliebe antasten durfte.

---

424 *PCPS* 6 (1960), 49.

425 Gebilligt von Webster, Kamerbeek, im Text von Lloyd-Jones/Wilson und in Dawes Teubnertext.

426 Page verweist auf ἀμέριμνοϲ „neglectus" in S. *Ai.* 1207; zu derartigen Parallelbildungen vgl. Wilamowitz zu E. *HF* 290, Kaibel zu *El.* 1063, Diggle zu Phaeton 263, Hopkinson zu Call. *h.* 8, 124.

Nach 186 hat, wie die Strophe lehrt, Periodenende statt. Die Abtrennung von ἁ δ(ὲ) als Anfang des folgenden Satzes scheint sicher; was man aus βαρεῖ macht, muß zu ἀνήκεστα μεριμνήματ' ἔχων gehören. Ein attributives Adjektiv könnte nur nachklappen. Eine finite Verbform zerstört die Periode[427], denkbar ist ein attributiver Genitiv oder ein adverbialer Ausdruck. Ich kann mir keine geeignetere Ergänzung denken als ἀεί[428]. Wurde die Worttrennung nicht erkannt, ist BAPEIA (ΔΕ) eine einsichtige Heilung der vox nihili AEIA (ΔΕ)[429].

Daß die Überlieferung 'Αχὼ τηλεφανὴϲ πικρᾶϲ οἰμωγᾶϲ ὑπόκειται nicht zu halten ist, hat Jackson[430] zur Genüge dargetan. Sein πικρὰϲ οἰμωγὰϲ ὑποτάκει hat einigen Zuspruch gefunden[431]. ὑποτήκω ist erst spät und nur im Mediopassiv belegt[432]. Problematisch ist auch, daß Jacksons Parallele für ein Akkusativobjekt wie οἰμωγὰϲ mit τήκω im übertragenen Sinne, S. *El.* 122 f.[433], selbst fragwürdig ist. Dorats ὑπακούει mit Asts πικραῖϲ οἰμωγαῖϲ hat immer noch manches für sich. Das ist aber doch zu weit von der Überlieferung entfernt, als daß man darauf verzichten

[427] ἔν τ' ὀδύναιϲ muß nach vorne zum folgenden τ(ε) verbunden werden, es schlösse nur schlecht ein Verbum an κεῖται (183) an. Linwoods βοᾶι (akzeptiert von Pearson) ist eine unerträgliche banalisierende Vorwegnahme des unmittelbar folgenden Ausdrucks und besitzt nicht einmal besonders viel paläographische Wahrscheinlichkeit. Überhaupt sind die in Jebbs Appendix diskutierten Vorschläge stilistisch fast alle erschreckend flach. Nur Meklers ὀρεία δ' liefert ein außerordentlich poetisches Epitheton zu 'Αχώ. Daß Jebb diesen Vorschlag herausgegriffen hat, zeugt einmal mehr von seinem Geschmack und Gefühl für Dichtung, so daß man es ihm fast verzeiht, daß er ihn selbst gegen das Metrum in den Text gesetzt hat.

[428] Unterstützt wird diese Lesung vielleicht durch die Tatsache, daß auch in der Strophe αἰεὶ (172) betont am Periodenende steht. Anklänge zwischen Strophe und Gegenstrophe gibt es auch in μόνοϲ (172)/ μοῦνοϲ (183), δύϲμοροϲ (176)/ ἄμμοροϲ (182), und vielleicht ist auch ἀντέχει (176)/ ἔχων ἀεί (187) gewollt.

[429] βαρὺϲ ist ein plausibler Einfall, sinngemäß ist daran ja gar nichts auszusetzen. Jebb hat zudem darauf aufmerksam gemacht, daß βαρεῖα τηλόθεν αὐδά (208) wenig weiter unten auch tatsächlich auftaucht.

[430] S. 206 f.

[431] Etwa bei Friis Johansen 251 f.; zitiert auch in Dawes Apparat; ablehnend Lloyd-Jones/Wilson, *Sophoclea* 183.

[432] S. LSJ s. v.

[433] Überliefert ist τίν' ἀεὶ/ τάκειϲ ὧδ' ἀκόρεϲτον οἰμωγάν. Daß τάκειν οἰμωγὰν keine exakte Parallele hat, wird allgemein zugegeben. „Für dichterische Wagnisse darf niemand Belegstellen verlangen“, schreibt Kaibel, und macht damit aus diesem Eingeständnis eine Verteidigung. Vielleicht könnte er damit sogar recht behalten. Zeitbegriffe können in vergleichbarem Zusammenhang direktes Objekt zu τήκειν sein (τάκει βιοτὰν E. *Med. 141,* ϲυντήκουϲα δακρύοιϲ χρόνον *Med.* 25; zu unserer Stelle vgl. auch *IA* 398). Vielleicht kann dies auf die die Zeit erfüllende Tätigkeit übertragen werden. Lloyd-Jones/Wilson setzen Schwerdts brilliante Konjektur λάϲκειϲ für τάκειϲ ein (verteidigt *Sophoclea* 45). Ich habe große Sympathie für die konservative Option (daß ein Akkusativ von dem Ausdruck abhängt, scheint mir das Problem mit der Überlieferung jedenfalls nicht zu verschärfen), doch haben Lloyd-Jones/Wilson zweifellos recht, wenn sie den überlieferten Text in der *Elektra* für nicht sicher genug halten, um eine Konjektur zu stützen.

könnte, nach anderen Möglichkeiten zu suchen. Wenn schon keine sich unmittelbar aufdrängende Verbesserung von ὑπόκειται in Sicht scheint, so will man doch zumindest eine suchen, die es erlaubt, die Überlieferung πικρας οιμωγας, die als Akkusativ gedeutet guten Sinn verspricht, beizubehalten. Vor einiger Zeit hat Viketos ὑποτείνει vorgeschlagen[434]. τείνω und Komposita sind in Verbindung mit sprachlicher Äußerung gut belegt[435]. Zu ὑποτείνω, wenn auch in etwas anderem Sinne, kann man auf E. Or. 915 (ὑπὸ δ' ἔτεινε Τυνδάρεως λόγους) verweisen; dabei schwingt u. U. mehr als eine Bedeutungskomponente von τείνω mit[436]. So auch hier, πικρὰς οἰμωγὰς ὑποτείνει wörtlich „(Echo) breitet bittere Klagen darunter" bedeutet a) „(keine Menschenseele, nur das Echo) liefert die Klage dazu (d. h. zu Philoktets Leid), zollt Philoktets Leid die Klage", zugleich aber auch b) „verbreitet seine Klage (τηλεφανής), verstärkt, intensiviert seine Klagelaute". Ursache der Korruptel mag Umstellung von ὑποτείνει zu ὑπονείται gewesen sein[437]. Die Verbesserung zu ὑπόκειται ist von κεῖται in V. 183 angeregt. Sie muß nicht einmal mit vollem Bewußtsein vollzogen worden sein.

Ὕπν' ὀδύνας ἀδαής, Ὕπνε δ' ἀλγέων,
εὐαὴς ἡμῖν ἔλθοις, ⟨εὐαίων⟩,
εὐαίων, ὦναξ, ὄμμασι δ' ἀντέχοις
τάνδ' αἴγλαν ἃ τέταται τανῦν·
ἴθι ἴθι μοι, παιών.
ὦ τέκνον, ὅρα ποῦ στάσηι,
ποῦ δὲ βάσηι, πῶς δέ μοι τἀντεῦθεν
φροντίδος. ὁρᾶις; εὕδει[438].
πρὸς τί μενοῦμεν πράσσειν;
καιρός τοι πάντων γνώμαν ἴσχων
πολὺ παρὰ πόδα κράτος ἄρνυται.
~ ἀλλά, τέκνον, τάδε μὲν θεὸς ὄψεται· 843
ὧν δ' ἂν ἀμείβηι μ' αὖθις, βαιάν μοι

434 *Hermes* 115 (1987), 35; ältere Vorschläge in Jebbs Appendix.

435 τείνω, ἐκτείνω oft „(eine Rede) in die Länge ziehen", etwa A. *Ag.* 1296, 916 (s. Fraenkel zur Stelle); für uns relevant sind Stellen wie A. *Pers.* 574 (τεῖνε δὲ δυσβάυκτον βοᾶτιν τάλαιναν αὐδάν) oder E. *Med.* 201 (τί μάτην τείνουσι βοήν;), wo τείνω einfach die intensive lautliche Äußerung bezeichnet (vgl. Page zu *Med.* 201, auch Renehan, *Lexicographical Notes, Hypomnemata* 45 [1975], 195 s. v.).

436 Vgl. Willink zur Stelle.

437 Das kann, wie Jackson für ὑποτά(κει) > ὑπόκειται angenommen hat, auf ὑποτεί(νει) zurückgehen, kann aber auch auf Vertauschung der Konsonanten nach dem Muster von βαλεῖν/λαβεῖν beruhen (vgl. Günther 2, 113 Anm. 10).

438 Herwerdens εὕδει (aufgenommen von Pearson und Dawe) halte ich *pace* Lloyd-Jones/Wilson für außerordentlich wahrscheinlich. Es wird gestützt durch E. *HF* 1061 (ναί, εὕδει ⟨γ⟩ ὕπνον ἄυπνον ὀλόμενον); unsere Stelle vermag entfernt daran anklingen.

βαιάν, ὦ τέκνον, πέμπε λόγων φήμαν,
ὡς πάντων ἐν νόcωι εὐδρακὴς
ὕπνος, ἄυπνος λεύccειν.
ἀλλ' ὅ τι δύναι μάκιcτον,
κεῖνό μοι, κεῖνο λάθραι
ἐξιδοῦ ὅ τι πράξεις·
οἶcθα γὰρ ὧν αὐδῶμαι
εἰ ταύταν τούτωι γνώμαν ἴcχεις,
μάλα τοι ἄπορα πυκινοῖcιν ἐνιδεῖν πάθη.

829 ⟨εὐαίων⟩ T 834 ποῖ] ποῦ Kr 835 εὕδει Herwerden: ἤδη codd. 850 κεῖνο^2] om. A 851 ὅ τι] ὅπως $L^{2s}G^{2s}S^{gl}$: ὅτι πῶc Q: ὅπ[η] $Λ^s$ 852 ὧν lSV: ὧι a^s: ὃν $l^sS^sG^{1pc}$: ὅν τιν' T: om. G^{ac} 853 εἰ … γνώμαν om. K ταύταν G: ταὐτὰν L: (εἴτ') αὐτὰν SZg: ταυτὰν rell. 854 πυκνοῖcιν GQUY: πύκνοιcιν R: πυκνοῖc $L^{2γρ}$; καὶ πυκνοῖc $G^{γρ}R^{γρ}$: πυκινοῖc T: ποικινοῖcιν S: πυκινοῖcιν rell.

Εὐαὲc (Hermann) ergibt für 829 exakte Responsion mit 844, und erlaubt es 828/9 843/4 als Hexameter zu fassen. Dies schien angesichts von Neoptolemos' Hexametern 839–41 so verlockend, daß die überwiegende Zahl der Kritiker dem gefolgt ist[439]. Campbell, Dain-Mazon, Dawe und Lloyd-Jones/Wilson haben recht, das überlieferte εὐαὴc zu halten. Alle, gar nicht allzu seltenen Komposita auf -αὴc weisen langes α auf. Kurzes α in ἄημι kann keinenfalls εὐᾰὴc rechtfertigen, zumal da es sich um eine ererbtes Kompositum und einen archaischen Kompositionstyp handelt[440]. Was die Syntax anbelangt, so wäre die Attraktion an den Vokativ nach vorhergehendem ἀδαὴc dubios. 829 wie überliefert als Dochmius zu fassen, legt die dochmische Reihe von Längen in 837 ~ 853 nahe[441]. Der Fehler muß in 844 liegen. Hermanns[442] ὧν δ' ἂν κάμείβηι[443] respondiert exakt. Freie Responsion in Dochmien ist in diesem Lied auch sonst überliefert, und daktylischer Anlaut eines Dochmius kehrt 830, 844 und 854 wieder[444]. Man kann ebensogut eine Silbe nach αὖθιc ergänzen[445]. ᾶ wäre dem Kontext angemessen und wird vielleicht durch die teilweise von unserem Lied inspirierte Parodos zu Euripides'

---

439 E.g. Jebb, Pearson, Wilamowitz, auch LSJ s.v., ohne Hinweis darauf, daß es sich um eine Konjektur handelt.

440 Vgl. C.J. Ruigh, *L'élement achéen dans la langue epique* (Assen 1957), 69 ff.

441 Im übrigen spricht die Synaphie ἀμείβηι μ' (843) dagegen, nach ἔλθοιc Hexameter abzuteilen: Wilamowitz (*VK* 347 Anm. 1) streicht μ(ε).

442 Er hat εὐαὲc später selbst zurückgenommen.

443 Aufgenommen von Campbell, Schneidewin und Lloyd-Jones/Wilson.

444 Freie Responsion ist auch 828 ~ 843 und 830 ~ 845 überliefert und grundlos geändert worden (ἄλγεοc Hermann, ἀντίcχοιc Musgrave); man vergleiche nur S. *El.* 853 ~ 864, ebenfalls am Ende einer Reihe von Längen. Selten gibt es eine längere Serie von Dochmien, in der alle Metren exakt respondieren. Hier mag der recht hohe Grad an Responsionsfreiheit mit der völlig veränderten Stimmung der Antistrophe zusammenhängen.

445 Dawes ⟨παῖ⟩ geht wohl hauptsächlich auf paläographische Erwägungen zurück.

Orest (142 ff.) gestützt[446]. Daß ἆ normalerweise am Satzanfang steht[447], spricht nicht dagegen hier, wo der Nebensatz vorangeht, gibt es kaum einen anderen Platz für ἆ.

Was in 834 ∼ 850 zu lesen ist, hängt mit dem Verständnis des ganzen Liedes zusammen. Die geläufige Interpretation nimmt an, daß in 836–8 der Chor Neoptolemos vorschlägt, sich mit dem Bogen aus dem Staube zu machen, ehe Philoktet erwacht. In 838–42 scheint Neoptolemos ein solches Ansinnen explizit zurückzuweisen. Der Bogen allein ist nutzlos, der Spruch des Gottes gebietet, Philoktet mit dem Bogen nach Troia zu bringen. Davon läßt sich der Chor nicht überzeugen, und nach einer Warnung, nicht laut zu sprechen und den Schläfer womöglich zu wecken, drängt er erneut, seinem Vorschlag zu folgen und die Gelegenheit zu nutzten (849–51). Diese Interpretation ist unhaltbar. Nirgends macht der Chor einen konkreten Vorschlag, wie gehandelt werden muß. 834 ff. mahnt er nur ganz unbestimmt dazu, rasch zu handeln und Philoktets Wehrlosigkeit auszunutzen. Darauf erwidert Neoptolemos: „So einfach ist die Sache nicht. Sich mit dem Bogen davonstehlen (das Einfachste, was man sich vielleicht denken könnte) ist sinnlos. Wir benötigen auch den Mann. So hat es der Gott befohlen." Selbst wenn der Chor bei seiner Mahnung zum raschen Handeln denselben Gedanken hatte, den Neoptolemos ausspricht, so ist es doch undenkbar, daß die braven Seeleute, die sonst lammfromm an den Lippen ihres Befehlshabers hängen[448], daraufhin sagen: „Nun, dann wird der Gott auch dafür sorgen, wie das geschehen kann. Du jedenfalls richte dich nach unserem Vorschlag." Und außerdem, ist es denn so schwierig, mit dem Bogen zu verschwinden, daß Neoptolemos sich genauestens überlegen muß, wie er das wohl zuwege bringt (849–51)? Nein, der Chor hatte nur auf die günstige Gelegenheit zum Handeln hingewiesen[449]. Da hatte ihn Neoptolemos ge-

---

[446] ἆ ἆ cύριγγος ὅπως πνοὰ …, ὦ φίλα, φώνει μοι (145 f.), ἆ κτύπον ἠγάγετ(ε) (181), zu 181 vgl. Willink zur Stelle; vgl. auch E. *HF* 1052.

[447] Vgl. aber bereits Hom. *Od.* 21, 85 f. (νήπιοι ἀγροιῶται, ἐφημέρια φρονέοντες, ἆ δειλώ, τί νυ κτλ.) oder auch Call. *fr.* 1, 32 f. (ἐγ]ὼ δ' εἴην οὐλ[α]χύς, ὁ πτεροείς,/ ἆ πάντως, ἵνα γῆρας κτλ.). Eine tragische Parallele wäre u. U. *Ad.* F 626, 21 (?Soph. *Tyro*), wo man jetzt anscheinend ἄρα ἆ δέςποινα liest, das Ganze ist freilich äußerst unsicher; vgl. auch Lloyd-Jones/Wilsons brilliante Heilung der alten *crux* in S. *Ant.* 2 (*Sophoclea* 115), ferner Passow/Crönert s.v.

[448] Vgl. etwa 135 ff., 1072 f. und insbesondere 963 f.

[449] Philoktets Bewußtlosigkeit ist eine gute Gelegenheit, nicht nur sich mit dem Bogen davonzumachen, grundsätzlich könnte man durchaus auch an ein gewaltsames Verschleppen des Schlafenden denken. Es ist nicht nötig, hier auf das vieldiskutierte Problem des Wortlauts des Orakels und Odysseus' Plan näher einzugehen (einen ausgezeichneten Überblick über die neuere Forschung bietet Easterling, *ICS* 3 [1978], 27–39 = E. Segal [ed.], *Greek Tragedy, modern Essays in Criticism* [New York 1983], 217–228). Klar ist, daß überhaupt keine Rede davon sein kann, es sei Odysseus' ursprünglicher Plan gewesen, nur den Bogen zu stehlen und Philoktet zurückzulassen; das hat insbesondere Erbse (*Hermes* 94 [1966], 177–201) deutlich gemacht. Wie Odysseus' Verhalten 1045 ff. zu verstehen ist, ist ein anderes Problem.

mahnt: „Das Ganze ist nicht so einfach, wie du denkst.“ „Nun“, so antwortet der Chor, „wenn der Gott will, daß Philoktet nach Troia gebracht werde, so wird er auch den Weg dazu finden. Doch leise, leise, wecke ihn nicht.“ Die Mahnung des Chors geht nur darauf, in Zukunft nicht mehr so laut zu sprechen. Solange Philoktet schläft, muß man in aller Stille überlegen, was zu tun ist.

Hat der Chor somit keinen konkreten Vorschlag zum Handeln gemacht, ganz davon zu schweigen, daß er auf einem solchen hier bestehen könnte, so ist nicht zu sehen, worauf sich κεῖνο (859) beziehen soll; insbesondere ist die Doppelung unmöglich. Emphase könnte hier nur auf λάθραι liegen[450]. Auch metrisch fällt 850 aus dem Rahmen (cr + tr zwischen Dochmien). κεῖνό μοι κεῖνο ist korrupt. Der respondierende Vers (834) ist sprachlich verständlich, das Metrum unanstößig. Soll man versuchen, in 850 Responsion mit dem überlieferten Text in 834 herzustellen? πῶϲ δέ μοι τἀντεῦθεν φροντίδοϲ ist ein einigermaßen seltsamer Ausdruck, und wenige haben sich der Attraktion der Verbindung ποῖ ... φροντίδοϲ entziehen können[451]. πῶϲ δὲ wäre als eingedrungene Interlinearerklärung zu ποῖ δὲ φροντίδοϲ plausibel. Die inhaltliche Schwierigkeit in 850 weist nicht darauf hin, daß das Heil dort in einer Expansion zu suchen ist. Einiges spricht dafür, daß Strophe und Antistrophe korrupt sind. Unter dieser Voraussetzung läßt sich die Korruptel in 850 mit Minimalaufwand beseitigen. Man lese mit Gleditsch[452]: κείνου μοι κείνου λάθραι „geheim vor jenem, vor jenem Mann[453] (überlege, was zu tun ist)“. Dies erlaubt uns, in 851 die Überlieferung ὅ τι zu halten[454]. In 834 müssen die Satzverbindung[455] und πῶϲ δὲ ausgeschieden werden. ποῖ βάϲηι μοι τἀντεῦθεν respondiert. Abzuteilen wäre dann: ὦ τέκνον, ὅρα/ ποῦ ϲτάϲηι, ποῖ, βάϲηι μοι τἀντεῦθεν/ φροντίδοϲ. ὁρᾶιϲ; εὕδει. ἀλλ’ ὅτι δύναι/ μάκιϲτον, κείνου μοι κείνου λάθραι/ ἐξιδοῦ, ὅ τι πράξειϲ[456]. Wenn man die Überlieferung in 834 halten will, so könnte eine Verbesserung von 850

---

[450] Dies hat bereits Jebb in seinem sonst verfehlten (und in seinem Kommentar nicht mehr erwähnten) Aufsatz in *JPh* 2 (1869), 75 erkannt.

[451] Vgl. S. OC 170 (ποῖ τιϲ φροντίδοϲ ἔλθηι;); u. U. wird dies durch die Scholien unterstützt: ποῦ ϲτάϲηι τῆϲ γνώμηϲ, ποίαϲ γνώμαϲ κρατήϲειϲ; τὰ μετὰ ταῦτα· πῶϲ ὁρᾶιϲ φροντίδοϲ ἀντὶ τοῦ ἐννοεῖϲ; Der zweite Teil mag ursprünglich eine alternative Paraphrase zu ποῦ ϲτάϲηι τῆϲ γνώμηϲ sein und erklärt vielleicht die Ersetzung von ποῖ durch πῶϲ (s. unten). Bezeichnenderweise hat die erste Paraphrase ποῦ für ποῖ, was in Kr’s Text auftaucht.

[452] *Die Cantica der Sophokleischen Tragödien* ([2]Wien 1883), 168 mit kritischem Anhang 264.

[453] (ἐ)κεῖνοϲ für Philoktet steht dem Chor gut an, der ängstlich jeden direkten Hinweis auf den Schläfer vermeidet (ἀνὴρ 855, nicht etwa ὅδε).

[454] Zu ὅπωϲ vgl. Anm. 466.

[455] Zur Interpolation verbindender Partikel vgl. West, *Aeschylus* 192.

[456] Für ein einzelnes iambisches Metrum vor Dochmien vgl. *Ant.* 1306/1328, *El.* 1132/1153, 1273, *OC* 833/876, *OT* 1313/1321. Überlaufen des Longum ist auch 854 belegt und nicht anzutasten, vgl. Anm. 460.

immer noch von Gleditschs Vorschlag ausgehen; man müßte dann freilich versuchen den Vers aufzufüllen.

Übergehen wir zunächst 836 ∼ 853 und kommen zu den beiden Schlußversen, deren Verständnis eng mit dem eben Gesagten verknüpft ist. Der überlieferte Text in 853 f. müßte mit Jebb übersetzt werden: „For if thou maintain thy present purpose towards this man, [...] a prudent mind can foresee troubles most grievous.“ Wie wir gesehen haben, ist der Chor weit davon entfernt, Neoptolemos von einem bestimmten Vorhaben abbringen zu wollen. Neoptolemos hat nie davon gesprochen, etwas ganz bestimmtes tun zu wollen, und insbesondere hat der Chor nicht den geringsten Anlaß, an der Absicht Neoptolemos' zu zweifeln, Odysseus Auftrag auszuführen[457]. Im vorigen hatte der Chor nur zur Stille gemahnt. Philoktet könnte plötzlich aufwachen, ja vielleicht gar im unruhigen Schlaf der Krankheit etwas von dem Gesprochenen mitbekommen (847 f.). Ärger sagt der Chor voraus, wenn dies eintreten sollte. Zu lesen ist εἰ δ' οὗτοϲ τούτων γνώμαν ἴϲχει κτλ. „wenn dieser Mann davon Kenntnis bekommt“[458]. Dies ist wohl wieder eine Stelle, wo S (diesmal mit Zg) der Wahrheit näher kommt als die Vulgata[459]. εἴτ' αὐτὰν (Angleichung an γνώμαν), darüber ist die Verderbnis gelaufen. Der Akzent in L, auch der Spiritus zeugen davon.

Der Schlußvers ist in der Strophe verstümmelt, nicht in der Antistrophe interpoliert. Der schließende Dochmius –∪∪–∪– (vgl. 844, 839/845) beweist das; er würde durch Tilgung von ἐνιδεῖν (del. Wunder) zerstört. Hermanns ⟨πολύ τι⟩ πολὺ in 838 hat allgemeinen Beifall gefunden. Seine δεύτεραι φροντίδεϲ waren ⟨ἀνδράϲιν⟩ ἄρνυται. Der Ausfall von ἀνδράϲιν vor ἄρνυται ist paläographisch kaum weniger plausible als Ausfall des doppelten πολύ. Dabei führt dieser Text zu exakter Responsion, wo man sie wirklich fordert[460], und er erbringt parallele Satzstruktur zu 854, die erwünscht ist.

---

457 Mit ταύταν macht auch der Dativ τούτωι einige Schwierigkeiten (dativus commodi?; für seinen „dat. of relation“ kann Jebb nur auf eine äußerst schwierige Platostelle *Rep.* 598 d verweisen; ich bin aber nicht sicher, ob τῶι τοιούτωι dort wirklich Maskulinum ist). Dobrees ταὐτᾶι für ταύταν erfreut sich einiger Beliebtheit (Pearson, Webster, Dawe, Lloyd-Jones/Wilson). Es kann aber keine Rede davon sein, daß der Chor Neoptolemos davor warnen könnte, seine Pflicht zu vergessen und sich an Philoktets Seite zu schlagen (εἶ ταὐτᾶι τούτωι γνώμαν ἴϲχειϲ „wenn du dieselbe γνώμη hast wie dieser Mann, d. h. Philoktet“); zu der Auffassung, es sei Odysseus' Plan gewesen, nur den Bogen zu stehlen s. oben Anm. 449.

458 Zu γνώμαν ἴϲχειν „intelligere“ vgl. oben V. 837, *El.* 214.

459 S. Anm. 406.

460 Häufig wird eine bestimmte Form des Dochmius einfach wiederholt (s. West, *Metre* 109) oder ist zumindest in einem begrenzten Abschnitt prominent. Hier ist der daktylische Anlaut charakteristisch. Dies spricht entschieden gegen Parkers (*CQ* 16 [1966], 11) πυκινά τ' in 854. Wortüberlaufen des ersten Longum scheint nur hier bei Sophokles sicher bezeugt (vgl. aber immerhin Anm. 156). Angesichts der Tatsache, daß dies beinahe notgedrungen ein seltenes Phänomen ist, besagt das überhaupt nichts, und bei Aeschylus und Euripides

In 852 sind die Varianten ὧν und ὧι nicht zu konstruieren; brauchbar wäre höchstens die Lesung ὃν auf Philoktet bezogen[461]. Das respondiert nicht mit 836, und so wird dort die Überlieferung πρὸc τί μενοῦμεν πράccειν weitgehend zugunsten von Erfurdts glatterem πρὸc τί μένομεν πράccειν verdammt. Das Metrum könnte dies auf den ersten Blick unterstützen[462]. Doch ist πρὸc τί μενοῦμεν sprachlich anstößig? μενοῦμεν; πρὸc τί δέ (sc. τοῦτο πράξομεν); wäre das nicht ganz gewöhnlich[463]? Was ist dann an πρὸc τί δὲ μενοῦμεν auszusetzen? Im Gegenteil, das zurückhaltendere πρὸc τί μενοῦμεν („Wozu sollen wir warten?") steht dem Chor viel besser an als ein ungeduldiges πρὸc τί μένομεν („Wozu stehen wir hier herum?"). –⏑⏑–––– ist als Kaibelianus zu fassen. Diese Form ist sonst nicht belegt. Angesichts der Seltenheit des Verses hat dies nichts zu sagen. Der Kaibelianus ist auflösbar[464], und welche Form wäre hier, wo der Dochmius –⏑⏑–⏓– prominent ist, weniger verwunderlich? Somit wäre es durchaus erwägenswert 836 zu halten und in 852 etwa mit Hermann ἂν lesen. Ebenso ökonomisch und vielleicht eleganter wäre οἶcθα γὰρ ὡc αὐδῶμαι „du weißt ja, wie ich spreche", d. h. „ich kann mich nicht deutlicher ausdrücken (Philoktet könnte mithören, 847!), du verstehst ja auch so, was ich meine"[465]. Diese Lesung wird u. U. durch die Variante ὅπωc in 851 bestätigt. Vielleicht ist dies eine völlig korrekte Glosse zu ὡc (ὡc = ὅπωc, nicht ὅτι) in 852, die an die falsche Stelle geraten ist. Anders ist die Variante ὅπωc schlecht zu erklären[466].

Φι. ἀπόδοc, ἄφεc μοι, παῖ, τὰ τόξα.
Οδ. τοῦτο μέν,
οὐδ' ἢν θέληι, δράcει ποτ'· ἀλλὰ καὶ cὲ δεῖ
cτείχειν ἅμ' αὐτοῖc, ἢ βίαι cτελοῦcί cε.
Φι. ἔμ', ὦ κακῶν κάκιcτε καὶ τολμήcτατε,
οἵδ' ἐκ βίαc ἄξουcιν;
Οδ. ἢν μὴ ἕρπηιc ἑκών.

984 τολμίcτατε VRzt

kommt es auch mehrfach vor. Auch die inhaltlichen Einwände Parkers sind gegenstandslos. πυκινοῖc ist ganz allgemein gesagt, damit meint der Chor nicht – zumindest nicht in erster Linie – sich selbst.

[461] Nach dem oben Gesagten scheidet ὃν = Odysseus aus. Ebenso ὧν ἀνδρῶν „du weißt ja, welcher Leute Meinung ich künde" (Radermacher, sprachlich ohnehin mehr als zweifelhaft); zum Medium αὐδῶμαι vgl. Blaydes (London 1875) zu *Ai.* 772.

[462] Vgl. 835 ~ 851.

[463] S. KG I 173 f. (§ 387 5 b).

[464] S. West, *Metre* 111; Conomis, *Hermes* 92 (1964), 28.

[465] Vgl. τοῦτ' αὐτὸ νῦν μου πρῶτ' ἄκουcον ὡc ἐρῶ (*OT* 547).

[466] ὅπωc kann kaum Glosse zu ὅ τι sein, noch auch umgekehrt (Schneidewin deshalb ὅπαι). Wenn man die hier vorgeschlagene Lesung in 852 ablehnt, könnte ὅπωc höchstens zu ὅ τι in 849 gehören. Zur Metrik ὅ τῖ πράξειc vgl. Barrett zu E. *Hipp.* 760.

Lloyd-Jones/Wilson[467] haben, wenn auch mit einigem Vorbehalt, die kontrahierte Form τολμῆcτατε akzeptiert. Wenn man in den Text eingreift, wäre zu bedenken, ob man nicht besser 984 tilgt, als τολμῆcτατε zu verbessern[468]. Interpolatoren lieben Superlative[469]; das Motiv der Interpolation eines Verses vor 985 könnte der Wunsch gewesen sein, ein Objekt zu ἄξουcιν zu ergänzen[470]. Abgesehen von der Beseitigung von τολμῆcτατε hat die Ausscheidung von 984 noch einen weiteren Vorteil.

Auch in 983 ist häufig in den Text eingegriffen worden, doch αὐτοῖc statt des zu erwartenden Demonstrativums paßt gut in den hitzigen Wortwechsel, mit Konjekturen wie etwa Doederleins ὁμοῦ τοῖcδ/ε) geht viel von der Lebhaftigkeit des Dialogs verloren. 985 nimmt Odysseus Worte direkt auf; dem hohen dramatischen Tempo kommt es entgegen, wenn 985 unmittelbar auf 983 folgt, und der überlieferte Text in 983 wirkt weit weniger befremdlich, wenn das Demonstrativum οἵδε unmittelbar im folgenden Vers steht.

εἴθ' αἰθέρος ἄνω 1092
πτωκάδες ὀξυτόνου διὰ πνεύματος
ἕλωcί μ'· οὐ γὰρ ἔτ' ἰcχύω.

1093 πτωχάδες, πτωμάδες, πρωτάδες (πτ-) δρομάδες $L^{s\gamma\varrho}S^{\gamma\varrho}$, πτωχ- etiam $\Sigma^{T\gamma\varrho\alpha}$: πτωκάδοc Zo: ἁρπυῖαι Q 1094 ἑλῶcί μ' Zn: ἕλωcί μ' rell.

Der Kontext[471] legt es nahe, daß Philoktet auch 1092 ff. weiter von seiner Unfähigkeit spricht, ohne seinen Bogen den Lebensunterhalt zu gewinnen. Der Gedanke, etwaigen Angriffen aus der Luft ausgesetzt zu sein, liegt hier fern und nähme nur das 1146 ff. breit ausgemalte Thema ungeschickt vorweg. Ganz zu schweigen von der absurden Vorstellung, Philoktet könnte sich wünschen, von Vögeln entführt zu werden[472]. Somit kann a) kein Wunschsatz hergestellt werden, d. h. εἴθ(ε) ist korrupt; b) in 1094 ist höchstens die Deutung Zg's ἑλῶcι (intransitiv) brauchbar, dann muß μ(ε) fallen. Fast alle Kritiker haben darüber hinaus in αἰθέροc ἄνω πτωκάδεc eine schwere Korruptel vermutet. πτωκάδεc als Substantiv „scheue, ängstliche Vögel" ist allgemein auf Unglauben gestoßen[473]. Die älteren, zumeist höchst gewaltsamen Lösungen in extenso vorzuführen, ist unnötig. Jackson[474] hat mit einer Mischung aus verschiedenen älteren Konjekturen einen Text hergestellt, der einhellige Zustimmung bei so verschiedenen Herausgebern wie Dain-Mazon, Webster, Kamerbeek,

---

467 *Sophoclea* 203 f.

468 τόλμηc πέρα (Porson), τόλμηc τέραc (Housman).

469 Vgl. Jachmann, ‚Caesartext' 166 (= 202) Anm. 6.

470 S. Anm. 408; vgl. auch West, *Aeschylus* 262 Anm. 32.

471 τίπτ' αὖ μοι τὸ κατ' ἦμαρ ἔcται;/ ποῦ ποτε τεύξομαι/ cιτονόμου μέλεοc πόθεν ἐλπίδοc; (1089–91).

472 So Campbell zur Stelle.

473 Vgl. etwa Jebb zur Stelle.

474 S. 114 ff.

Dawe und Lloyd-Jones/Wilson gefunden hat (in seltsamem Gegensatz zu Jacksons Skepsis, was die zukünftige Akzeptanz seines Textes anbelangt). Der Text, der seither die Ausgaben beherrscht, lautet: ἴθ' (Hermann), αἱ πρόσθ' (Hermann)[475] ἄνω/ πτωκάδες ὀ- διὰ πν-·/ ἅλωσιν (Jeep)[476] οὐκέτ' ἴσχω (Dissen).

Bleiben wir zunächst bei dem ersten Satz. Jacksons Übersetzung „you who once cowered aloft" überspielt die Tatsache, daß der griechische Text keine Verbalform (ἄνω πτώσσουσαι), sondern ein Adjektiv bietet. Zudem wäre schon πτώσσω „sich ducken, bergen" im eigentlichen Wortsinne von Vögeln im Flug gesagt eine seltsame Wahl. Doch ist es überhaupt erforderlich, Jacksons Text als unbefriedigend zu erweisen? Entscheidend ist, daß ein so weitgehender Eingriff unnötig ist. αἰθέρος ἄνω bietet keinen Anstoß[477]. Im Gegenteil, die Tatsache, daß dieser Ausdruck sonst nur E. *Or.* 1542 - in einem Stück, das dem Philoktet soviel Anregung verdankt - vorkommt, spricht sehr dafür, die Überlieferung zu bewahren. Wenn πτῶξ/ πτᾶξ sich aus einem Epitheton für ein bestimmtes Tier[478] zum vollen Substantiv entwickeln kann[479], warum soll das im Falle von πτωκὰς unmöglich sein? Zumal da Bildungen auf -αδ- besonders häufig substantiviert erscheinen[480]. πτωκάδες könnte durchaus eine bestimmte Vogelart bezeichnen[481]. Zumindest kann es sicher etwas wie „scheues Tier, Geschöpf" bezeichnen; durch αἰθέρος ἄνω wäre die Anwendung auf einen Vogel ohnehin klar. Selbst wenn man πτωκάδες für ein Adjektiv hält und den Artikel fordert[482], er läßt sich aus dem sicherlich korrupten εἴθ(ε) leicht herstellen. Dabei muß es nicht einmal αἱ sein. Daß πτωκάδες an den wenigen Belegstellen, die es gibt, Femininum ist, besagt nicht viel[483]; οἱ δ' αἰθέρος ἄνω πτωκάδες κτλ. wäre leicht. Der Artikel ist jedoch nicht erforderlich. Besonders passend und paläographisch ebensoleicht wäre ἴδ', αἰθέρος ἄνω πτωκάδες ὀ- διὰ πνελῶσιν[484].

---

[475] ὅθ' αἱ πρόσθ' ἄνω/ πτωκάδες ... ἔλωσί μ(ε) Hermann in Erfurdt; in seiner eigenen Edition (1827) ἴθ', αἰθέρος ἄνω ... ἔλωσί μ(ε), später noch anders, s. Jebbs Appendix.

[476] ἅλωσιν bereits Jeep (Programm Wolfenbüttel 1843, mir nicht zugänglich), von Jackson offenbar unabhängig gefunden. Die hier geforderte Bedeutung hat das Wort auch in V. 61; vgl. auch den Gebrauch von ἄγρευμα in A. *Cho.* 998.

[477] Zum Genitiv vgl. KG I 340 f.

[478] Vgl. Hom. *Il.* 22, 310.

[479] *Il.* 11, 676; A. *Ag.* 137.

[480] S. Schwyzer *GG* 507, 23, vgl. auch *DÉLG* s. v. πτώσσω.

[481] πτωκάσιν αἰθυίῃσι Hom. *Epigr.* 8, 2; πτώσσουσαν ὥστε πέρδικα Arch. *fr.* 224; ταὶ (sc. αἱ ὄρνιθες) μέν τ' ἐν πεδίωι νέφεα πτώσσουσαι ἵενται Hom. *Od.* 22, 304.

[482] So etwa Jebb zur Stelle.

[483] S. Schwyzer *l. c.*

[484] Dies wird vielleicht gestützt durch *ἴδε* πρὸ δωμάτων *ἴδε* προκηρύσσει/ θοάζων ὅδ' *αἰθέρος ἄνω* καπνός (*Or.* 1541 f.) und durch den Anklang an ἰδοίμαν δέ νιν in 1112.

Kein Zweifel besteht wohl, daß im folgenden Satz die Interpolation γὰρ auszuscheiden ist. Dissens populäres οὐκέτ᾽ ἴϲχω[485] ist eine plausible Heilung des Metrums[486]. Ist es die einfachste und beste? Blaydes᾽ οὐκέτ᾽ ἰϲχὺϲ hat Anspruch auf zumindest ebensoviel Beachtung. So einfach die Korruptel ἰϲχύϲ > ἰϲχύω wäre, vielleicht liegt gar keine rein mechanische Verderbnis vor. Vielleicht ist nicht nur γὰρ interpoliert, sondern οὐ γὰρ ἔτ᾽ ἰϲχύω insgesamt Paraphrase für Blaydes᾽ Nominalsatz. Man könnte dann u. U. γὰρ für Wunders οὐδ᾽ ἔτ(ι) in Anspruch nehmen. Dissens ἴϲχω ist hier jedenfalls nicht das rechte Verbum. „Die Vögel ziehen (ungehindert) durch die Luft", ich halte sie nicht ab", d. h. „ich schieße sie nicht", das ist doch einigermaßen seltsam. Philoktet kann aber sehr wohl seinen Bogen als seine ἰϲχὺϲ bezeichnen[487]. Diese Wendung ist hier sogar besonders passend. Philoktet, dem es wegen seiner Behinderung an körperlicher Kraft gebricht, ist ganz auf den Bogen angewiesen, er ist sozusagen seine ganze ἰϲχύϲ.

Χο. ἐγὼ μὲν ἤδη καὶ πάλαι νεὼϲ ὁμοῦ
ϲτείχων ἂν ἦν ϲοι τῆϲ ἐμῆϲ, εἰ μὴ πέλαϲ
᾽Οδυϲϲέα ϲτείχοντα τόν τ᾽ ᾽Αχιλλέωϲ
γόνον πρὸϲ ἡμᾶϲ δεῦρ᾽ ἰόντ᾽ ἐλεύϲϲομεν.
Οδ. οὐκ ἂν φράϲειαϲ ἥντιν᾽ αὖ παλίντροποϲ
κέλευθον ἕρπειϲ ὧδε ϲὺν ϲπουδῆι ταχύϲ;
Νε. λύϲων ὅϲ᾽ ἐξήμαρτον ἐν τῶι πρὶν χρόνωι.
Οδ. δεινόν γε φωνεῖϲ· ἡ δ᾽ ἁμαρτία τίϲ ἦν;
Νε. ἣν ϲοὶ πιθόμενοϲ τῶι τε ϲύμπαντι ϲτρατῶι-
Οδ. ἔπραξαϲ ἔργον ποῖον ὧν οὔ ϲοι πρέπον;
Νε. ἀπάταιϲιν αἰϲχραῖϲ ἄνδρα καὶ δόλοιϲ ἑλών.
Οδ. τὸν ποῖον; ὤμοι· μῶν τι βουλεύηι νέον;
Νε. νέον μὲν οὐδέν, τῶι δὲ Ποιάντοϲ τόκωι-
Οδ. τί χρῆμα δράϲειϲ; ὥϲ μ᾽ ὑπῆλθέ τιϲ φόβοϲ.
Νε. παρ᾽ οὗπερ ἔλαβον τάδε τὰ τόξ᾽, αὖθιϲ πάλιν
Οδ. ὦ Ζεῦ, τί λέξειϲ; οὔ τι που δοῦναι νοεῖϲ;

Meklers Tilgung von 1218–1221 ist von Taplin[488] erneut begründet worden und bedarf hier keiner weiteren Diskussion. Das gemeinsame Auftreten des Odysseus und Neoptolemos in einer Streitszene weist auf das erste Epeisodion der *Aulischen Iphigenie* und die Neue Komödie voraus[489]; eine Vorankündigung durch den Chor zerstört den dramatischen Effekt. Der Wunsch, einen Auftritt durch den Chor anzukündigen,

485 Zu ἴϲχω > ἰϲχύω s. Jackson *l. c.*

486 1094 respondiert mit ἐμὰϲ λαχόντ᾽ ἀνίαϲ (1115).

487 Vgl. λόγχηϲ ἰϲχύϲ (A. *Pers.* 149); auch unten 1150: ἐλᾶτ᾽· οὐ γὰρ ἔχω χεροῖν τὰν πρόϲθεν βελέων ἀλκάν. ἐλᾶτ(ε) stützt auch ἐλῶϲιν in 1094.

488 *GRBS* 12 (1971), 39 ff.; vgl. auch *Sophoclea* 209.

489 Vgl. Günther 1, 70 Anm. 71 und den Apparat meiner Ausgabe zur Stelle.

kann jedoch durchaus Motiv einer Interpolation sein, man denke nur an den dokumentierten Fall *OT* 531[490].

Der Eingang dieser Szene ist jedoch durch eine weitere häßliche Interpolation entstellt. Daß zur Aufrechterhaltung der Stichomythie ab und an aus rein formalen Gründen Füllverse mit mehr oder minder überflüssigen Fragen vorkommen können, ist nicht zu bestreiten; Odysseus' Frage in 1229 ist aber wohl doch zu kindisch. Andererseits schließt 1228 mit ἑλὼν nicht an ἔπραξας in 1227 an. Emendation des Partizips zu der geforderten finiten Form ist nicht billig zu haben[491]. 1228 und 1229 dürften aus einer Interpolation stammen, und es kann nur die Frage sein, wie diese zu begrenzen ist. 1231 schlösse glänzend an 1224 an. 1225–1230 können ohne Schaden wegfallen; es handelt sich um eine besonders kindische Verdeutlichung.

Oedipus Coloneus

ποῦ κυρεῖ ἐκτόπιος συθεὶς ὁ πάντων.
ὁ πάντων ἀκορέστατος;
λεύσατ' αὐτόν, προσδέρκου,
προσπεύθου πανταχᾶι ...

121 λεύσσατ' **a** : λεύσσετ' **zt** 122 προσπεύθου] προσφθέγγου **a**

Bei der Verbesserung des unmetrischen λεύς(σ)ατ' (bzw. λεύσσετ') αὐτὸν[492] ist man zumeist von einer Form von λεύσσειν ausgegangen, und hat durch Konjekturen wie etwa λεῦσσ' αὐτόν (Meineke), λεῦσσέ νιν bzw. τὸν (Schneidewin) oder λεῦσσε δή (Jebb) versucht den geforderten Molosser bzw. Kretiker herzustellen[493]. Lloyd-Jones/Wilson[494] haben dagegen eingewendet, daß Korruption einer Form des seltenen Verbums λεύειν zu einer Form von λεύσσειν wahrscheinlicher ist als vice versa, und plädieren dafür, λεύσατ' αὐτὸν mit Dawe zu tilgen und stattdessen die in **a**

[490] Vgl. *Sophoclea* 92. Für eine ähnlich motivierte Interpolation halte ich auch E. *Or.* 1366–8 (für die Tilgung in neuerer Zeit Reeve 1, 263 f.). Selbstverständlich verdient die Erklärung des Scholiasten, wie es zu dieser Interpolation kam, keinen Glauben, doch dürften derartige Erklärungen auf das Fehlen der Verse in einigen Überlieferungsträgern zurückgehen.

[491] Möglich wäre immerhin ἀπ- αἰ- εἶλον ἄνδρα καὶ δ-.

[492] 121 respondiert mit ἀλλ' οὐ μὰν ἔν γ' ἐμοί (153).

[493] Es gibt keinen Grund, unbedingt volle Responsion zu fordern und etwa in der zweiten Hälfte des Verses προσδράκου (Meineke) zu schreiben oder mit Jebb zu προσδέρκου, λεῦσσε δὴ umzustellen. Die Responsion cr ~ mol ist ja auch kurz vorher in 188 ~ 150 überliefert; ansonsten vgl. *OC* 1561 1570, *Tr.* 846 857. Verdächtig wäre allenfalls die Responsion von cr + mol mit mol + cr.

[494] *Sophoclea* 219 f.

als Alternative zu προςπεύθου gebotene Lesung προςφθέγγου neben προςπεύθου in den Text zu setzen. Dies hat in der Tat nicht nur den Vorteil, eine Serie von προς-Komposita herzustellen, das Verbum λεύςςειν ist, solange man einen Akkusativ wie αὐτὸν oder νιν (λεῦςςέ νιν Schneidewin) halten will, schwierig[495]. Andererseits scheint es im Kontext das richtige Wort zu sein, und es taucht auch weiter unten in 135 wieder auf. προςφθέγγου ist als Glosse zu προςπεύθου einsichtig[496], und λεύς(ς)ατ(ε) könnte doch leicht eine Korruptel für λεύςςετ/ε) sein, ohne daß man dabei an λεύειν gedacht haben muß[497]. Alles in allem scheint mir dies wahrscheinlicher als die einigermaßen weit hergeholte Annahme, λεύςατ' αὐτὸν sei durch eine Reminiszenz an eine andere Parodos wie die der *Acharner*[498] interpoliert und habe προςφθέγγου verdrängt. Eine befriedigende Lösung auf der Grundlage von λεύςςειν wäre: λεύςςεις νιν; προςδέρκου κτλ.[499].

Οι. ὅρα γε μήν· οὐ cμικρός, οὐχ, ἀγὼν ὅδε.
Θη. πότερα τὰ τῶν cῶν ἐκγόνων ἢ 'μοῦ λέγεις;
Οι. κεῖνοι κομίζειν κεῖc' ἀναγκάcουcί με.
Θη. ἀλλ', εἰ θέλοντ' ἄν γ', οὐδὲ cοὶ φεύγειν καλόν.
Οι. ἀλλ' οὐδ', ὅτ' αὐτὸc ἤθελον παρίεcαν.

587 οὐχ L^{ac}: κοὐκ **K**a: οὖν L^{pc}**r**: ἐcτ' Zo: γὰρ Znt 588 τὰ] δὲ **rzt** 589 ἀναγκάcουcι **zt**: -ζουcι rell. 590 θέλοντ' ἄν γ'] θέλοντά γ' K: θέλοιντ' ἂνμ Znt: θέλοιεν ἂν Zo

„Sprichst du (bei diesem ἀγών) von der Situation, den Angelegenheiten deiner Nachkommen oder von den meinigen", d. h. „bedeutet deine Bestattung in Attika eine Gefahr[500] für deine Nachkommen oder für mich?" Das ist die einzig mögliche Übersetzung des überlieferten Textes in 588. Theseus glaubt, Ödipus' Bitte um Bestattung sei leicht zu gewähren[501]; wenn Ödipus daraufhin sagt, daß in der Erfüllung dieses Begehrens keine kleine Gefahr liege, so ist klar, daß er dabei von einem ἀγὼν für Theseus spricht. Die Alternative „ἀγὼν für X oder für mich" ist unangebracht. Populär ist bis heute Schneidewins κἀμοῦ für ἢ 'μοῦ[502]. Wesentlich besser

---

495 „But λεῦςςέ νιν could only mean *see* him: not *look for* him: λεύςςειν τινὰ could not stand for ζητεῖν τινα", Jebb zur Stelle.

496 Das Hapax προςπεύθου provoziert natürlich eine Erklärung. προςφθέγγου erklärt sich aus der mitunter für πεύθεςθαι bzw. πυνθάνεςθαι gegebenen Glosse ἐρωτᾶν, vgl. *EM* 666, 53 ff.; 696, 17 f.

497 Ursache der Korruptel ist die Ersetzung der Endungsreihe des starken Aorist durch die des Aorist I, s. Schwyzer, *GG* I 744 f.; Blass/Debrunner S. 47 ff. Dieselbe Korruptel *OT* 1254.

498 So Lloyd-Jones/Wilson *l. c.*

499 Die ‚Verbesserung' des Singulars zum Plural ist verständlich; zum Eindringen einer Glosse αὐτὸν zu νιν vgl. *OT* 297 mit *Sophoclea* 87.

500 Zu ἀγὼν „discrimen" vgl. Passow/Crönert s. v. III; in der Tragödie E. *Or.* 333.

501 ἀλλ' ἐν βραχεῖ δὴ τήνδε μ' ἐξαιτῆι χάριν (586).

502 So Dindorf-Mekler. Jebb, Pearson, in Dawes Apparat, erwogen auch von Kamerbeek und Lloyd-Jones/Wilson.

ist Bakes τοῦ, das m. E. als sicher gelten darf[503]. Die Alternative ἢ τοῦ ist hier nicht bloß eine rhetorische, sondern im Kontext durchaus sinntragend. Wenn Ödipus von den Schwierigkeiten spricht, die seine Bestattung durch Theseus auf athenischem Boden mit sich bringen könnte, so kann Theseus, der die Hintergründe nicht kennt, nur vage vermuten, daß vielleicht Ödipus' Kinder andere Pläne haben könnten. Wer sonst könnte überhaupt ein Interesse daran haben, ob und wo Ödipus bestattet ist? τὰ τῶν ϲῶν ἐκγόνων bedeutet nicht, wie vielfach angenommen, „die Situation in Theben, die Angelegenheiten zwischen deinen Söhnen", es geht vielmehr auf das Verhältnis von Ödipus' Nachkommen zu ihrem Vater: „Sprichst du dabei von den Dingen, die deine Nachkommen angehen", d. h. „sprichst du von den Pflichten und Ansprüchen deiner Nachkommen bezüglich der Bestattung des Vaters?" Andererseits kann sich Theseus aber auch schlecht vorstellen, was Ödipus' Söhne gegen eine Bestattung ihres Vaters durch ihn einzuwenden haben könnten, wo sie Ödipus doch offenbar nicht in der Heimat dulden wollen. Was aber könnte sonst hinter Ödipus Andeutungen stecken: ἢ (τὰ) τοῦ λέγειϲ?

Die Entscheidung zugunsten Bakes τοῦ wird durch den Anschluß des folgenden Verses bestätigt. Dawe[504] hat zu Recht darauf aufmerksam gemacht, daß nach Schneidewins Version von 588 in 589 γε gefordert wäre, ich kann aber nicht sehen, wie dies auch für Bakes Text gelten soll, zumal wenn die Alternative keine rein rhetorische ist, sondern eine genuine Unsicherheit des Fragenden zum Ausdruck bringt. Eine Lücke, wie sie Dawe zwischen 588 und 589 postuliert, hätte höchstens das Verdienst, daß κεῖϲ(ε) in 589 vorbereitet werden könnte. Sie könnte keinesfalls das Fehlen des Objekts zu ἀναγκάϲουϲι in der Überlieferung in 589 rechtfertigen, und noch weniger kann auf das Objekt zu κομίζειν verzichtet werden, so daß sich Hartungs Herstellung ϲε für με, die Dawe in der Tat favorisiert, erst recht verbietet. Lloyd-Jones/Wilson[505] plädieren deshalb für Maehlys βαδίζειν für κομίζειν. Der Text kann jedoch unter Beibehaltung von κομίζειν auf zumindest ebenso ökonomische Weise verbessert werden. Man schreibe κεῖνοι κομίζειν μ' εἰϲαναγκάϲουϲί ϲε[506]; dies hat den Vorteil, κεῖϲε zu beseitigen. κομίζειν bedarf keiner weiteren Ortsangabe, dies ergibt sich aus dem Kontext. εἰϲαναγκάζειν ist A. *PV* 290 belegt; daß das seltene Kompositum bei Sophokles nicht vorkommt, besagt nichts, u. U. könnte man aber auch an ἐξαναγκάϲουϲι denken[507].

---

[503] Vgl. Κρέοντοϲ ἢ τοῦ ταῦτα τἀξευρήματα (*OT* 378). Bakes Lesung wurde von Lloyd-Jones/Wilson zu Recht in den Text gesetzt (vgl. auch *Sophoclea* 235).

[504] *Studies* III 140.

[505] *Sophoclea* 235 f.

[506] κεῖνοι κομίζειν ϲ' εἰϲαναγκάϲουϲί με wäre noch einfacher, aber der Text wäre wohl doch zu mißverständlich.

[507] Zur Verwechslung εἰϲ/ἐξ vgl. Diggle, *Studies* 116.

Die größte Schwierigkeit in dieser Passage liegt in 590. Alle modernen Sophoklesausgaben geben den überlieferten Text, doch der überlieferte Singular θέλοντα kann nur zu barem Unsinn führen, wie immer man die Sache dreht. Wie kann Theseus annehmen, Ödipus könne von ihm verlangen, sich einer Auslieferung zu widersetzen, die nach Ödipus' eigenem Willen ist? Ödipus' Bitte impliziert, daß er keinesfalls gewillt ist, nach Theben zurückzukehren. Zu allem Überfluß macht der folgende Vers klar, daß es hier um einen Konflikt zwischen dem Willen des Ödipus (αὐτὸϲ ἤθελον) und dem Willen anderer, d. h. dem von Ödipus' Söhnen geht (οὐδ' ... παρίεϲαν). Das Partizip in 590 muß sich auf die ἔκγονοι beziehen. Soweit war man schon lange[508]. Vor Campbell und Jebb stellte man im allgemeinen mit Reisig θέλονταϲ oder mit Goebel ἀλλ' οὐ θελόντων her. Mit ἀλλ' εἰ θέλοντάϲ γ' stellt sich das Problem, daß der zu subintelligierende Infinitiv aus 589 nicht ohne weiteres zu gewinnen ist. Schreibt man ἀλλ' οὐ θελόντων und ergänzt aus dem Folgenden φεύγειν ϲε, so ist die Ellipse von αὐτῶν schlecht[509]; so würde doch gerade auf den Gegensatz ,Wille der Söhne – Wille des Ödipus' abgehoben. In dieser Hinsicht wäre ἀλλ' οὐ θέλονταϲ besser. Dies hätte aber wiederum den Nachteil, daß dann aus transitivem φεύγειν intransitives φεύγειν zu θέλονταϲ gewonnen werden müßte. θέλονταϲ oder θελόντων, beides bleibt unbefriedigend, solange es keinen eigenen Infinitiv bei sich hat. Dies könnte erreicht werden mit ἀνάγειν θελόντων γ' οὐδὲ ϲοὶ κτλ. „wenn sie dich tatsächlich heimführen wollen[510], dann ist es nicht recht, daß du dich ihrer Forderung entziehst (geschweige denn daß ich mich ihr widersetzen könnte)"[511]. ΑΝΑ > ΑΛΛ ist leicht[512] und mag durch ἀλλ(ὰ) im folgenden Vers mitverursacht sein.

... ὧν καὶ χρυϲέα,
κλῆιϲ ἐπὶ γλώϲϲαι βέβα-
κε προϲπόλων Εὐμολπιδᾶν.
ἔνθ' οἶμαι τὸν ἐγρεμάχαν
Θηϲέα καὶ τὰϲ διϲτόλουϲ
ἀδμῆταϲ ἀδελφὰϲ

---

[508] „... nec magis probabile est illud θέλοντά γ, quod admisit Elmsl. Oedipum intelligens, siquidem neque opus est ut volentem reducere alii cogantur, et de Oedipi voluntate sequente demum versu dicitur", so hat Bothe das Problem bereits in aller Deutlichkeit aufgezeigt. Im Grunde genommen hat es bereits der Urheber der Lesung in Zo (?Triklinius) erkannt, und noch vor Reisigs θέλονταϲ schrieb Turnebus auf der Grundlage Zo's θέλοιέν γ(ε).

[509] An sich nicht anstößig. s. KG II 81 Anm. 2, Bruhn 73 § 131, Moorhouse 76 f., § 42.

[510] Zu ἀνάγειν „zurück-, heimführen" vgl. Hom. *Il.* 15, 29; *Od.* 3, 272; Hdt. 1, 107, 1; 3, 4, 12; diese Bedeutung schwingt auch in Hom. *Il.* 3, 48; 6, 292 (ohne Richtungsangabe) mit, vgl. Passow s. v. 1) b).

[511] Zum γε vgl. Denniston *GP* 134.

[512] Vgl. E. M. Thompson/R. C. Jebb, *Facsimile of the Laurentian Ms. of Sophocles* (London 1885), 18 (6) (iv).

αὐτάρκει τάχ' ἐμμείξειν βοᾶι
τοὺϲδ' ἀνὰ χώρουϲ.

~ πᾶϲ γὰρ ἀϲτράπτει χαλι-
νόϲ, πᾶϲα δ' ὁρμᾶται κατ'
ἀμπυκτήρια φάλαρα πώλων
ἄμβαϲιϲ, οἳ τὰν ἱππίαν
τιμῶϲιν Ἀθάναν
καὶ τὸν γαιάοχον
Ῥέαϲ φίλον υἱόν.

1054 ὀρειοβάταν $\mathrm{L}^{s\gamma\rho}$, ὀρειβάταν a

Wahrscheinlich sind Strophe und Antistrophe korrupt. In 1068 f. sitzt die Korruptel tief; der Text dürfte durch eingedrungene Glossen entstellt sein. In 1054 ff. scheint die metrische Struktur intakt, und vielfach hat man auch versucht, die Überlieferung zu halten. Lloyd-Jones/Wilson[513] erklären 1054–5: „Theseus will ‚join' the sisters also (καὶ) to self-sufficient aid, meaning that by his prompt use of the strength that enables him by himself to achieve mighty deeds he will save them, as he has saved many others." Nach einigem Zögern, bin ich jetzt überzeugt, daß dies in der Tat die einfachste Auffassung von ἐμμείξειν ... αὐτάρκει βοᾶι ist[514]. Der Ausdruck ist ungewöhnlich, doch gewiß nicht korrupt. Man muß sich nur klarmachen, daß αὐτάρκηϲ zu Sophokles' Zeit noch kein weithin gebräuchliches Wort gewesen zu sein scheint und somit Manipulation in Bedeutung und Gebrauch weniger Widerstand entgegensetzt, als es dies für unser an der philosophischen Prosa des vierten Jahrhunderts geschultes Sprachgefühl zu tun scheint. In der frühen Dichtung ist αὐτάρκηϲ vor unserer Stelle nur zweimal belegt. E. *fr.* 29, 3 scheint es seine später geläufige Bedeutung „unabhängig" zu haben, es ist aber bemerkenswert, daß es hier eine eindeutige negative Konnotation hat:

... τούτωι δ' ἀνδρὶ μήτ' εἴην φίλοϲ
μήτε ξυνείην, ὅϲτιϲ αὐτάρκη φρονεῖν
πέποιθε δούλουϲ τοὺϲ φίλουϲ ἡγούμενοϲ.

Diese Verwendung im Sinne von „asozial" macht auch A. *Cho.* 757 verständlich. Dabei ist die Verbindung νηδὺϲ αὐτάρκηϲ τέκνων[515] kaum weniger ungewöhnlich als unsere Stelle.

---

[513] *Sophoclea* 247.

[514] Jebbs Deutung von αὐτάρκηϲ als „self sufficient, and so self reliant, giving confident promise of victorious rescue" hat ihren Weg in LSJ gefunden; er faßt, wie die meisten anderen Erklärer, βοὴ im Sinne von „Ruf, Schrei". Daß diese Auffassung von βοὴ in diesem Kontext durchaus einiges für sich hat belegt Radermacher zur Stelle.

[515] „acting without regard, independant", A. Bowen (Bristol 1986) treffend zur Stelle.

Allerdings lassen sich gegen den überlieferten Text in *OC* 1054–5 immer noch drei Einwände erheben: 1) καὶ im Sinne von „etiam“ ist einigermaßen obskur; von den anderen Großtaten des Theseus ist hier nirgends die Rede. 2) ἐγρεμάχη ist sonst nur als Epitheton Athenes belegt[516]. Einerseits ist es schon an sich unwahrscheinlich, daß dieses so charakteristische Wort[517] hier ausnahmsweise auf Theseus übertragen sein soll, andererseits würde eine Erwähnung Athenes an dieser Stelle durch ihr Auftauchen in der Antistrophe gestützt[518]. 3) Ist es nicht bemerkenswert, daß Theseus in der Situation, die der Chor sich hier ausmalt, überhaupt vorkommt? 897 ff. hatte Theseus den bei dem Opfer an Poseidon anwesenden Athenern den Befehl zukommen lassen, den flüchtigen Entführern gegebenenfalls den Weg abzuschneiden. 1019 ff. verlangt Theseus dann von Kreon, ihn zu dem Ort zu führen, wo er die Mädchen versteckt hält, falls seine Begleiter sich noch in der Nähe befinden sollten. Daraufhin geht er mit Kreon, wohl in Begleitung einiger Soldaten (1102 f.), ab (1039 ff.). Im Grunde genommen impliziert dies, daß Theseus' Vermutung, die Mädchen könnten sich irgendwo in der Nähe aufhalten, richtig ist. Sonst müßte Kreon widersprechen, er könnte Theseus ja gar nirgends hinführen. Ausdrücklich konstatiert wird dies jedoch nicht. Dadurch wird dem Chor die Gelegenheit gegeben, ein Lied von dem zu erwartenden Kampf der athenischen Verfolger mit den Entführern zu singen. Der Zusammenstoß der beiden kleinen Armeen eignet sich vorzüglich zu einem wirkungsvollen Chorstück, und das ist uns Sophokles auch nicht schuldig geblieben. Zugleich bleibt so der Blick auf die beiden konkurrierenden Aktionen, die des Theseus selbst und die der athenischen Truppe, gerichtet und ein höheres Maß an Spannung erhalten. Als die Mädchen dann mit Theseus zurückkehren (1096 ff.), erfahren wir keine Einzelheiten über den Hergang der Rettung, es wird aber klar, daß Theseus persönlich daran beteiligt war (1102 f., 1139 ff.). In dieser Präsentation der Ereignisse liegt eine gewisse Unklarheit zugunsten des dramatischen Effekts, keinesfalls jedoch ein offener Widerspruch. Wir können ohne weiteres annehmen, daß der ausgesandte Trupp überhaupt nicht zum Einsatz kommen mußte, da die Mädchen und ihre Entführer von Theseus in der Nähe aufgegriffen wurden. Ein Widerspruch liegt einzig in der Erwähnung Theseus' in 1055. Wenn der Chor

---

516 Hom. *h. Dem.* 424; *h. Orph.* prol. 38; *IG* I^2 573; D.S. 8, 29; ἐγρεμάχη allein für Athene P. Oxy. 2260 col. i („she [alone] is ἐγρεμάχη“, Lobel).

517 Auch ähnliche Bildungen wie ὀρίμαχος (Ba. 15, 3; ἐγρεσιμάχη (*AP* 6, 122, 7), ἐγρεκύδοιμος (*PMG* 735 b, Theogn. 925) immer von Athene; vgl. auch Nisbet-Hubbard zu Hor. *Carm.* 1, 12, 21.

518 Dem Paar Ares-Athene in der Strophe entspräche dann das Paar Poseidon-Athene in der Antistrophe. Zu Athene und Poseidon auf Kolonos vgl. auch Simon, *AJA* 67 (1963), 53.

von einem zu erwartenden Gefecht an einem Außenposten spricht, so kann er kaum annehmen, daß Theseus anwesend sein wird.

1) ist gewiß der am wenigsten schwer wiegende Einwand, und vielleicht wird mancher keinen der drei Anstöße allein für bedeutend genug halten, zwingend in den Text einzugreifen. Zusammengenommen haben sie jedoch genug Gewicht, den überlieferten Text unter schwersten Verdacht zu bringen. Zwei recht bescheidene Änderungen kämen allen Problemen entgegen: ἔνθ' οἶμαι τὰν 'Εγρεμάχαν[519]/ Θησειδᾶν τὰϲ διϲτόλουϲ/ ἀδμῆταϲ ἀδελφὰϲ/ αὐτάρκει τάχ' ἐμμείξειν βοᾶι „Athene wird die Mädchen mit der Hilfe von Theseus' Männern zusammenführen, die aus eigener Kraft in der Lage sein werden, sie zu retten". Nicht nur 'Εγρεμάχα = Athene, auch Θηϲειδᾶν wird durch Wiederaufnahme in der Antistrophe (1066) gestützt.

Wie man längst erkannt hat, sind 1068 ff. durch das Eindringen der Glosse φάλαρα zu ἀμπυκτήρια entstellt[520]. Eine Heilung kann nur tentativ sein. Zunächst muß das Ausmaß der Korruptel festgestellt werden. Dawe hat neuerdings πώλων in die Interpolation miteinbezogen. Dann liegt es sicher nahe, bei einem Ergänzungsversuch von ⟨– –⟩ ἀμπυκτήρια ⟨–⟩ bzw. ἀμπυκτήρι' ⟨⏑ –⟩ in 1069 auszugehen. Prinzipiell liegt jedoch kein Grund vor, πώλων zu verdächtigen, und mit Umstellung zu πώλων ἀμπυκτήρια[521] ⟨–⟩ ließe sich exakte Responsion erreichen. Die oft zu beobachtende Kombination von Interpolation und Störung der Wortfolge gibt dieser Lösung hohe Wahrscheinlichkeit. Dieser Text verbietet jedoch die populäre Herstellung eines Partizips für κατ(ὰ) in 1068[522]. Freilich läßt dasselbe Ergebnis in unserer Version noch einfacher erreichen: πώλων ἀμπυκτήρι' ἀ⟨νεῖϲ'⟩[523] / ἄμβαϲιϲ κτλ. Es erübrigt sich wohl, für κατ(ὰ) in 1068 eine paläographisch einleuchtende Verbesserung zu suchen. Wahrscheinlich handelt es sich um eine durch den Verlust der Verbform ἀνεῖϲ(α) verursachte Interpolation. Wie der fehlende iambische Fuß am Ende von 1068 zu ergänzen ist, bleibt der Phantasie eines jeden überlassen[524].

νέα τάδε νεόθεν ἦλθέ μοι
βαρύποτμα κακὰ παρ' ἀλαοῦ ξένου,
εἴ τι μοῖρα μὴ κιγχάνει.
ματᾶν γὰρ οὐδὲν αξίω-
μα δαιμόνων ἔχω φράσαι.

---

[519] τὰν 'Αθάναν/ἐγρεμάχαν (unter Tilgung von Θηϲέα) bereits Gleditsch.

[520] Erkannt von Bothe; vgl. ἀμπυκτήρια· φάλαρα. Σοφοκλῆϲ Οἰδίποδι ἐν Κολωνῶι (Hesych. α 3820).

[521] So Wilamowitz, *VK* 403 Anm. 2. Zu ἀμπυκτήρια πώλων vergleicht Campbell (*Paralipomena* 264) E. *Alc.* 428.

[522] καθεῖϲ' Schneidewin, χαλῶϲ' Hermann (vgl. Hes. *Sc.* 308).

[523] Vgl. S. *El.* 721.

[524] Möglich etwa κλόνωι (κλονεῖν bereits Wilamowitz).

ὀρᾶι ὀρᾶι πάντ'[525] ἀεὶ
χρόνος, ἐπεὶ μὲν ἕτερα,
τὰ δὲ παρ' ἦμαρ αὖθις αὔξων ἄνω.
ἔκτυπεν αἰθήρ, ὦ Ζεῦ.

1450 κιγχάνει Hermann: κιχάνει sive -ηι rell. nisi τυγχάνηι L^{ac} 1451 ματᾶν Heimsoeth: μάτην codd. 1453 πάντ' Dindorf: ταῦτ' codd. 1455 τὰ δὲ παρ' ἦμαρ Canter: τάδ' ἐπ' ἤματα z: τάδε πήματα rell.

Trotz der Gegenrede gewichtiger Stimmen wie Wilamowitz[526], Pohlenz[527] und Reinhardt[528] scheint sich heute weitgehend die Ansicht Jebbs durchgesetzt zu haben, der 1448–55 als Kommentar zu den in der vorausgehenden Polyneikesszene angesprochenen Ereignissen versteht und erst in 1456 die Reaktion auf einen unmittelbar vor diesem Vers erfolgten Donnerschlag sieht[529]. Würde vor 1456 eine ruhige Reflektion des Chors durch ein plötzliches Ereignis unterbrochen, so wäre es höchst seltsam, wenn der Chor darauf mit einem Aussagesatz ohne vorausgehende Interjektion reagieren sollte. Die positiven Gründe, die man für diese Interpretation vorgebracht hat, sind rein subjektiv und ohne Stütze im Text[530]. Im Gegenteil, der Bezug auf Polyneikes und sein Schicksal muß dem Text entgegen seiner offenkundigen Bedeutung abgezwungen werden. Unvoreingenommen betrachtet spricht der Chor mit νέα τάδε νεόθεν ἦλθέ μοι κακὰ von Übeln, die jemand (Ödipus) über ihn selbst bringt. Nicht nur ist Jebbs Deutung von μοι als Dativus ethicus gequält, das naheliegende Verständnis der Worte des Chors wird bestätigt durch 1483–5, wo der Chor derselben Angst Ausdruck gibt:

... μηδ' ἄλαστον ἄνδρ' ἰδὼν ἀκερδῆ χάριν μετάσχοιμί πως.

---

[525] Zum Text vgl. *Sophoclea* 258.

[526] In Wilamowitz (T), 332f.

[527] *Die Griechische Tragödie* (Göttingen 1954), I 339; II 140.

[528] *Sophokles* (Frankfurt [4]1976), 228 mit Anm. 3 (S. 290).

[529] So etwa Kamerbeek zur Stelle, Linforth, ‚Religion and Drama in *Oedipus at Colouns* *UCPC* 14 (1951), 166 Anm. 66; *R. W. B. Buston, The Chorus in Sophocles Tragedies*' (Oxford 1980), 268.

[530] Jebb argumentiert: a) „it is more natural to suppose that the beginning of the thunder is denoted by ἔκτυπεν", b) „after the exit of Polyneices we naturally expect from the chorus some comment", und c) „if νέα κακὰ meant new ills brought on the Chorus by Oed. the language would rather imply that they have suffered something else from him before; – which is not the case". Was a) angeht, so ist eben festgestellt worden, wie unnatürlich 1456 als unmittelbare Reaktion auf den Donner sind (zu 1448ff. als Reaktion auf den Donner s. unten), und Reinhardt hat zu Recht darauf hingewiesen, daß das Metrum (aufgelöste Dochmien) wenig zu einer ruhigen Reflexion über das Vorhergehende paßt. Der Wechsel des Metrums in 1456 beweist aber gar nichts (Pohlenz will aus diesem Grunde den hauptsächlichen Donner erst vor 1456 ausbrechen lassen); das zeigt ja die Gegenstrophe. Die parallele Struktur spricht vielmehr dafür, daß hier wie dort der Donner an der gleichen Stelle, und d. h. vor der jeweiligen Strophe ertönt. Zu b) wäre zu sagen, daß eben der Donnerschlag einen Kommentar zu der vorausgehenden Szene abschneidet. Zu c) s. unten.

Im übrigen sind die unerfreulichen Verhältnisse zwischen den Oedipussöhnen dem Chor keineswegs so ‚neu'. Ismene hat ja in seiner Anwesenheit ausführlich darüber berichtet (361 ff.), und Ödipus hat seine Einstellung zu dem Konflikt im Anschluß daran unmißverständlich zum Ausdruck gebracht (421 ff.). Dagegen ist es falsch, wenn Jebb behauptet, der Chor könne nicht von ‚neuen Übeln' sprechen, die Ödipus über ihn bringt, da er bisher nichts Schlechtes von Ödipus erfahren habe. Durch sein Eindringen in den heiligen Hain der σεμναὶ θεαὶ hatte Ödipus dem Chor schon einmal Anlaß zur Sorge gegeben, der fremde Sünder könnte die unschuldigen Bürger mit sich ins Verderben reißen. Der auf 1448 f. folgende Gedanke (1450–2) ist in Jebbs Version höchst obskur, und 1454 f. sind auf Polyneikes einfach nicht anwendbar[531]. Auf die Polyneikesszene bezogen läßt sich aus 1448 ff. kein klarer, kohärenter Gedankengang gewinnen. Hinter Jebbs Interpretation stecken letztlich, so denke ich, ganz andere Gründe als seine explizit vorgetragenen Argumente, und hinter diesen Gründen steckt der defektive Text in 1449.

An dem überlieferten Text ist in der Tat befremdlich, daß der Chor auf den Donner mit 1448 f. (ebenso wie mit 1456) mit einem ruhigen Aussagesatz reagieren soll[532]. Das Unbehagen darüber hat wohl in weit höherem Maße dazu beigetragen, nach einer von dem naheliegenden Verständnis abweichenden Interpretation der Verse zu suchen, als man sich bewußt ist. Falls der Donner vor 1448 erfolgte, erwarten wir einen Ausruf oder zumindest eine erregte Frage. 1449 ist unvollständig, dem ersten Dochmius fehlt eine Doppelkürze (er respondiert mit κτύπος ἄφατος διόβο[λος in 1464). Zumeist hat man Hermanns bedeutungslose Füllsel ⟨νέα⟩ vor βαρύποτμα akzeptiert. Dem eben aufgezeigten Anstoß könnte man abhelfen, indem man νέα τάδε νεόθεν ἦλθέ μοι βαρύποτμα ⟨τίνα⟩ κακὰ παρ' ἀλαοῦ ξένου als Frage interpungiert liest[533]. Dies ergibt auch in anderer Hinsicht besseren Sinn als der überlieferte Aussagesatz. Der Chor ist über die Bedeutung des Donners im Ungewissen. In der gegebenen Situation hat er allen Anlaß zunächst Schlimmes zu befürchten: „Was bringt der Fremde da wohl wieder Schreckliches über uns?" Der Donner muß jedoch nicht unbedingt Zeichen göttlichen Zorns sein. Er kann auch göttliches Einverständnis bedeuten[534]. Sicher ist nur, der Don-

---

531 Gut herausgestellt von Pohlenz *l. c.* Es ist mir nicht klar, wie Burton, *l. c.* behaupten kann: „The maxims which follow at 1451–5 would be inappropriate if the thunder had pealed before the strophe began." Er gibt auch keine Begründung für seine Behauptung.

532 Zu Recht beanstandet von Burton *l. c.*

533 ⟨τινα⟩ bereits Radermacher. Zur Nachstellung des Fragepronomens vgl. Thompson, CQ 33 (1939), 147–152.

534 Vgl. etwa Hom. *Od.* 102 ff.; s. auch Pease zu Cic. *de div.* I 18 (S. 109), II 82 (S. 402–3).

ner kann nicht ohne Bedeutung sein (1451 f.). Könnte er aber vielleicht bedeuten, daß sich das Schicksal des unheimlichen Fremden auf geheimnisvolle Art erfüllt: εἴ τι μοῖρα μὴ κιγχάνει (1450). Und diese Erfüllung könnte durchaus glücklich sein und eine erneute Erhöhung des Gefallenen bedeuten (1454 f.). Ödipus hat in seinen wiederholten Andeutungen die Bedeutung seiner Anwesenheit und seines Endes auf Kolonos immer wieder durchscheinen lassen, und im Gang der Ereignisse hat der Chor Ödipus' Aussagen und göttliches Wirken im Einklang gefunden (629 f.). Der Chor hat somit durchaus Grund, in einer Manifestation göttlicher Präsenz einen Hinweis auf Ödipus' möglicherweise bedeutsames Ende zu vermuten, auch wenn er Ödipus' Worte 84 ff. nicht gehört hat.

In 1454 f. ist der Sinn trotz schwerer Korruptel klar. 1455 ist auch der Wortlaut durch Canter zweifelsfrei hergestellt. In 1454 gibt es für ἐπεὶ eine ganze Reihe von Vorschlägen; ich halte Blaydes' ῥέπων für besser als Hartungs populäres cτρέφων[535].

ἔπταξα θυμόν· οὐρανὸν[536] 1466
γὰρ ἀcτραπὰ φλέγει πάλιν.
τί μὰν ἀφήcει τέλοc;

1466 οὐρανὸν Meineke: οὐρανία codd.

Der Text in 1468 ist oft angezweifelt worden, doch hat sich lange Zeit die Mehrzahl der Herausgeber mit der Überlieferung abgefunden. In jüngster Zeit haben allerdings Dawe und Lloyd-Jones/Wilson Abreschs βέλοc in den Text gesetzt[537]. ἀφήcει τέλοc ist sicher eine ungewöhnliche Verbindung, dabei ist die Wahl des Verbums ἀφιέναι zunächst gewiß von der Vorstellung geprägt, daß das τέλοc eben aus dem Schleudern eines Geschosses, d. h. von Zeus' Donnerkeil, resultiert. Allerdings schwingt hier auch eine andere Konnotation von ἀφιέναι mit, die die Verbindung mit dem Objekt τέλοc etwas leichter macht. Der Ausdruck weist in den ‚botanischen' Bereich des Wachsens und Reifens. Hinter ἀφιέναι τέλοc stehen Wendungen wie ἀφιέναι φύλλον „ein Blatt treiben" oder ἀφιέναι καρπὸν „Frucht bringen"[538].

---

[535] cτρέφων würde gestützt von *Tr.* 117, wenn wir dort Reiskes cτρέφει für überliefertes τρέφει einsetzen, doch entscheiden sich Lloyd-Jones/Wilson zu Recht für die Paradosis (vgl. *Sophoclea* 154); τρέφει wird zudem durch den Anklang an 108 gestützt. Zu transitivem ῥέπει vgl. Günther 1, 73 f.

[536] So nach Lloyd-Jones/Wilson.

[537] Interpungiert als τί μάν; ἀφήcει βέλοc; (mit Blaydes); vgl. *Sophoclea* 258.

[538] Vgl. Theophr. *HP* V 5, 1; III 45, VII 7, 3 (jeweils neben βλαcτάνει). Zum Bildbereich in ähnlichen Zusammenhängen vgl. Solon *fr.* 4, 35; A. *Ag.* 755 f., *Pe.* 821, *ScT* 601, F 154 a, 13 f.; S. *Ai.* 646 f. und *OC* 610 f.

Der ‚botanische' Bildbereich klingt bereits in Polyneikes' Worten unmittelbar vor der Blitz- und Donnerszene an (1443 f.):

... ταῦτα δ' ἐν τῶι δαίμονι
καὶ τῆιδε φῦναι χἀτέραι ...

φῦναι sollte dort keines angetastet werden[539].

Eine Vermittlung zwischen ἀφιέναι in derartigen Wendungen und ἀφιέναι vom Schleudern eines Geschosses stellt gerade die früheste Bezeugung von ἀφιέναι in botanischem Zusammenhang dar: πάροιθε δέ τ' ὄμφακές εἰcιν/ ἄνθοc ἀφιεῖcαι, ἕτεραι δ' ὑποπερκάζουcιν (Hom. *Od.* 7, 125 f.).

ἀφιέναι und eine Ableitung von τέλοc erscheinen auch in einer berüchtigten Stelle im Oedipus Tyrannus nebeneinander:

τελεῖν γάρ, εἴ τι νὺξ ἀφῆι, 198
τοῦτ' ἐπ' ἦμαρ ἔρχεται.

Abgesehen von Hermanns τελεῖν für überliefertes τέλει ist der Text heil; zu übersetzen ist: „si quid emittit nox, venit ut ad effectum perducat dies"[540].

ὁ γὰρ ξένοc cε καὶ πόλι- 1496
cμα καὶ φίλουc ἐπαξιοῖ
δικαίαν χάριν παραcχεῖν παθών.
ἄιcc', ὦναξ.

1498 ὧν εὖ πάθοι K: παθών sive παθῶν rell.
1499 ⟨cπεῦcον⟩ ante ἄιcc' suppl. t

Die Lesung K's in 1498 hat bisher nicht die Aufmerksamkeit gefunden, die sie verdient. Gewiß, ὧν εὖ πάθοι für das nackte παθὼν sieht auf den ersten Blick verdächtig nach einer Interlinearerklärung aus. Allerdings fehlen dem folgenden Dochmius zwei Silben (– ⏑, wenn die Responsion von 1499 mit Ζεῦ ἄνα, cοὶ φωνῶ in 1485 exakt sein soll). Seit Triklinius hat man immer wieder versucht ἄιcc(ε) zu ergänzen[541]. Doch ist nicht παθὼν ohne jede weitere Ergänzung, wenn nicht anstößig, so doch zumindest recht ungeschickt. Wenn man ohnehin ergänzen muß, dann ist es persvers, ἄιcc(ε), das sinngemäß keiner Ergänzung bedarf, aufzublähen und παθὼν im Regen stehen zu lassen. K ergänzt παθὼν sinnvoll und liefert die beiden Silben, die das Metrum fordert. Fast ohne Eingriff läßt sich aus der Lesung K's ein tadelloser Text herstellen: δικαίαν χάριν

---

539 Richtig erklärt *Sophoclea* 258. ἐμφῦναι taucht unten in 1418 auf: die Überlieferung wurde korrekt erklärt von West, *BICS* 26 (1979), 114.

540 Dahinter steht die Vorstellung, daß der Tag aus der Nacht geboren wird (vgl. Fraenkel zu A. *Ag.* 279), zugleich aber auch, daß der Tod ein Kind der Nacht ist (vgl. Hes. Th. 211 ff.); vgl. auch Anm. 334.

541 E. g. Engelmann mit seinem vielleicht zu schlauen ᾆccov.

παραcχεῖν ὧν εὖ/ ’πάθεν ἄιcc’ ὦναξ. Das wäre ein seltsamer Zufall, wenn die Lesung in K Interlinearerklärung wäre. Zudem wäre dann auch der unmotivierte Optativ πάθοι merkwürdig. Er erklärt sich doch wohl am ehesten aus einer unziale Korruptel aus ΠΑΘΕΝ; auch die Korruptel παθὼν erklärt sich daraus gut. Der Ausfall von ὧν nach παραcχεῖν ist plausibel; in Minuskel auch der von εὖ vor π. Die Lesung K's könnte höchstens eine hochintelligente alte Konjektur bieten[542]. Die wäre aber jedenfalls so gut – ja sogar besser als alle neueren –, daß es viel wahrscheinlicher, daß K hier genuine Überlieferung bietet[543].

ὦ τάλαινα, τίc ἄρα με πότμοc
αὖθιc ὧδ' ἔρημοc ἄποροc
ἐπιμένει cε, τ' ὦ φίλα,
πατρὸc ὧδ' ἐρήμαc.

1716 ὧδ' ἔρημοc ἄποροc om. Q^{ac}. add. Q^{1pc}, Q^{ac} rest. Q^{2}

Reisigs Tilgung von αὖθιc – ἄποροc (1716) ist vielleicht die einzige allgemein anerkannte Interpolation in Sophokles[544]. Selbst stockkonservative Herausgeber haben an der Wiederholung ὧδ' ἔρημοc/ ἐρήμαc Anstoß genommen und sich dem so einleuchtenden Argument nicht verschließen können, die ganze Phrase sei aus 1735 (ποῖ δῆτ' αὖθιc ὧδ' ἐρῆμοc ἄποροc αἰῶνα τλάμον' ἕξω) interpoliert. Die verständliche Freude über so viel Zustimmung zu einem so radikalen Texteingriff, die mancher vielleicht empfinden wird, hält nicht lange an. Jedenfalls dann nicht, wenn man sich über die Argumente für Reisigs Tilgung unvoreingenommen Rechenschaft ablegt.

1716f. sind in ihrer überlieferten Form in der Tat unmetrisch; die Gegenstrophe lehrt, daß Ausfall vorliegt; 1715–8 sollte mit folgendem Text respondieren (1689ff.):

οὐ κάτοιδα. κατά με φόνιοc
’Αΐδαc ἕλοι πατρὶ
ξυνθανεῖν γεραίωι
τάλαιναν, ὡc ἔμοιγ' ὁ μέλ-
ων βίοc οὐ βιωτόc.

Interpolation könnte zu Ausfall geführt haben. ἐπιμένει cε τ', ὦ φίλα, πατρὸc ὧδ' ἐρήμαc respondiert mit 1689f., nicht jedoch mit 1691f. Unter

---

[542] Die Konjektur auf den Schreiber von K zurückzuführen verbietet die unziale Korruptel.

[543] Für einen ähnlichen Fall vgl. meine Diskussion der Lesung K's in *Ant.* 966 in Günther 3, 418f.

[544] Akzeptiert von Dindorf-Mekler, Meineke, Wunder, Campbell, Jebb, Pearson, Dain-Mazon, Dawe, Kamerbeek, Lloyd-Jones/Wilson; mit scharfem Tadel gegen andere ältere Versuche auch von Wilamowitz, *VK* 524f. Eine einsame Ausnahme ist Radermacher.

Ausscheidung von 1716 könnte man somit eine Lücke nach 1718 ansetzen und ansonsten auf Emendation verzichten[545].

Dies alles wirkt sehr überzeugend, doch können solche Erwägungen nicht ernsthaft am Anfang unserer Auseinandersetzung mit dem Text stehen. Betrachtet man 1716 für sich, so liegt kein wirklich ernstzunehmender Grund für Tilgung vor. Die Wiederholung einer ganzen Phrase ungefähr zwanzig Verse weiter unten ist an sich ebensowenig verdächtig wie die Wiederholung eines einzelnen Wortes ἔϱημοϲ/ἐϱήμαϲ in verschiedenen Kasusformen auf engem Raum. Ganz im Gegenteil, derartige Wiederholungen sind nicht nur unanstößig, sie sind ein bewußt angewandtes Stilmittel, insbesondere in Sophokles Spätwerken *Philoktet* und *Ödipus auf Kolonos.* Ähnliche Wiederholungen lassen sich gerade in diesem Lied auch anderswo vielfach nachweisen, ohne daß bisher jemand daran gedacht, sie durch Emendation zu beseitigen[546]. Die Wiederholung ist in diesem Lied ein so prominentes Stilmittel, daß sie ein nicht leicht wiegendes stilistisches Argument für die Echtheit von 1716 darstellt. Und außerdem, warum in aller Welt sollte jemand eine Phrase aus 1735 hier mit ganz anderem Bezug interpolieren, oder warum sollte sie auf andere Weise hierhergeraten? Und wie steht es endlich mit der Metrik? Ist der überlieferte Text nicht unter Ansetzung der Lücke an der richtigen Stelle recht einfach in Responsion mit 1688 ff. zu bringen? 1715 ff. respondieren einwandfrei bis ἐϱῆμοϲ und dann wieder ab ἐπιμένει. Dazwischen fehlen die letzte Silbe eines Lekythion (αὖθιϲ ὧδ' ἔϱημοϲ ⟨-⟩), ein Ithyphallicus und die erste Silbe des folgenden iambischen Dimeters (⟨x⟩ ἐπιμένει ϲέ

---

545 So zuerst Tournier und Gleditsch. Früher setzte man die Lücke an die Stelle von 1716 und emendierte 1718 f. Wilamowitz *l. c.* setzt die Lücke zwischen φίλα und πατϱόϲ.

546 βέβακεν (1678, 1684), βίου (1687) – βίοϲ/βιωτόϲ (1692), φίλον (1698) – φίλοϲ (1700) – ἀφίλητοϲ (1702), γᾶϲ (1701), ἇϲ ἔχϱῃζε γᾶϲ ἐπὶ ξέναϲ ἔθανε (1705/6) – χϱῇ (1711) – γᾶϲ ἐπὶ ξέναϲ θανεῖν ἔχϱῃζεϲ (1713/4), τάλαιναν (1711) – τάλαινα (1715), ἔϱημοϲ (ohnehin 1714 wiederholt), φίλα (1718) – φίλαι (1721) – φίλα (1724); die Liste ließe sich mühelos fortsetzen, und ähnliche Beobachtungen lassen sich auch anderswo machen. In diesen stilistischen Zusammenhang scheint mir auch das Wortspiel τὸ φέϱον ... φέϱει in 1694 zu gehören. Wie immer man den überlieferten Text (τὸ φέϱον ἐκ θεοῦ καλῶϲ φέϱειν χϱή, μηδ' ἄγαν φλέγεϲθον κτλ.) ins Metrum bringt, diese Kombination sollte *pace* Lloyd-Jones/Wilson (*Sophoclea* 265) nicht angetastet werden. Die Wendung ist sicher ungewöhnlich, sie wird eben nur durch das Wortspiel voll verständlich. So etwas kann Sophokles so gut wie jeder andere zuerst gemacht haben (vgl. ἢ τὸ φέϱον ϲε φέϱει φέϱε καὶ φέϱου· εἰ δ' ἀγανακτεῖϲ, καὶ ϲαὐτὸν λυπεῖϲ, καὶ τὸ φέϱον ϲε φέϱει, *AP* 10, 73; weitere lateinische Parallelen bei Jebb zur Stelle); zu τὸ φέϱον ἐκ θεοῦ vgl. E. *IA* 69 (ὅποι [Lenting: ὅτου L] πνοαὶ φέϱοιεν Ἀφϱοδίτηϲ φίλαι.) Einige nützliche Belege zur Bedeutung von φέϱειν auch bei Hommel, *Symbola* II (Hildesheim-Zürich-New York 1988), 138 ff. Hommel plädiert für unsere Stelle zu Recht für Beibehaltung von τὸ φέϱον ἐκ θεοῦ ... φέϱειν (141 f.), sein Text (142 Anm.) ist jedoch ebensowenig akzeptabel wie seine Deutung von φέϱει φέϱοντ/α) in A. *Ag.* 1562. Was an der gängigen Deutung letzterer Stelle (s. etwa Fraenkel, Denniston/Page) auszusetzen ist, oder was an diesen Worten so rätselhaft sein soll, daß sie neuerdings die abstrusesten Deutungen provozieren, kann ich nicht verstehen.

τ', ὦ φίλα). Aus dieser Lücke ist ἄποϱοϲ übriggeblieben. Am wahrscheinlichsten ist es, daß das Wort am Anfang des Ithyphallicus stand (ἄποϱοϲ ⟨– ∪ – –⟩. Davor würde etwa αὖθιϲ ὧδ' ἔϱημοϲ ⟨ὧδ'⟩/ ἄποϱοϲ passen. Danach dürfte wohl ein weiteres Epitheton zu βίοϲ gestanden haben. Alternativ dazu könnte man zu ἄποϱοϲ ὧδ' ἔϱημοϲ umstellen. Das ergibt den Ithyphallicus. Davor dann vielleicht: τίϲ ἄϱα με πότμοϲ/ ⟨τίϲ με πότμοϲ⟩ αὖθιϲ ⟨ὧδ'⟩ ἄποϱοϲ κτλ. Die Umstellung könnte durch den Ausfall von ὧδ' ἄποϱοϲ vor ὧδ' ἔϱημοϲ verursacht sein. Dies alles ist natürlich nicht mehr als bloßes Raten, zeigt aber, wie leicht es ist, den Text sinnvoll zu ergänzen und sogar gleichzeitig noch seine Entstellung plausibel zu machen. Bleibt die Responsion zwischen πατϱὸϲ ὧδ' ἐϱήμαϲ und μέλ]λων βίοϲ οὐ βιωτόϲ, die Hermann: mit ⟨τᾶϲ⟩ π- ὧδ' ἐ- hergestellt hat[547].

---

[547] Man könnte auch daran denken, βίοϲ zu messen, vgl. aber West, *Aeschylus* 176 Anm. 5.

Register

1. Namen und Sachen

2. Griechische Wörter

3. *Stellen*

Die griechische Tragödie

Musa Tragica

Die griechische Tragödie von Thespis bis Ezechiel. Ausgewählte Zeugnisse und Fragmente griechisch und deutsch. Unter Mitwirkung von Richard Kannicht bearbeitet von einer Arbeitsgruppe des Philologischen Seminars der Universtät Tübingen und herausgegeben von Bardo Gauly, Lutz Käppel, Rainer Klimek-Winter, Helmut Krasser, Karl-Heinz Stanzel und Volker Uhrmeister.
(Studienhefte zur Altertumswissenschaft 16). 1991. 307 Seiten, Leinen
ISBN 3-525-25750-3

In diesem Werk werden in einer auf das Wesentliche konzentrierten Auswahl die Zeugnisse und Fragmente der sog. kleineren griechischen Tragiker, d.h. der vor, nach und neben den drei großen (Aischylos, Sophokles und Euripides) tätigen Dichter vorgelegt, und zwar im griechischen Original mit deutschen Übersetzungen, kommentierenden Einleitungen und Anmerkungen.

Damit führt es die in den ersten beiden Bänden der von B. Snell begonnenen Neuausgabe der »Tragicorum Graecorum Fragmenta« geleistete Arbeit fort, durch deren Mitherausgeber R. Kannicht die Gruppe wissenschaftlich eng an das Unternehmen der Neuausgabe geknüpft war. Das literatur- und gattungsgeschichtlich wichtige Material, das dort lediglich gesammelt und ediert ist, galt es, der literaturwissenschaftlichen Auswertung zugänglich zu machen. Dies geschieht vor allem durch eine den Sinn der Zeugnisse und Fragmente exakt erschließende deutsche Übersetzung, die hier für die meisten Autoren überhaupt zum ersten Mal geleistet worden ist.

Joachim Latacz

Einführung in die griechische Tragödie

(UTB Uni Taschenbücher 1745). 1993.
425 Seiten mit 1 Abbildung und 2 Tabellen, kart. ISBN 3-8252-1745-0

Auf der Grundlage fachwissenschaftlicher Forschung werden in leichtverständlicher, jedoch dichter Diktion dargestellt:
(1) Entstehung und Funktionsweise des (in Griechenland erfundenen) Theaters – (2) die Entstehung der Tragödie als Theatergattung – (3) die Frühentwicklung der Tragödie zwischen rund 550 und 480 v. Chr. – (4) die drei großen Tragiker Athens Aischylos, Sophokles und Euripides (Leben, Werk, Textüberlieferung. Vorstellung aller erhaltenen Tragödien mit Interpretation, Zeitbezug, Funktion der Stücke für die Gemeinschaft der Bürger Athens etc.) – (5) Skizze der Nachgeschichte der klassischen griechischen Tragödie (4. Jh.v. Chr.; hellenistische Tragödie) – Bemerkungen zum Fortwirken der griechischen Tragödie bis in unsere Zeit sind integriert.
Das Buch eignet sich sowohl als Einführungswerk wie als Nachschlagewerk (Sachindex). Weiterführende Literatur wird im Anhang angegeben und kurz charakterisiert.

V&R
Vandenhoeck
& Ruprecht